Wenn sich die Natur mit Herbstfarben schmückt, ist eine Fahrt auf Deutschlands Ferienstraßen – hier durch das Erzgebirge – besonders reizvoll (Tour 15, S. 90).

## PINCAMP: SUCHEN. BUCHEN. CAMPEN.

**Camping-Vorfreude statt Urlaubsstress:** *Auf PiNCAMP (www.pincamp.de), dem Campingportal des ADAC, können Camper ihren Urlaub von der Inspiration über die Campingplatzsuche bis zur Buchung bequem und kostenlos planen.*

Auf der Suche nach dem passenden Campingplatz ist PiNCAMP die richtige Adresse für alle Camper. Das Campingportal listet über 11 000 Campingplätze in ganz Europa, mehrere Tausend können davon direkt online gebucht werden. Camper erhalten somit auf PiNCAMP einen perfekten Überblick, welche Campingplätze in ihrer Wunschregion noch frei sind, und können sich direkt ihren Platz einfach und schnell online buchen. So steht dem nächsten Campingglück nichts mehr im Weg.

Um Camper bei der Urlaubsplanung bestmöglich zu unterstützen, bildet die europaweit einheitliche ADAC Klassifikation die perfekte Grundlage zum Vergleich von Campingplätzen.

Die ADAC Klassifikation basiert auf der objektiven Bewertung durch die ADAC Inspekteure. Diese geschulten und erfahrenen Camping-Experten durchleuchten regelmäßig 6000 Campingplätze europaweit einheitlich auf Basis eines standardisierten Fragebogens mit über 200 Messkriterien. Das Ergebnis ist eine objektive Analyse der Qualität von Ausstattung und Angebot. Die besten Campingplätze mit einer 5-Sterne-Klassifikation erhalten die Auszeichnung ADAC Superplatz. Ein Platz mit zwei Sternen muss aber nicht automatisch weniger attraktiv sein als ein Platz mit vier oder fünf Sternen. Camper müssen sich lediglich darauf einstellen, dass Infrastruktur und Ausstattung bei wenigen Sternen einfacher gehalten sind. Aber manchmal sind gerade einfachere Plätze die charmanten Geheimtipps. Alle in diesem Buch vorgestellten Campingplätze wurden mit größtmöglicher Sorgfalt ausgewählt und bilden ganz bewusst das volle Spektrum der Sterne-Klassifikation ab. Campingplätze ohne Sterne sind ganz neu in der Datenbank und wurden noch nicht von ADAC Inspekteuren besucht.

Für genauere Informationen steht am Ende der Platzbeschreibung ein Link zu pincamp.de, dem Campingportal des ADAC. Dort gibt es alle Details, die für die Auswahl eines Angebots hilfreich sind. Viel Spaß beim Sichten und Auswählen!

# EINFACH LOSFAHREN

## DIE SCHÖNSTEN FERIENSTRASSEN MIT DEM WOHNMOBIL

von
Andrea Dietrich, Katja Hein, Ralf Johnen und Gerhard von Kapff

Zu allen Touren in diesem Buch stehen für Sie GPX-Daten zum kostenlosen Download bereit. Einfach QR-Code scannen und losfahren!

powered by 

TOUR 4: Endlose Baumreihen säumen die Deutsche Alleenstraße Seite 26

# VORWORT

## LIEBE LESERINNEN, LIEBE LESER!

**Deutschland und die Nachbarländer** mit dem Wohnmobil intensiv erfahren oder sich treiben lassen und dabei Neues entdecken: Ein dichtes Netz an Ferienstraßen macht dies möglich. Es sind echte Traumstraßen mit immer anderen Schwerpunkten, herrliche Landschaften inklusive.

**Das Gute liegt oft so nahe.** Gemeinsam mit meiner Kollegin Andrea Dietrich und den Kollegen Gerhard von Kapff und Ralf Johnen – allesamt erfahrene Camper – habe ich die schönsten Ferienstraßen herausgesucht, die mindestens *eine* Reise wert sind. Wir laden Sie dazu ein, Deutschland und die angrenzenden Regionen auf 30 kurzen und längeren Wohnmobiltouren zu entdecken. Diese sind ideal für ein verlängertes Wochenende oder kombiniert für einen längeren Urlaub. Mit dabei sind echte Klassiker, aber auch unbekannte Routen und wahre Geheimtipps.

**Es geht von der dänischen Ostsee** im Norden quer durch Deutschland bis zu den Alpen im Süden und hinein nach Österreich. Wir folgen weißem Gold vom Fichtelgebirge nach Tschechien, der Spur des Silbers, prächtigen Alleen, reichen Fachwerkbauten oder der Grünen Route vom Schwarzwald in die Vogesen. Ein anderes Mal schlängelt sich die Straße nach Polen, in die Niederlande oder durch die Schweiz. Dabei fahren wir auf alten Handelsrouten oder entlang früherer Grenzen. Im Mittelpunkt stehen Fahrvergnügen und Erleben. Aber auch der Genuss kommt nicht zu kurz. Und immer wieder bieten sich herrliche Ausblicke zum An- und Innehalten. Die Traumstraßen können als GPX-Tracks über QR-Codes aufs eigene Handy oder Navigationsgerät geladen werden. Zusätzliche Freiheit geben sorgfältig ausgewählte Campingplätze und Wohnmobilstellplätze an den Routen. Diese sind praktisch für eine Nacht, oder sie liegen so reizvoll, dass sie zum längeren Verweilen verführen.

**Der Urlaub beginnt direkt vor der Haustür.** Einsteigen, Motor anlassen und einfach losfahren! Der Weg ist das Ziel.

**Wir wünschen viel Spaß** bei der Entdeckungstour durch unsere wunderschöne Heimat und die angrenzenden Länder.

*Katja Hein und das Redaktionsteam*

**TOUR 10:** In Freudenberg wartet ein einzigartiges Fachwerkensemble
**Seite 62**

**TOUR 14:** Die polnische Stadt Breslau an der Oder ist als Reiseziel fast noch ein Geheimtipp
**Seite 86**

TOUR 25: Herbstkulisse auf der Tour durch die Schwäbische Alb **Seite 150**

TOUR 24: Sasbachwalden liegt eingebettet in die Westhänge des Schwarzwaldes **Seite 144**

**TOUR 28:** Die Fahrt durch Bayern wird von grünen Wiesen, blauen Seen und Bergpanoramen begleitet
**Seite 168**

# DER NORDEN

*Mit dem Wohnmobil einer kleinen Margerite entlang der dänischen Ostseeküste folgen, Fähren-Hopping am Nord-Ostsee-Kanal, altehrwürdige Hansestädte besuchen oder den Thüringer Wald intensiv erleben: den Alltag hinter sich lassen und doch zu Hause sein, hier ist noch Platz, und hier gibt es so viel zu entdecken. Immer wieder begegnen wir dabei Wasser – dem Meer, Seen, Kanälen und großen Flüssen – oder ausgedehnten Waldgebieten. Auf 15 Traumstraßen erfahren wir die Vielfalt der abwechslungsreichen Landschaft und eine herrliche Natur.*

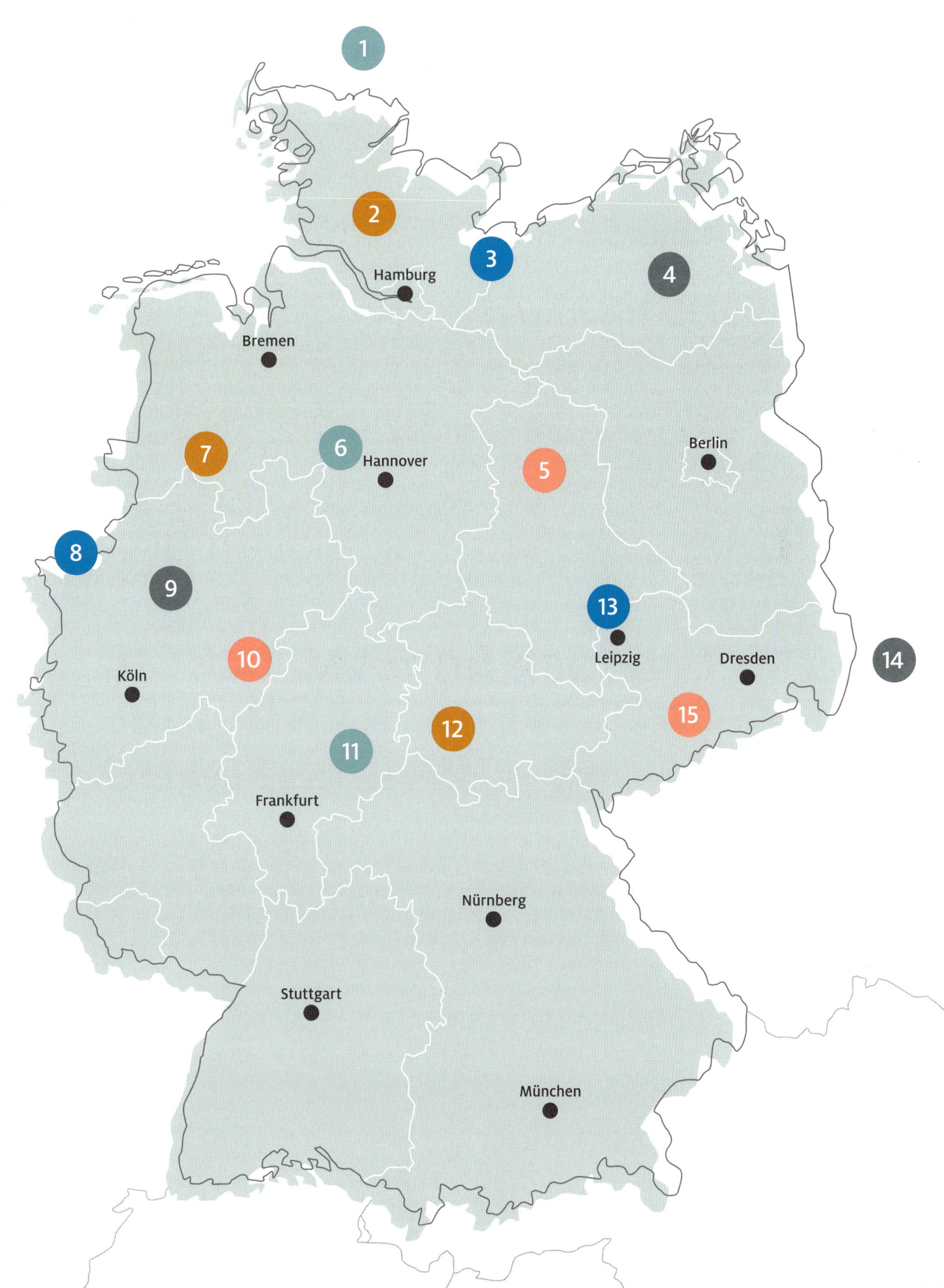
1
2
Hamburg
3
4
Bremen
7
6
Hannover
5
Berlin
8
9
13
Leipzig
10
Köln
Dresden
14
15
12
11
Frankfurt
Nürnberg
Stuttgart
München

Ein Café-Besuch am Nordermarkt in Flensburg ist ein wunderbarer Auftakt für einen Abstecher nach Dänemark.

1

# »HYGGELIGE« STÄDTCHEN UND OSTSEESTRAND: DIE DÄNISCHE KÜSTE ENTLANG

*Wer die Margeriten-Route im Ganzen bewältigen möchte, hat möglicherweise eine Lebensaufgabe vor sich. Die gesamte Route misst mehr als 3500 km und schlängelt sich kreuz und quer durch das kleine Königreich Dänemark – also besser einzelne Etappen wählen. Stets weist eine kleine Margerite den Weg – auch auf unserer Tour, die zu den südlichsten Streckenverläufen zählt.*

Flensburg
Kolding
177 km
ca. 4 Std.,
2 Tage

GPX-Download

ETAPPE 1

## VON FLENSBURG NACH SØGÅRD

⟷ 32 km ⏱ 45 Min., ½ Tag

① **Flensburg** – was für ein schöner Start für diese Reise. Die Strecke beginnt am Wasser, die Förde liegt rechts, die Stadt links. Zunächst passiert das Wohnmobil die Marineeinrichtungen, anschließend steuert es auf die Hafenspitze zu, um auf der anderen Seite der Förde an den historischen Schiffen des Museumshafens vorbeizutuckern. Auf der Umgehungsstraße führt unser Weg weiter gen Harrislee, wo sich im Namen der Geschäfte die dort lebende dänische Minderheit wiederfindet. Wenn das Fahrzeug in den Ochsenweg einbiegt, kommt ein eckiges Hochhaus in Sicht. Das Kraftfahrt-Bundesamt liegt direkt auf dieser Strecke. Hier sammelt so manch einer seine Strafpunkte für Verkehrsdelikte. Hinschauen, wegschauen – und dann schnell weiter. Der Weg ist gesäumt von vielen Supermärkten und Schnellrestaurants. Die deutsch-dänische Grenze, die wir bald erreichen, ist eher unauffällig. Würde nicht das obligatorische Hinweisschild mit den Geschwindigkeitsbegrenzungen in Sichtweite kommen, könnte man den Grenzübertritt vielleicht sogar verpassen. ② **Padborg** ist mit Flensburg fast zu einer Stadt verwachsen. Unsere Straße touchiert den Ort nur am Rande und biegt gleich gen Osten ab. Das bäuerliche Museum Oldemorstoft lädt mit einer lokalhistorischen Ausstellung zu einem Besuch ein, bevor es nach ③ **Kruså** weitergeht. Dort kommen der Mühlenteich und die süddänischen Wälder ins Blickfeld, durch die sich unsere Strecke nun zieht, bis schließlich die Seen von **Søgård** das Panorama bestimmen. Wer mag, kann dort noch eine kurze Wanderung mit Vogelbeobachtung unternehmen, bevor wir uns an unserem Tagesziel niederlassen. Eine angenehme Unterkunft bietet etwa der *Lærkelunden Camping*. Es ist schön und entspannend hier – einfach nur den Blick über das Wasser schweifen lassen und genießen und vielleicht einen vorhin direkt vom Kutter erstandenen fangfrischen Fisch grillen.

**EINKAUFEN**

Am Meer möchte man **Fisch** essen und im Camper vielleicht auch selbst kochen oder draußen grillen. Doch die Kutter laufen jeden Tag zu einer anderen Uhrzeit in die Häfen ein. Eine spezielle Internetseite *(www.fischvomkutter.de)* informiert über die Zeiten.

ETAPPE 2

## VON SØGÅRD NACH ÅBENRÅ

⟷ 19 km ⏱ 20 Min., ½ Tag

Wen die schöne Umgebung verzaubert, der kann den Aufenthalt verlängern und einfach am Meer entspannen. Aber irgendwann will man dann doch weiter, es geht gen Norden. Und das ganz gemächlich, denn unsere heutige Strecke ist nicht lang, dafür aber landschaftlich umso attraktiver. Ein erster Stopp ist vor allem für Angler interessant, denn der **Hostrup Sø** ist auch als Hechtgewässer bekannt. Er befindet sich in einer Landschaft, die von Seen und kleinen Tümpeln durchzogen wird, und bietet sich für einen Spaziergang an. Wer die Strecke weiterfährt, sollte sich nicht ablenken lassen und gar auf die Autobahn E 45 geraten. Sie verläuft zwar parallel zur Margeriten-Route, ist aber landschaftlich deutlich langweiliger. Nachdem unsere Route ein Stück neben der Autobahn entlangführte, heißt es jetzt wieder, in Richtung Osten zu fahren. Der Flecken **Ensted** ist unser nächstes Ziel, von dem es im Bogen nach ④ **Åbenrå** geht. Die Stadt bietet eine schöne Auswahl an Stell- und Campingplätzen, etwa den *Stellplatz Aabenraa Sejl Club*. Vor allem aber lohnt sich ein Stopp am Sønderstrand, um die Füße ein wenig in die Ostsee zu tauchen.

**SEHENSWERT**

In Åbenrå lädt der **Postmeisterhof**, Postmestergårdens Have, zu einem Besuch ein. Nicht nur das rote Gebäude ist sehenswert, sondern vor allem der Garten, der skandinavische Gartenkunst zeigt *(www.postmestergaarden.dk)*.

Die lange Fußgängerzone in Åbenrå ist die perfekte Flaniermeile.

## ETAPPE 3
# VON ÅBENRÅ NACH HADERSLEV

⟷ 60 km ⏱ 80 Min., ½ Tag

Nachdem der vorausgegangene Fahrtag vor allem durch das Landesinnere führte, zieht sich unsere Strecke nun eindeutig in Richtung Küste. Immer wieder locken kleine Strände zum Aussteigen oder gar einem Picknick am Meer. Wir starten in Åbenrå am Wasser, steuern von dort aufs Schloss zu und weiter Richtung Barsmark. Typisch dänische Gehöfte, weiß verputzt mit Reetdach, liegen malerisch zwischen Feldern verstreut. Der Bogen, den das Wohnmobil nun fährt, ist eine Wonne für die Augen. Genießen statt rasen heißt es auch hier – und es lohnt sich, einen kleinen Schlenker einzuplanen und an die Ostsee bei **Loddenhøj Strand** zu fahren. Direkt an der Strecke befindet sich der HighPark Sønderjylland *(www.highparksoenderjylland.dk/de)*, der zu Kletterabenteuern einlädt. Da die Etappe nicht lang ist, bietet sich auf jeden Fall ein Abstecher zur kleinen Halbinsel **Kalvø** an. Dort biegt die Route sowieso Richtung Genner Strand ab, also warum nicht gleich ein wenig verlängern? Vielleicht einen kleinen Schwimmstopp einlegen, sonnenbaden oder ein bisschen wandern, bevor der Motor wieder gestartet wird? Das Wohnmobil tuckert an einem kleinen See vorbei, Felder und Haine bestimmen die Sicht, mitunter sitzen Bussarde oder Steinadler am Wegesrand, manchmal sind auch Rehe zu sehen. Wer das Fenster öffnet, wird ab und zu eine Schwade Rosenduft ins Auto bekommen: Vor allem am Hejsager Strand, wo die Straße direkt am Meer entlangführt, wachsen Heckenrosen. Von dort aus steuert das Wohnmobil nun auf **Hejsager** zu und weiter in Richtung **Råde**. Der große Schlenker lohnt sich, denn immer wieder kommen Felder und Wiesen in den Blick, und in der Ferne glitzert die blaue Ostsee, deren Küste an manchen Stellen nun dramatisch steil abfällt und herrliche Fotomotive ergibt. Schon bald schlägt die Streckenführung einen Bogen gen Westen, und die Straße schlängelt sich entlang des langen Haderslev-Fjordes zum Etappenziel unserer Strecke.

**SPIEL UND SPASS**
Fußballgolf, eine Kombination aus Minigolf und Fußball, stammt eigentlich aus Schweden und hat längst Dänemark erreicht, etwa hier bei **Hejsager** *(www.hejsagerfodboldgolf.dk)*.

**ABSTECHER**
Eine Auszeit auf einer kleinen Insel – damit wirbt **Årø**. Sie liegt nur 750 m vom Festland entfernt und wird per Fähre (etwa stündlich) angesteuert. Auch für einen Tagesausflug lohnt sich die kleine Insel, auf der man genüsslich wandern kann *(www.aaro.dk)*.

Auf der Insel Årø, nur einen Katzensprung von der dänischen Küste entfernt, weist ein Leuchtturm den Weg durch den Kleinen Belt.

Ein Stück dänische Geschichte erzählt das Schloss in Kolding.

ETAPPE 4

## VON HADERSLEV NACH KOLDING

⟷ 66 km ⏱ 80 Min., ½ Tag

In ⑤ **Haderslev** biegt die Straße in Richtung Süden ab, um dann weiter gen Westen zu führen. Schon gleich hinter dem Ortsausgang bei Marstrup verführt ein nahegelegener Wald zu einem Abstecher, denn im Haderslev Dyrehave lebt ein Damwildrudel und lässt sich manchmal beobachten. In Ustrup biegt unsere Strecke dann nach Norden ab. Aufpassen, um nicht auf die Autobahn zu kommen, denn die E 45 wird an dieser Stelle gekreuzt. Dieser Schlenker erweist sich als lohnenswert, da das Wohnmobil nun auf die Mühle **Tørning Mølle** zusteuert. Spätestens dort denkt der Urlauber über einen Stopp nach, denn rund um die Mühle breitet sich ein wunderbares Waldgebiet aus, in dem es sich herrlich wandern und die Natur genießen lässt. Der kleine See hat vielen Tieren, allen voran Vögeln, einen idealen Lebensraum geschaffen, und so zwitschert und flattert es zwischen den Kronen und Stämmen. Während der nächsten Kilometer windet sich die Straße immer wieder an der E 45 entlang, bis sie dann schließlich auf Rørkær zusteuert. Von dort aus führt sie fast schnurgrade nach ⑥ **Christiansfeld**, der kleinen Bilderbuchstadt, die vor allem mit ihrer gleichförmigen Architektur beeindruckt. Hier findet man am Ortsrand einen *Stellplatz fürs Wohnmobil*. Jetzt ging es aber lange genug durch das Landesinnere, nach dem Besuch von Christiansfeld steuert die Margeriten-Route nun endlich wieder auf die Ostsee zu, die sie in **Hejlsminde** erreicht. Die Brücke am Ortseingang bietet eine wunderbare Aussicht auf das Wasser zu beiden Seiten. Ein Stopp am Hafen oder Strand muss einfach sein, denn die Margeriten-Route verlässt hinter Hejlsminde den Küstenkurs und steuert nun wieder durch das Landesinnere direkt auf den Zielort ⑦ **Kolding** zu.

EINKEHREN

Am Strand von Hejlsminde lockt das Restaurant **Ellegaards Landkøkken** mit wunderschönem Panorama und hervorragendem Essen – es lohnt sich also, darüber nachzudenken, an diesem Tag die Wohnmobil-Küche kalt zu lassen. *Havnevej 17, 6094 Hejls, Tel. +45/27/52 82 87, www.ellegaardslandkoekken.dk*

### EMPFOHLENE PLÄTZE

**First Camp Frigård - Flensborg Fjord** ★★★★

1 An der Flensburger Förde befindet sich dieser Platz, der nicht direkt, aber nahe am Meer liegt. Das wellige Wiesengelände ist durch Hecken unterteilt.

▸ Kummelefort 14, 6340 Kollund, Tel.+45/74 67 88 30, GPS: 54.84265, 9.45935

■ www.pincamp.de/js1200

**Vikær Strand Camping** ★★★★

2 Oberhalb der Steilküste auf einem flachen Dünengelände befindet sich dieser schön gelegene Platz.

▸ Dundelum 29, 6100 Haderslev, Tel.+45/74 57 54 64, GPS: 55.150066, 9.494916

■ www.pincamp.de/js3300

**Hejlsminde Strand Camping** ★★★½

3 Der ruhige Platz bietet von vielen Standplätzen aus einen schönen Blick auf den Fjord.

▸ Gendarmvej 3, 6094 Hejlsminde, Tel. +45/75 57 43 74, GPS: 55.36845, 9.6009

■ www.pincamp.de/js3800

### WEITERE GENANNTE PLÄTZE

**Lærkelunden Camping**, Nederbyvej 25, 6300 Gråsten
**Stellplatz Aabenraa Sejl Club**, Kystvej 55, 6200 Åbenrå
**Parking Christiansfeld**, Lindegade 53, 6070 Christiansfeld

Noch mehr tolle Plätze auf pincamp.de

## ENTLANG DER ROUTE

### 1 Flensburg

Deutschlands nördlichste Stadt klebt schon fast an der Grenze zu Dänemark und ist ein Mix aus beiden Kulturen. Als Ausgangspunkt des Stadtbummels bietet sich der Hafen an, der das Stadtbild prägt. Der Historische Hafen mit seinen nostalgischen Schiffen, Gaffelseglern und Salondampfern zeigt dabei eine Vielfalt an Booten, die am nebenliegenden Museumshafen gleich ergänzt wird. Von dort aus geht es dann zur Shoppingmeile, das Wasser bleibt dennoch immer irgendwie im Blickfeld, oder zumindest das Möwengeschrei ist stets präsent. Der Flensburger Kapitänsweg ist eine touristische Route, auf der sich die Stadt gut erkunden lässt. Zwischen Süder- und Nordermarkt können Urlauber durch die Geschäfte schlendern. Wer lieber Grün sucht, macht sich auf zum Christiansen-Park. In den Sommermonaten lockt natürlich auch die Ostsee, etwa der Badestrand am nordwestlichen Fördeufer oder das Strandbad Solitüde im Nordosten. *www.flensburg.de*

### 2 Padborg

Auf den ersten Blick wirkt sie wie eine typische dänische Durchgangsstadt: Padborgs Innenstadt hat nicht allzu viel Sehenswertes zu bieten. Doch gibt es Museen, die den Stopp lohnen, allen voran das Heimatmuseum Oldemorstoft (*www.oldemorstoft.dk*). Dort findet sich nicht nur ein wunderbarer Apfelgarten, in dem sich ein Picknick anbietet, sondern auch das Hausensemble aus dem 15. Jh., das die Besucher genauer betrachten sollten.

### 3 Kruså

Ein kleiner Ort mit nur 1500 Einwohnern wäre im benachbarten Deutschland ein Dorf, Kruså aber mutet schon fast wie ein Kleinstädtchen an. Sehenswert ist dort vor allem die alte Wassermühle mit dem angrenzenden Teich, wunderschön auch bei Sonnenuntergang zu beobachten.

### 4 Åbenrå

Eingebettet in hügelige Landschaft liegt Åbenrå direkt an der Förde. Einen guten Überblick bekommen Besucher auf dem Galgenberg. Doch der eigentliche Stadtbummel startet am besten am Storetorv, dem Marktplatz. Rot-weiße dänische Fähnchen flattern zwischen den Gassen, und der

**AUFS RAD**

Wohnmobil und Fahrrad sind eine sehr passende Kombination – wie wäre es mit der **Flensburg Fjord Route**? Sie schlängelt sich von Flensburg nach Åbenrå durch das deutsch-dänische Grenzgebiet. Auf sechs Etappen bietet sich die Gelegenheit, prächtige Schlösser und hübsche Gärten kennenzulernen, an der Küste entlangzufahren, Kunst- und Kulturstätten zu entdecken und schöne Cafés zu besuchen. *www.visitsonderjylland.de*

Am Museumshafen in Flensburg liegen historische Schiffe vor Anker.

Weg führt entlang niedriger Handwerkerhäuser mit ihren typischen dreieckigen Dächern und den verglasten Erkern. Übrigens hat die Stadt die wohl längste Fußgängerzone Dänemarks. Mit den kleinen Läden, Cafés und Galerien bietet sie eine Menge zum Erleben. Etwas außerhalb des Zentrums befindet sich Schloss Brundlund, es wird von einer hübschen Gartenanlage umgeben. Zu einem der Wahrzeichen der Stadt zählt die alte Wassermühle, die angrenzend an den Schlosspark zu sehen ist. Ganz in der Nähe in den Wäldern befindet sich das Ganggrab von Hostrupskov, das ebenso zu einem Stopp verführt wie die nahegelegenen Runddolmen. *www.aabenraa.dk*

## 5 Haderslev

Im Mittelalter gehörte sie zu den wohlhabendsten Städten der Region. Immerhin lag sie günstig, Handelswege kreuzten sich, und der Hafen in der Förde brachte Anschluss an die wichtigen Städte im Ostseeraum. Vom einstigen Reichtum erzählt heute die Haderslev Domkirke, der alte Dom aus dem 13. Jh. Vor allem der 22 m hohe Chor mit seinen Orgeln ist einzigartig, aber auch das bronzene Taufbecken. Vom Dom aus bietet sich ein Gang durch die Innenstadt mit den schmalen Straßen und den Backsteinhäusern an. Die Altstadt liegt auf einer Halbinsel, denn ein Stausee schließt sich westlich des Stadtgebietes an die Förde an. Dort ergeben sich herrliche Möglichkeiten zum Angeln. Es ist aber auch sehr entspannend, einfach nur auf das Wasser zu blicken. *www.visithaderslev.de*

## 6 Christiansfeld

Christiansfeld ist eine von sieben dänischen Städten, die stolz den Titel UNESO-Weltkulturerbe tragen. Der Ort ist am Reißbrett entstanden, und genau deswegen ist er so außergewöhnlich: Man sieht die strikte Planung an jeder Ecke. Bestes Beispiel ist das Herz der Stadt, der quadratische Kirchplatz Grev Zinzendorf Plads, der wie der Mittelpunkt anmutet. Von dort aus gehen alle anderen Straßen ab. Stadtplanerisch standen holländische Siedlungen Pate für die Errichtung der Straßen und Gebäude. Bis heute regelt eine Bauvorschrift, dass Neubauten nur in den typisch hellen Ziegeln errichtet werden dürfen. Dadurch ergibt sich ein harmonisches, einheitliches Erscheinungsbild der Stadt. Die Straßen verlaufen schnurgrade durch den Ort, die bewohnten Parzellen gleichen einem Schachbrett. Zwischen der Norder- und der Lindenstraße befindet sich das Wahrzeichen von Christiansfeld, der zentrale Platz mit dem Betsaal der Brüdergemeinde samt dem Brunnen. Besonders schön ist es dort im Juni, wenn die Linden blühen. Etwas vom Zentrum entfernt, lohnt der Park Christinero einen Besuch. *www.visitkolding.de*

## 7 Kolding

Manchmal ist es Schlössern nicht vergönnt, ihre Pracht über die Jahrhunderte zu retten. Dieses Schicksal hatte auch Schloss Koldinghus. Jütlands letzte Königsburg geht eigentlich auf das 13. Jh. zurück, brannte im Jahr 1808 jedoch vollständig nieder. In dem wiederaufgebauten Schloss residiert heute das Kunstmuseum, in dem Teile der königlichen Kunstsammlung zu finden sind. Kunst präsentiert ebenfalls das Museum Trapholt, und einen Abstecher wert ist auch der Botanische Garten der Stadt mit der dortigen Miniaturstadt. *www.visitkolding.de*

Bereits 1887 erfolgte die Grundsteinlegung der Wasserstraße, die auf rund 100 Kilometern Nord- und Ostsee verbindet.

2

# ZWISCHEN ELBE UND FÖRDE: SCHLEUSEN, SCHIFFE, FÄHREN-HOPPING

*Die Tour entlang der Deutschen Fährstraße führt über viele kleine Straßen links und rechts des Nord-Ostsee-Kanals, der meistbefahrenen künstlichen Seeschifffahrtsstraße der Welt. Mit der Fähre wechseln wir von einer Kanalseite auf die andere und fahren durch wunderbare Landschaften des Dänischen Wohld, an Mooren entlang und durch die Wilstermarsch mit der tiefsten Landstelle Deutschlands.*

Glückstadt
Kiel
207 km
ca. 8 Std.,
3 Tage

GPX-Download

## ETAPPE 1
## VON GLÜCKSTADT NACH BRUNSBÜTTEL

⟷ 33 km ⏱ 60 Min., ½ Tag

Wir starten unsere Fahrt entlang der Deutschen Fährstraße in ① **Glückstadt**. Hier bummeln wir vom Hafen über den Marktplatz und durch die kleinen Gassen. Danach schmeckt ein Brötchen mit original Glückstädter Matjes. Mit Aussicht auf die Elbe finden Wohnmobile auf dem *Stellplatz am Außenhafen* einen Parkplatz. Wir verlassen Glückstadt, fahren auf der B 495 und B 431 in Richtung Brunsbüttel und passieren ein Sperrwerk. Im nächsten Ort – **Brokdorf** – gibt es ein Freibad, einen Strand an der Elbe und einen *Wohnmobilstellplatz* direkt hinterm Deich. Sehr gut und mit Blick aufs Wasser isst man im Hotelrestaurant nebenan. Nicht viel weiter biegen wir in St. Margarethen links ab, passieren Büttel und setzen mit der Fähre auf die andere Seite des Nord-Ostsee-Kanals über. Diese ist kostenfrei und nimmt auch große Wohnmobile mit. Und schon sind wir mitten in Brunsbüttel.

**AUFS WASSER**

Einen Abstecher nach Niedersachsen? Die **Elbfähre Wischhafen** verbindet Schleswig-Holstein mit Niedersachsen. Die Fahrzeuge können einfach auf die Fähre fahren und die Fahrt über den mächtigen Strom genießen, der an dieser Stelle fast so breit wie der Amazonas ist. Rund eine halbe Stunde dauert es, bis die Räder auf der anderen Seite wieder aufs Festland rollen *(www.elbfaehre.de)*.

## ETAPPE 2
## VON BRUNSBÜTTEL NACH HOCHDONN

⟷ 30 km ⏱ 80 Min., ½ Tag

In ② **Brunsbüttel** mündet der Nord-Ostsee-Kanal in die Elbe. Aufgabe einer gewaltigen Schleuse ist es, den Wasserstand zwischen Elbe und Kanal auszugleichen, da der Wasserpegel des Stroms je nach Tide mal über und mal unter dem des Kanals liegt. Wir besuchen das SchleusenInfoZentrum und das Kanalmuseum *(www.schleuseninfo.de)*. Etwa 100 Schiffe befahren am Tag den Kanal: Schlepper, Fischerboote, Freizeitboote, Containerschiffe und Kreuzfahrer – da gibt es viel zu sehen *(www.traumschiffe-im-kanal.de)*. Idealer Ort dafür ist die Schleusenmeile, wie die Promenade am Kanal genannt wird. Die angrenzende Koogstraße mit kleinen und größeren Geschäften lädt zum Bummeln ein. Der *Wohnmobilplatz* liegt zentral am Bürgerpark beim Freizeitbad. Mit der **Fähre Kudensee** setzen wir hinter Brunsbüttel wieder auf die südliche Seite des Kanals über. In Landscheide fahren wir links. Vor Aebtissinwisch biegen wir zur tiefsten Landstelle Deutschlands ab, die 3,54 m unter dem Meeresspiegel liegt *(www.tiefstelandstelle.de)*. Mit der Kanalfähre Burg erreichen wir danach wieder die nördliche Kanalseite und gelangen nach ③ **Burg**. Nach einem Bummel durch den kleinen Luftkurort mit vielen hübschen Fachwerkhäusern besuchen wir das Waldmuseum *(www.burger-waldmuseum.de)* auf dem 66 m hohen Wulffsboom. Von der Aussichtsplattform des Turms haben wir einen Blick über weite Teile Dithmarschens bis hin zur Elbmündung. Wir fahren weiter nach ④ **Hochdonn** mit der beeindruckenden Eisenbahnhochbrücke. Hier kommen wir beim einfachen Campingplatz Klein-Westerland unter.

**WISSENSWERT**

Auf dem Nord-Ostsee-Kanal sind insgesamt **14 Fähren** unterwegs. Sie bringen rund um die Uhr Autos, Fahrräder und Fußgänger von einem Ufer zum anderen. Dank einer kaiserlichen Verordnung sind sie auch heute noch kostenfrei.

## ETAPPE 3
## VON HOCHDONN NACH ALBERSDORF

⟷ 30 km ⏱ 90 Min., ½ Tag

Die Fähre bringt uns auf die Südseite, wo wir die Route bis Gribbohm fortsetzen und links abbiegen. Übrigens sind wir hier im Gebiet des bekannten Freiluftfestivals Wacken. Im benachbarten Holstenniendorf fahren wir weiter zur **Kanalfähre Hohenhörn**, die wir auf die andere Seite des Kanals nehmen. Über Schafstedt erreichen wir ⑤ **Albersdorf**. Rund um den Ort haben Menschen aus grauer Vorzeit ihre Spuren hinter-

**SEHENSWERT**

Der **Steinzeitpark Dithmarschen** in Albersdorf ist ein archäologisches Open-Air-Museum. Ein Rundwanderweg führt an originalgetreuen Nachbauten vorbei. Das Museum mit Grabungsfunden ist wenige Minuten entfernt im historischen Albersdorfer Bahnhofshotel *(www.steinzeitpark-dithmarschen.de)*.

Quartier mit Kanalblick: Entlang des Nord-Ostsee-Kanals gibt es zahlreiche Wohnmobilstellplätze direkt am Ufer, hier in Sehestadt.

lassen. Wir begeben uns auf Zeitreise in die Jungsteinzeit, besuchen das gewaltige Hügelgrab Brutkamp und den Steinzeitpark. Auf dem Kaiserberg, einem riesigen Grabhügel, steht ein Aussichtsturm, den wir besteigen.

## ETAPPE 4
## VON ALBERSDORF NACH RENDSBURG

⟷ 55 km ⏱ 120 Min., ½ Tag

Über Bunsoh und Offenbüttel fahren wir zur **Fähre Fischerhütte** und wieder auf die andere Seite des Kanals. Vorbei an Ponyhöfen und einem Kletterwald kommen wir nach Hanerau-Hadermarschen und biegen links ab. Wir folgen der kurvigen Straße nach **Oldenbüttel** und nehmen die gleichnamige Kanalfähre zur Nordseite. Dort tuckern wir parallel zur Eider nach **Breiholz**. Fast am Ortsende lockt uns ein Schild zum »Bootsmann«, wo wir unser Wohnmobil direkt an der Eider auf einem kleinen *Campingplatz* abstellen können. Ein gutes Restaurant gibt es auch. Wir fahren bis zur Fähre Breiholz und biegen davor links ab. Dann geht es direkt am Kanal entlang. Auf der anderen Seite des Kanals sehen wir den *Wohnmobilhafen am Flugplatz Schachtholm NOK*, einen unserer Lieblingsplätze zum Schiffegucken. Achtung bei der Weiterfahrt: Bei **Kanalkilometer 55** nahe Schülp wechseln die Lotsen, die die Schiffe durch den Kanal begleiten. Das Schauspiel kann gut von Land aus beobachtet werden. Dann fahren wir zwischen Eider und Kanal weiter nach Rendsburg.

## ETAPPE 5
## VON RENDSBURG NACH SEHESTEDT

⟷ 14 km ⏱ 20 Min., ½ Tag

Ein besonderes Spektakel in ⑥ **Rendsburg** ist die Schiffsbegrüßung direkt unter der mächtigen Eisenbahnhochbrücke. Ein Freiwilliger erklärt, woher die Schiffe kommen, wohin sie fahren, und spielt die Hymne aus dem Herkunftsland. Viele Kapitäne grüßen zurück. Und auch Camper fühlen sich in Rendsburg wohl. Genau nebenan gibt es den Wohnmobilstellplatz am Kreishafen NOK, so ist man hautnah am Geschehen dabei. Ein weiterer gut ausgestatteter *Wohnmobilhafen* liegt am Rand der historischen Innenstadt am Stadtsee. Mit der Schwebefähre (nicht für Wohnmobile geeignet) fahren wir auf die andere Kanalseite und spazieren zum meist vollbelegten *Wohnmobilpark Schacht-Audorf*. Hier würde es uns auch gefallen. Wir verlassen Rendsburg in Richtung Borgstedt. Direkt am Kanal entlang kommen wir nach ⑦ **Sehestedt**.

## ETAPPE 6
# VON SEHESTEDT NACH KIEL

⟷ 45 km ⏱ 120 Min., ½ Tag

Mit der **Fähre Sehestedt** setzen wir nach dem Besuch des Orts ans andere Ufer über. An der **Kluvensieker Schleuse** des alten Eiderkanals, die wir kurz vor Bovenau passieren, lohnt ein Stopp. Die gusseisernen Portale der ehemaligen Zugbrücke sowie die Pferdewechselstation und das Schleusenwärterhaus sind zu sehen. Gegenüber steht Gut Kluvensiek, ein imposantes Herrenhaus in einem Landschaftspark. Über Bovenau und Achterwehr fahren wir zur **Fähre Landwehr** und wieder ans Nordufer. Auf der linken Seite kommt nun der landwirtschaftliche Betrieb **Gut Warleberg** mit eindrucksvollem Herrenhaus in unser Blickfeld, das umgeben von Obstplantagen liegt. Wir folgen der Straße weiter und kommen an den Ortschaften Neuwittenbek und Altwittenbek vorbei. Am Gasthof Levensau biegen wir links ab. Nach der Unterführung der Schnellstraße geht es rechts. Die **Rathmannsdorfer Schleuse** aus dem 18. Jh. wird bei einem kleinen Spaziergang erreicht. Davor befindet sich das Café-Restaurant Schleusengarten *(www.schleusen-garten.de)* – wer vorher noch nicht eingekehrt ist, kann dies hier nun nachholen. Danach passieren wir Gut Projensdorf, ebenfalls wieder mit einem sehenswerten Herrenhaus, und daneben das Restaurant & Cafe Kanalfeuer mit herrlichem Blick auf den Kanal *(www.kanalfeuer.de)*, eine weitere schöne Einkehroption. Über die Holtenauer Hochbrücke – eigentlich zwei parallel verlaufende Brücken mit jeweils zwei Fahrstreifen einer Richtungsfahrbahn für Autos und einen Bürgersteig für Fußgänger und Radfahrer – fahren wir das letzte Mal über den Kanal und sind schließlich in ⑧ **Kiel**, dem Ziel der Route, angelangt. Die Schleusen in Kiel-Holtenau bilden die Verbindung zwischen Kanal und Meer. In den Sommermonaten sind die alten Schleusen aus dem Jahr 1895 ebenfalls in Betrieb. Der *Wohnmobilstellplatz Förde- und Kanalblick* bietet einen Logenblick auf die aus dem Kanal und auf der Förde fahrenden Schiffe. In Kiel-Falckenstein gibt es einen Campingplatz mit Blick auf die Förde.

**EINKEHREN**
Das zum Gut Warleberg gehörende **Obstcafé** lädt inmitten von Kirschbäumen zu hausgemachtem Kuchen und anderen Leckereien ein. *24214 Neuwittenbek, Tel. 04346/7077, www.warleberg.de*

## EMPFOHLENE PLÄTZE

**Campingplatz Klein-Westerland**

1 Der schöne Platz unter hohen Bäumen liegt unmittelbar am Nord-Ostsee-Kanal. Es gibt einen Direktzugang zu einer vom Schiffsverkehr abgetrennten Badebucht mit Sandstrand.

▶ Zur Holstenau 1, 25712 Hochdonn, Tel. 04825/2345, GPS: 54.029843, 9.297609

■ www.pincamp.de/sl_230651

**Campingplatz Kiel-Falckenstein** ★★★☆☆

2 Inmitten eines Landschaftsschutzgebietes liegt der ruhige und entspannte Platz. Von der Terrasse des platzeigenen Restaurants eröffnet sich ein Logenblick auf die vorbeifahrenden Schiffe.

▶ Palisadenweg 171, 24159 Friedrichsort, Tel. 0431/392078, GPS: 54.411966, 10.183933

■ www.pincamp.de/sl4500

**Wohnmobilstellplatz am Kreishafen NOK**

3 Der Stellplatz verströmt einen Hauch von Industrieflair. Toller Blick auf den Nord-Ostsee-Kanal.

▶ Am Kreishafen 30–32, 24768 Rendsburg, Tel. 0171/4147046, www.wohnmobilhafen-nok.de/am-kreishafen-nok, GPS: 54.294316, 9.681604

## WEITERE GENANNTE PLÄTZE

**Stellplatz am Außenhafen Elbe**, Am Hafen, 25348 Glückstadt
**Stellplatz Elbblick**, Dorfstraße 54, 25576 Brokdorf
**Wohnmobilplatz am Freizeitbad**, Am Freizeitbad 2, 25541 Brunsbüttel
**Campingplatz Bootsmann**, Fährstraße 1, 24797 Breiholz
**Wohnmobilhafen am Flugplatz Schachtholm NOK**, Schachtholm 1, 24797 Hörsten
**Wohnmobilhafen am Rendsburger Stadtsee**, An der Untereider 9, 24768 Rendsburg
**Wohnmobilpark Schacht-Audorf**, An der K76, 24790 Schacht-Audorf
**Stellplatz Förde- und Kanalblick**, Mecklenburger Str. 58, 24106 Kiel

**Noch mehr tolle Plätze auf pincamp.de**

## ENTLANG DER ROUTE

### 1 Glückstadt

Schon im 18. Jh. mussten zahlreiche Bauwerke der 1617 von Christian IV. an der Elbe gegründeten Festungsstadt wieder abgerissen werden. Grund waren mangelhafte Fundamente. Der mit Kopfstein gepflasterte Marktplatz bildet das Zentrum. Von diesem gehen die auf dem Reißbrett geplanten zwölf Radialstraßen ab. In der Altstadt gibt es adrette Barockgebäude. Besonders schön sind die Fronten der ehemaligen Adelshäuser am Binnenhafen, der durch ein Sperrwerk vom Außenhafen getrennt ist. Fast ein Jahrhundert prägte die Heringsfischerei das Leben der Stadt. Darüber und über vieles mehr wird im Detlefsen-Museum berichtet. Feinschmecker kennen und lieben den original Glückstädter Matjes. Dieser wird in alter Tradition in Fässern gereift und jedes Jahr im Juni bei den Matjeswochen gefeiert. *www.glueckstadt-tourismus.de*

### 2 Brunsbüttel

Brunsbüttel hat sich durch den Bau des Nord-Ostsee-Kanals von einer kleinen dörflichen Gemeinde zum Industriestandort entwickelt. Der Ortskern aus dem 17. Jh. hat einen streng rechtwinkligen Grundriss. Mittelpunkt bildet die barocke Jakobuskirche – unbedingt auch in den Innenraum schauen. Die Häuschen um das Marktgeviert stammen aus dem 18. Jh. Hier befindet sich auch das ehemalige Rathaus von Alt-Brunsbüttel mit dem liebevoll eingerichteten Heimatmuseum. Für die kaiserlichen Beamten und Arbeiter, die vor rund 120 Jahren die großen Schleusenkammern bauten, wurde eine Wohnsiedlung nach dem Vorbild englischer Gartenstädte errichtet, die noch fast vollständig erhalten ist. *www.brunsbuettel.de*

### 3 Burg (Dithmarschen)

Der Luftkurort Burg liegt direkt am Nord-Ostsee-Kanal. Er trägt den stolzen Beinamen »Perle der Westküste« und hat eine bewegte Vergangenheit. Geest- und die Marsch-

Weit reicht der Blick über die Hafenstadt Kiel und die Kieler Förde.

landschaft treffen hier aufeinander, zwei landschaftlich reizvolle Gegensätze. Die abwechslungsreiche Natur rund um den Ort lädt zum Wandern ein. In der Saison werden Kahnfahrten in originalen Spreewaldkähnen auf der Burger Au angeboten. *www.burg-dithmarschen.de*

### 4 Hochdonn

Das Wahrzeichen des Ortes ist die zweigleisige Eisenbahnhochbrücke. Die markante Gitterfachwerkkonstruktion ist schon von Weitem zu sehen und wurde von 1913–1920 im Rahmen der ersten Kanalerweiterung erbaut. Hier mündet der kleine Geestrandkanal in den Nord-Ostsee-Kanal, der die umliegenden Marsch- und Moorgebiete entwässert. In der Nähe spiegelt sich malerisch eine Windmühle im stillen Wasser. Die rund um die Uhr verkehrende Fähre verbindet Hochdonn mit dem ältesten Teil der Siedlung: Fünfhausen. Die Reetdächer der vor dem Kanal gebauten hübschen Häuser fallen ins Auge. *www.amt-burg-st-michaelisdonn.de*

### 5 Albersdorf

Der kleine Luftkurort liegt inmitten schöner Landschaft in der Nähe des Nord-Ostsee-Kanals und kann sich eines reichen Schatzes an archäologischen Zeugnisseen aus vorchristlicher Zeit rühmen. Die Geest im Umkreis von Albersdorf wird aufgrund der dort zahlreich gefundenen prähistorischen Grabdenkmäler auch »Steinzeit-Quadratmeile« genannt. Informationen zu den Funden liefern der Steinzeitpark und das Museum für Archäologie und Ökologie Dithmarschen. Einen Abstecher lohnt der Brutkamp, ein gewaltiges Großsteingrab der Jungsteinzeit in einem kleinen Park mit alten Linden. Sehenswert sind auch die Kirche St. Remigius und die Wassermühle mit Mühlenteich. Der Aussichtsturm auf dem Kaiserberg steht auf einem gewaltigen Grabhügel und bietet herrliche Ausblicke über die Umgebung. *www.echt-dithmarschen.de*

### 6 Rendsburg

Im 13. Jh. entstand auf einer Insel neben der Reinholdsburg, die sich früher am heutigen Schlossplatz befand, die Rendsburger Altstadt. Sie präsentiert sich mit liebevoll restaurierten Gebäuden und wird von der St. Marienkirche und dem alten Rathaus überragt. Den Mittelpunkt der ehemaligen dänischen Festung bildet der riesige Paradeplatz. Verbunden mit dem Nord-Ostsee-Kanal wurde die Stadt zu einem wichtigen Seehafen. Weithin sichtbar ist das Wahrzeichen von Rendsburg, die 2,5 km lange Eisenbahnhochbrücke über den Nord-Ostsee-Kanal mit der Schwebefähre, die wieder in Betrieb ist. *www.rendsburg.de*

### 7 Sehestedt

Sehestedt wurde durch den Bau des Nord-Ostsee-Kanals zweigeteilt und breitet sich nun zu beiden Seiten des Kanals aus. Der historische Friedhof und ein Teil des ehemaligen Dorfes sind sogar vom Wasser des Kanals verschluckt worden. Auf der Südseite des Kanals haben sich Überreste des alten Dorfes erhalten. Auf der Nordseite liegen Schule, Pastorat, Kirche, Kirchhof und Gutshof. An der Fähre befindet sich ein Wohnmobilstellplatz. *www.sehestedt.de*

### 8 Kiel

In der Landeshauptstadt von Schleswig-Holstein dreht sich alles ums Wasser. Durch die Lage am Ende der Förde war der Ort bereits im 13. Jh. Zuflucht für Schiffe. Auch heute liegen riesige Pötte mitten in der Stadt, neben einem geschäftigen Fährhafen gibt es eine große Werft. Außerdem ist Kiel traditioneller Marinestützpunkt. Im Tirpitzhafen liegt das Segelschulschiff Gorch Fock vor Anker. Vor allem Nachkriegsbauten prägen das Stadtbild, denn bei zahlreichen Luftangriffen im Zweiten Weltkrieg wurde die Stadt zu 80 Prozent zerstört. Als ältestes Gebäude ist die gotische St.-Nikolai-Kirche am Alten Markt geblieben. *www.kiel.de*

Sieben Türme überragen die berühmte Silhouette von Lübeck. SIe gehören zu St. Marien, St. Petri, St. Aegidien und dem Dom.

3

# VON DER ELBE ZUR OSTSEE: DURCH WÄLDER UND HEIDE ZU HISTORISCHEN HANSESTÄDTEN

*Von den acht UNESCO-Welterberouten, die durch Deutschland verlaufen, wählen wir die nördlichste und fahren vom großen Strom an die Ostsee. Auf dem Weg begegnen uns altehrwürdige Hansestädte mit herrlichen mittelalterlichen Stadtkernen, Orte, die Geschichte geschrieben haben, außergewöhnliche Ensembles und besondere Hafenstädte.*

Buxtehude
Rostock
229 km
ca. 5 Std.,
4–5 Tage

GPX-Download

## ETAPPE 1
## VON BUXTEHUDE BIS HAMBURG-HARBURG

⟷ 22 km ⏱ 35 Min., 1 Tag

Wir starten unsere Fahrt auf der UNESCO-Welterberoute Nr. 1 in ① **Buxtehude**. Die Hansestadt am südlichen Rand des **Alten Landes** verzaubert uns mit Fachwerkbauten, Backsteingebäuden, Kopfsteinpflastergassen und viel Wasser. Besonders gut gefällt es uns am Fleth, der alten Hafenanlage. Dort gibt es einen *Wohnmobilstellplatz* mit Blick auf das Wasser und gut für den Stadtbesuch. Ein weiterer *Stellplatz* findet sich am Schützenplatz. Auf der B 73 fahren wir an Moor, Feldern und Wald entlang. Bei Fischbek breitet sich das Naturschutzgebiet **Fischbeker Heide** aus, das wir besuchen wollen. Dazu biegen wir von der Cuxhavener Straße (B 73) in den Scharlbarg ein und fahren bis zur Kehre, wo sich ein Parkplatz befindet. Wanderwege führen durch die typische Heidelandschaft mit vereinzelt stehenden Kiefern und Birken. Besonders schön ist es hier von Mitte August bis Anfang September, wenn die Heide blüht. Kaum zurück auf der Hauptstraße, verlockt uns das Schild »Freilichtmuseum« zum Abbiegen. Am Ziel angekommen, erwarten uns ein großzügiger, kostenfreier Parkplatz und das liebevoll gestaltete **Freilichtmuseum am Kiekeberg** *(www.kiekeberg-museum.de)*. Hier verbringen wir ein paar Stunden mit Schauen und Stöbern und nutzen auch die Gelegenheit für eine Einkehr im Stoof Mudders Kroog. Nicht weit weg können Camper auf dem *Stellplatz am Wildpark* unterkommen. Dieser ist ein guter Ausgangspunkt für den Besuch in Harburg, unserem nächsten Ziel.

**WISSENSWERT**

Über 18 Mio. Bäume gedeihen im **Alten Land**, dem größten zusammenhängenden Obstanbaugebiet Nordeuropas. Besonders schön ist es hier zwischen April und Mai zur prächtigen rosaweißen Obstblüte. Etwa 40 Hofläden bieten erntefrische Obstsorten und eine Vielzahl von regionalen Produkten an.

**Zur Obstblüte verwandelt sich das Alte Land in einen Traum in Rosa.**

## ETAPPE 2
## VON HAMBURG-HARBURG NACH AHRENSBURG

⟷ 16 km ⏱ 20 Min., 1 Tag

Im ehemaligen Arbeiterviertel von ② **Harburg** gefallen uns vor allem die Gegensätze zwischen Fachwerkhäusern, moderner Architektur, Museen, Kanälen und Hafengelände. Später passieren wir auf der B 75 die Süderelbe und fahren weiter nach ③ **Hamburg**. Die Hansestadt ist eine eigene Reise wert. Aber auch ein Kurzbesuch lohnt sich. Dafür parken wir direkt an der Elbe auf dem Fischmarkt (Hafenstraße), der während der Woche als *Wohnmobilstellplatz* dient (von Samstagabend bis Montagmorgen herrscht Parkverbot). Als erstes begeben wir uns auf eine Minikreuzfahrt und fahren mit der Fähre der Linie 62 von der ehrwürdigen Landungsbrücke 3 elbabwärts an Fischmarkt, Museumshafen und Elbstrand vorbei nach Finkenwerder. Danach schauen wir bei der neuen Elbphilharmonie vorbei und machen einen Abstecher in die Speicherstadt und zum Miniatur Wunderland *(www.miniatur-wunderland.de)*. Begeistert entdecken wir unter den Eisenbahnen und Landschaften im Miniaturformat auch Wohnmobile. Die Speicherstadt und das benachbarte Kontorhausviertel mit Chilehaus wurden 2015 in die Welterbeliste der UNESCO eingeschrieben. Ebenfalls für den Stadtbesuch bietet sich der einfache *Wohnmobilstellplatz Heiligengeistfeld* an. Etwas außerhalb, aber sehr idyllisch an der Elbe und mit guter Anbindung an die öffentlichen Verkehrsmittel ist der Wohnmobilhafen Elbepark Bunthaus. Nach dem Stadtbesuch lässt es sich hier wunderbar mit Blick auf die Elbe entspannen. Die Weiterfahrt führt durch verschiedene Hamburger Stadtteile nach Ahrensburg.

## ETAPPE 3
# VON AHRENSBURG NACH LÜBECK

⟷ 25 km ⏱ 45 Min., ½ Tag

In ④ **Ahrensburg**, der mit 34 000 Einwohnern größten Stadt im sich zwischen Hamburg und Lübeck ausbreitenden Landkreis Stormarn, besichtigen wir als Erstes das Wahrzeichen des Orts, das zum Museum umgestaltete weiße Renaissance-Schloss *(www.schloss-ahrensburg.de)* – die Einrichtung ist prächtig – und werfen dann einen Blick in die Schlosskirche. Eine Pause im Café Gold *(www.cafegold.net)* rundet den gelungenen Besuch in Ahrensburg ab. Durchs Land der Steinzeitjäger geht es vorbei an kleinen Orten, Mooren, Feldern und Wiesen. Dabei passieren wir Hammoor und dann auf der L 90 Barkhorst, wo wir zur Ortschaft Schmachthagen abbiegen, um von dort nach Rethwisch weiterzufahren. Weiter geht es durch die Orte Westerau und Klein Wesenberg. Kurz nach Überqueren der Trave sind wir in Lübeck, dem Ziel dieser Etappe.

**SEHENSWERT**
Bei Ahrensburg wurde ein Lager von Rentierjägern der Steinzeit entdeckt. Mehr über die frühen Siedler lässt sich auf dem **Alfred-Rust-Wanderweg** erfahren. Entlang der Strecke geben Infotafeln Auskunft über die archäologische Bedeutung des Ahrensburger Tunneltals. *Ausgangspunkt: P&R Parkplatz Ahrensburg-West*

Das sogenannte Gewölbe ist ein berühmter Fachwerkbau in Wismar.

## ETAPPE 4
# VON LÜBECK NACH WISMAR

⟷ 63 km ⏱ 70 Min., 1 Tag

Mit der Hansestadt ⑤ **Lübeck** wurde 1987 in Nordeuropa erstmals ein ganzer Stadtbereich in die Welterbeliste aufgenommen. Nach dem Parken tauchen wir mitten hinein in die komplett von Wasser umgebene Altstadt. Staunend stehen wir vor dem berühmten Holstentor, dass zur Repräsentation und Verteidigung gebaut wurde. Danach verlaufen wir uns in verwunschenen Gängen und Höfen, die wir durch versteckte Portale betreten. Sie sind Zeugen des findigen mittelalterlichen Städtebaus, als man wegen Wohnraummangel Durchgänge durch die Vorderhäuser schuf und die Hinterhöfe bebaute. Im Europäischen Hansemuseum Lübeck begeben wir uns auf eine faszinierende Zeitreise durch die 800-jährige Geschichte des Bündnisses *(www.hansemuseum.eu)*. Süßer Abschluss ist der Besuch im berühmten Café Niederegger *(www.niederegger.de)*, das für sein Lübecker Marzipan bekannt ist. Für den Stadtbesuch kann man zwischen mehreren Stellplätzen und einem Campingplatz wählen. Über Lüdersdorf und Wahrsow geht es weiter. Wir passieren Westerbeck und fahren auf der K 2 durch Petersberg und Schönberg. Vor Menzendorf biegen wir links ab und folgen durch hügeliges Gelände der L 01 nach **Mallentin**. In der Dorfstraße steht ein sehenswerter Bauernhof mit Hallenhaus und Stallscheune. Auf der B 105 kommen wir durch typisch mecklenburgische Hügel- und Seenlandschaft nach **Grevesmühlen**, eine der ältesten Städte Mecklenburgs, die 1226 erstmals erwähnt wurde. Günstig am Schnittpunkt vielbefahrener Fernstraßen gelegen, entwickelte sie sich zu einem blühenden Handelsplatz. Die Stadtkirche von Grevesmühlen präsentiert sich als frühgotische Backsteinkirche. Daneben gibt es einige historische Fachwerkhäuser und mehrere Gebäude aus der Gründerzeit. Wir fahren weiter durch Felder und Wald, vorbei an Gressow und Barnekow erreichen wir Wismar.

**AUFS WASSER**
Die **Wakenitz**, die vom Ratzburger See nach Lübeck fließt, bahnt sich ihren Weg durch lichte Laubwälder, urwüchsige Erlenbrüche, sumpfige Wiesen und stille Moore. Aufs Wasser geht es mit Kanus, Kajaks, Ruderbooten und E-Motorbooten. Im Stadtgebiet von Lübeck eröffnen sich vom Boot völlig neue Ausblicke. *www.bootsvermietung-luebeck.de*

ETAPPE 5

# VON WISMAR NACH ROSTOCK

⟷ 56 km ⏱ 60 Min., 1 Tag

In ⑥ **Wismar** entdecken wir einen wunderbar erhaltenen mittelalterlichen Stadtkern. Die Altstadt von Wismar wurde gemeinsam mit der von Stralsund 2002 in die Welterbeliste der UNESCO eingeschrieben, da sie mit beeindruckenden Bauten der Backsteingotik den Reichtum und die Macht der Hanse repräsentiert. Von der Aussichtsplattform der Kirche St. Georg haben wir einen großartigen Blick über die Altstadt. Hinauf geht es per Aufzug. Wieder unten, bummeln wir über den gepflasterten Marktplatz und durch schmale Gassen, die von kulturhistorisch bedeutenden Bauwerken unterschiedlichster Stile und Epochen gesäumt werden. Ganz in der Nähe verzaubert uns der Alte Hafen mit typischer Hafenromantik. Ideal für den Stadtbesuch ist die Lage des *Wohnmobilhafens am Westhafen*. Er ist beliebt und schnell voll. Wer einen Platz ergattern möchte, sollte also möglichst früh da sein. Eine gute Alternative ist der Ostseecamping Ferienpark Zierow direkt am weitläufigen Strand und nur 10 km von Wismar entfernt. Weiter geht es auf der B105 und L10 durch liebliche Landschaft mit Wiesen, Feldern und Wäldern nach Züsow und **Radegast**, wo sich die Gaststätte Daheim als gute Adresse für hervorragende Hausmannskost zur Einkehr anbietet *(www.willkommen-daheim.de)*. Achtung, die Portionen sind reichlich. Durch **Satow**, das sich mit einer sehenswerten spätmittelalterlichen Dorfkirche präsentiert, und Kritzmow erreichen wir ⑦ **Rostock**, unser Tourenziel. Zwischen Innenstadt und Warnemünde wurde auf dem Kreuzfahrt-Parkplatz in Marienehe ein *Wohnmobilstellplatz* eingerichtet, der sich zum Parken und Übernachten eignet. Nach so viel Kultur lockt das Meer. Und auch in die Altstadt mit zahlreichen Cafés und Restaurants ist es nicht weit. Einen schönen Strand gibt es ebenfalls in der Nähe.

**ABSTECHER**

Auf der Insel **Poel** in der Wismarbucht, die man über einen Damm erreicht, geht es beschaulich zu. Urlauber kommen vor allem wegen Meer, Strand und der guten Luft. Attraktives Ziel ist der Timmendorfer Leuchtturm, der zwischen langem Sandstrand und Steilküste neben einem kleinen Hafen liegt. In direkter Nachbarschaft befindet sich ein *Campingplatz*.

## EMPFOHLENE PLÄTZE

**① Campingplatz Lübeck-Schönböcken**

Hier lassen sich Stadtbesuch und Erholung ideal kombinieren. Der Campingplatz ist sehr gepflegt und verfügt über eine gute Busanbindung nach Lübeck.

▶ Steinrader Damm 12, 23556 Lübeck, Tel. 0451/893090, GPS: 53.869833, 10.630833

■ www.pincamp.de/sl7700

**Ostseecamping Ferienpark Zierow**

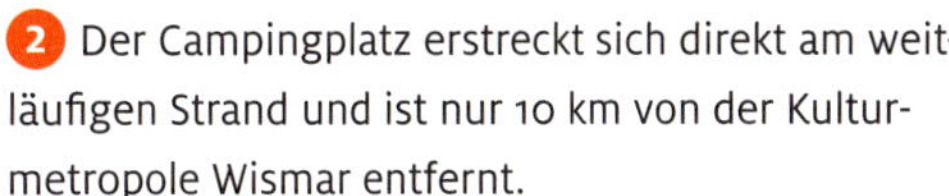

② Der Campingplatz erstreckt sich direkt am weitläufigen Strand und ist nur 10 km von der Kulturmetropole Wismar entfernt.

▶ Strandstr. 19c, 23968 Zierow, Tel. 038428/63820, GPS: 53.933816, 11.3733

■ www.pincamp.de/mk100

**Wohnmobilhafen Elbepark Bunthaus**

③ Der beliebte Wohnmobilstellplatz liegt nur 12 km von der Hamburger Innenstadt entfernt in der Natur.

▶ Moorwerder Hauptdeich 33, 21109 Hamburg, Tel. 040/18047215, www.elbepark-bunthaus.de, GPS: 53.461047, 10.063089

## WEITERE GENANNTE PLÄTZE

**Stellplatz am Wassersportverein Buxtehude**, Am Hafen 5, 21614 Buxtehude

**Stellplatz am Schützenplatz**, Gensler Weg, 21614 Buxtehude

**Stellplatz am Wildpark**, Am Wildpark 1, 21224 Rosengarten

**Stellplatz am Fischmarkt**, Große Elbstr. 9, 22767 Hamburg

**Stellplatz Heiligengeistfeld**, Glacischaussee/Feldstraße, 20359 Hamburg

**Wohnmobilhafen am Westhafen Wismar**, Schiffbauerdamm 12, 23966 Wismar

**Campingplatz Leuchtturm**, Lotsenstieg 25, 23999 Timmendorf

**Stellplatz Rostock-Marienehe**, Handelsstraße 4, 18069 Rostock

Noch mehr tolle Plätze auf pincamp.de

## ENTLANG DER ROUTE

### 1 Buxtehude

Die Hansestadt liegt an der Elbe im Alten Land. Beim Bummel durch die Altstadt im historischen Stadtkern, die mit schönen Fachwerkhäusern aufwartet, tauchen wir tief in die Vergangenheit ein. Eindrucksvoll ist die Besichtigung der St.-Petri-Kirche. Sie stammt wie viele andere Gebäude aus der Hansezeit. Prächtige Zeugen der Geschichte sind die ehemalige Markthalle, heute Brauerei des beliebten Buxtehuder Bieres, die Flethmühle und der Marschtorzwinger, Relikt der einstigen Befestigungsanlage. Dazu kommen Heimatmuseum, Zollamt und altes Rathaus. Beim Spaziergang durch romantische Gassen erreichen wir das Wasser. Ende des 13. Jh. entstand am Seitenarm der Este der für den Handel wichtige Hafen. Der Ortskern wurde durch eine Schleuse vor dem Wasser geschützt. *www.buxtehude.de*

### 2 Harburg

Erst 1937 wurde Harburg in die Hansestadt Hamburg eingemeindet. Der Stadtteil an der Süderelbe zeichnet sich durch schöne Parks, Wälder und den Hafen aus. Das ehemalige Arbeiterviertel ist voller Gegensätze. Von der alten Stadt Harburg ist die historische Straße Lämmertwiete mit prächtigen Gebäuden aus dem 16. bis 18. Jh. erhalten geblieben. Einige der windschiefen Fachwerkhäuser stehen unter Denkmalschutz. Sehenswert ist auch das Harburger Rathaus und das Gebiet rund ums Wasser. In Harburg gibt es aber auch moderne Architektur, Studentenleben und Industrie. *www.hamburg.de/harburg*

### 3 Hamburg

Hamburg fasziniert mit vielen Facetten und zahlreichen Sehenswürdigkeiten. Fleete und Kanäle durchziehen die Stadt, in der es mehr Brücken gibt als in London und Venedig zusammen. Der Hafen ist einer der größten Umschlaghäfen der Welt. Top-Attraktion ist die Elbphilharmonie, ein futuristisches Gebäude mit spektakulärem Konzerthaus. Auch ein Abstecher in die Speicherstadt, dem größten Lagerhausensemble der Welt, darf beim Hamburg-Besuch nicht fehlen. Sie steht mit dem Kontorhausviertel und dem Chilehaus für den Aufstieg Hamburgs zur Weltstadt und wurde zum UNESCO-Welterbe ernannt. Hier befinden sich zahlreiche Freizeitangebote wie das beliebte Miniatur Wunderland. Von den St. Pauli-Landungsbrücken, einem sehenswerten Gebäudeensemble an der Elbe und wichtigem Verkehrsknotenpunkt, starten die spannenden Hafenrundfahrten. Nicht weit entfernt sind Reeperbahn und Große Freiheit. In der Nähe des Wahrzeichens St. Michaelis zeigt Hamburg mit Kolonnaden und Arkaden klassizistischen Stil. Den Fischmarkt, einen Bummel entlang der Alster oder einen Musicalbesuch sollten Besucher ebenfalls nicht verpassen. *www.hamburg-tourism.de*

## 4 Ahrensburg

Die bekannteste Sehenswürdigkeit ist das weiße Renaissance-Schloss mit vier markanten Ecktürmen und einem englischen Landschaftspark. Das Schloss dient als Museum. Auf Pantoffeln gleiten Besucher durch prächtige Säle und durch die Jahrhunderte. Ganz in der Nähe liegt die Schlosskirche aus dem 16. Jh. Zeitgleich mit der Kirche sind Gottesbuden entstanden, um alten und bedürftigen Bewohnern eine Unterkunft zu bieten. Die 20 kleinen Wohneinheiten werden auch heute noch von der Kirche als Notunterkunft vergeben. In der Umgebung gibt es eine einmalige schwimmende Brücke im Moor und Spuren von Menschen aus der Steinzeit. *www.ahrensburg.de*

## 5 Lübeck

Der historische Stadtkern der Hansestadt wurde 1987 von der UNESCO als herausragendes Beispiel der Backsteingotik zum Weltkulturerbe gekürt. In der »Stadt der sieben Türme« begegnen wir überall der Geschichte. Lübeck war ein wichtiges Gründungsmitglied der Hanse. Ab dem 13. Jh. gediehen Handel, der Wirtschaftsbund und damit einhergehend die Stadt. Das Zentrum der Hansestadt ist komplett von Wasser umgeben. In Straßen und Gassen stehen repräsentative Kaufmannshäuser und andere imposante Gebäude. Die Fassaden reichen stilistisch von Gotik bis Klassizismus. Dicht bebaute enge Gänge und Höfe sind Zeugen des findigen mittelalterlichen Städtebaus. Beim Stadtbummel sind das eindrucksvolle Lübecker Rathaus, der Marktplatz und die Fußgängerzone schnell erreicht. Und auch die prächtigen Backsteinkirchen und das berühmte Holstentor sind einen Besuch wert. Zusätzlich bietet sich ein Besuch am Meer im Stadtteil Travemünde an. *www.luebeck.de*

## 6 Wismar

Wismar hat einen der am besten erhaltenen mittelalterlichen Stadtkerne Deutschlands. Zu sehen sind zahlreiche sorgsam restaurierte Gebäude. Überall trifft man beim Bummel auch auf Spuren der Schweden, die die Stadt nach dem Dreißigjährigen Krieg in Besitz nahmen. Drei prächtige Backsteinkirchen dominieren die Stadtsilhouette: Die Nikolaikirche, 1381–1487 erbaut, zeigt eine reiche Ausstattung. Von der einstigen Größe der Marienkirche zeugt noch ein gewaltiger Turm. Und von der Aussichtsplattform auf dem Turm von St. Georg haben Besucher einen weiten Blick über die Altstadt. Das Wahrzeichen von Wismar steht auf dem Marktplatz: Bis 1987 stellte die Wasserkunst, ein prunkvoll gestalteter Brunnen, die Wasserversorgung der Stadt sicher. Die Hansestadt gehört mit der Altstadt von Stralsund zum Welterbe der UNESCO. *www.wismar.de*

Das Seebad Warnemünde ist ein Ortsteil im Norden Rostocks.

## 7 Rostock

Die Hansestadt mit ihrer reichen Vergangenheit ist heute lebendige Hafen- und Universitätsstadt. Die Warnow bildet eine wichtige Lebensader. Auf einer Strecke von fast 20 km zieht sich der Fluss durch die Stadt. Es lohnt sich, bei der Besichtigung im Stadthafen zu starten. Das Zentrum der Altstadt bildet der Neue Markt mit liebevoll restaurierten Bürgerhäusern und dem über 700 Jahre alten Rathaus. Die barocke Fassade mit sieben Türmen stammt aus dem 18. Jh. Direkt daneben erhebt sich die Marienkirche. Die astronomische Uhr im Inneren steht auf der Vorschlagsliste zur Benennung als UNESCO-Weltkulturerbe. Um die Kirche herum finden sich malerische Gassen und gotische Giebelhäuser. Sehenswert ist auch die Petrikirche, das älteste Gotteshaus Rostocks. Ein Aufzug und eine Wendeltreppe führen zur Aussichtsplattform im Turm auf 45 m Höhe. Von oben eröffnet sich ein schöner Blick auf die Stadt, das Warnowtal und die Ostsee. Wälle, Teile eines Wehrgangs aus Holz und halbrunde Wiekhäuser in der Mauer sind von der Stadtbefestigung der Hansestadt erhalten. *www.rostock.de*

Mächtige Ahornbäume flankieren den Weg zum Kap Arkona im Norden der Insel Rügen, das rechts im Bild aufblitzt.

4

# GRÜNE TUNNEL UND VIEL WASSER: VOM KAP ARKONA BIS NEURUPPIN

*Die Deutsche Alleenstraße führt quer durch die schönsten Regionen Deutschlands von der Ostsee im Norden bis zum Bodensee im Süden. Wir nehmen uns den Teilabschnitt zwischen Kap Arkona und Neuruppin vor und fahren durch grüne Tunnel mit herrlichen Bäumen und vorbei an schillernden Seen und liebevoll restaurierten Altstädten.*

Kap Arkona
Neuruppin
351 km
ca. 5,5 Std., 3–4 Tage

GPX-Download

ETAPPE 1

## VON KAP ARKONA ZUM KÖNIGSSTUHL

⟷ 30 km ⏱ 30 Min., 1 Tag

Den Schlüssel umdrehen, losfahren, und schon taucht die erste grüne Allee mit herrlichen alten Bäumen auf. Das passt, denn wir wollen auf dieser Tour den Anfang der Deutschen Alleenstraßen erfahren und starten dabei auf der schönen Insel Rügen. Dabei lassen wir uns viel Zeit und genießen. Am Anfang der Tour lassen wir das Wohnmobil erst einmal stehen. Bis zum ① **Kap Arkona** kommen wir nämlich nicht damit, denn das Gelände ist für den Verkehr gesperrt. Ausgangspunkt für den Besuch ist der *Wohnmobilstellplatz* 🚐 am Ortseingang von **Putgarten** direkt neben dem PKW-Parkplatz. Achtung, die Parkgebühr wird für 24 Stunden abgezogen, auch wenn die Parkdauer kürzer ausfällt. Bis zu den Leuchttürmen kommen wir mit der Arkonabahn oder dem Fahrrad. Wir genießen die Aussicht und lassen uns den Wind um die Nase wehen. Wer auf dem Wohnmobilstellplatz übernachtet, hat den magischen Ort zum Sonnenuntergang oder am frühen Morgen fast für sich allein. Alternativ kann man das Kap auch vom KNAUS Campingpark Rügen ganz in der Nähe besuchen, der sich auch für längere Aufenthalte anbietet. Über Altenkirchen und Breege erreichen wir auf der L 30 die **Schaabe**, einen schmalen Landstreifen mit Kiefernwald und herrlichem Sandstrand. Zugang gibt es von mehreren Waldparkplätzen, die aber in der Saison schnell voll sind. Wer dort einen Platz findet, nutzt die Gelegenheit für einige Stunden am Strand und ein Bad in den Fluten. Hinter Glowe biegen wir auf die L 303 ab und fahren an Feldern und Wiesen vorbei bis zum Großparkplatz Hagen, nicht weit vom gleichnamigen Ort. Der hintere Teil ist als *Wohnmobilstellplatz* 🚐 ausgestattet.

> **ACHTUNG!**
> Beim Durchfahren der **Alleen** ist wegen des Lichtspiels Konzentration gefragt. Und besonders mit einem großen Wohnmobil sind bei eng stehenden Bäumen und tiefhängenden Ästen defensive Fahrweise und Ausweichen wichtig. Dazu gilt: Licht einschalten!

> **ABSTECHER**
> Auf halber Strecke zwischen Parkplatz und Kap Arkona zweigt der Weg zum Museumsdörfchen **Vitt** ab, einem der schönsten Orte der Insel. Hier fühlst man sich wie früher, als die Fischer noch mit kleinen Booten auf die Ostsee fuhren.

ETAPPE 2

## VOM KÖNIGSSTUHL NACH BINZ

⟷ 24 km ⏱ 30 Min., 1 Tag

Der Stellplatz auf dem Großparkplatz Hagen liegt zwischen Feldern und Wald. Hier stellen wir unser Gefährt ab und wandern durch die mächtigen Buchenwälder und vorbei an Mooren bis zum ② **Königsstuhl** – insgesamt ist man hin und zurück rund 6 km unterwegs. Einen herrlichen Blick auf die Kreidefelsen und den Königsstuhl gibt es auch von der **Viktoriasicht**. Sie ist nicht allzu weit weg – ein kleiner Umweg, der sich lohnt. Die Weiterfahrt führt über eine gewundene Straße durch den Naturpark Jasmund bis **Sassnitz**. In dem schönen Seebad biegen wir an der Ampel ab und halten am Hafen. Ein Eis essend bummeln wir entlang der Mole. Dafür brauchen wir etwas Zeit, denn mit fast 1500 m ist sie die längste Außenmole Europas. Auch die Fußgänger-Hängebrücke, ein fast 250 m langes, geschwungenes Bauwerk, das Sassnitz' Stadtzentrum mit dem Hafen verbindet, sollten wir aufsuchen. Sie wird zu Recht als »Balkon mit Meerblick« bezeichnet, bietet sie doch eine tolle Aussicht auf die Ostsee mit den vorbeifahrenden Schiffen. Wir fahren weiter auf der L 29 nach **Prora**, wo links der Straße riesige Überreste der KdF-Bauten stehen. Rechts im Wald liegen der *Wohnmobilstellplatz* 🚐, ein Baumwipfelpfad mit Aussichtsturm und das Naturerbe-Zentrum. Für Wohnmobile gibt es mehrere kostenpflichtige Parkmöglichkeiten, ideal für einen Bummel am riesigen Strand und einen Sprung in die Wellen. Nach kurzer Fahrt erreichen wir ③ **Binz**, Rügens größtes Ostseebad.

> **AUFS WASSER**
> Ab Sassnitz fahren die **Ausflugsschiffe** entlang der Küste. So können wir uns die Kreidefelsen und den Königsstuhl noch einmal vom Wasser aus ansehen. *www.adler-schiffe.de*

ETAPPE 3

## VON BINZ NACH STRALSUND

⟷ 50 km ⏱ 60 Min., ½ Tag

Die einzige Stellmöglichkeit für Reisemobile in Binz ist der große öffentliche *Parkplatz (P1)* 🚐 direkt an der Hauptstraße. Wir erreichen in kurzer Zeit das Zentrum und flanieren erst einmal über die Strandpromenade. Dabei

fühlen wir uns inmitten der herrlichen Villen im Stil der Bäderarchitektur und auf der langen Seebrücke fast wie zu Kaisers Zeiten. Ebenso geht es uns beim Nachmittagstee im edlen Ambiente auf der Kurhausterrasse. Noch einmal die Füße in den weichen Sand bohren, dann geht die Fahrt weiter. Schon nach 20 Minuten erreichen wir das nächste Ziel. ④ **Putbus** wird auch die »Weiße Stadt auf Rügen« genannt. Die klassizistischen weißen Häuser sind prächtig. Beim Bummel durch den Schlossgarten – das Schloss musste wegen schlechten Bauzustands abgerissen werden – vergeht die Zeit wie im Flug.
Die Fahrt führt auf der L 29 unter einem grünen Blätterdach weiter nach **Garz**, der kleinsten und ältesten Stadt der Insel Rügen. Über den 2 km langen Rügendamm erreichen wir ⑤ **Stralsund** und steuern den Caravanstellplatz an der Rügenbrücke an. Auch wer nur ein paar Stunden bleiben möchte, findet in der Nähe Parkmöglichkeiten. In ein paar Minuten haben wir von hier aus die Altstadt erreicht und schlendern durch die Straßen voller historischer Häuser und Backsteingotik.

**EINKEHREN**
Eine Pause in stilvollen historischen Räumen ermöglicht das **Rosencafé Putbus** mit köstlichen Kuchen und Torten. *Bahnhofstr. 1, 18581 Putbus, Tel. 038301/ 88 72 90, www.raulff-hotels.de/rosencafe-putbus*

**SEHENSWERT**
Ein imposanter **slawischer Burgwall** erhebt sich bis zu 15 m über Garz. Er ist frei zugänglich und kann gut zu Fuß erkundet werden.

## ETAPPE 4
## VON STRALSUND NACH MALCHOW

⟷ 135 km ⏱ 120 Min., ½ Tag

Der Stadthafen ist neben dem Alten Markt das zweite touristische Zentrum von Stralsund. Hier sind der moderne Bau des Museums Ozeaneum *(www.ozeaneum.de)* und der Großsegler »Gorch Fock I« *(www.gorchfock1.de)* unser Ziel. Aber auch einem Fischbrötchen von einem der Imbissboote können wir nicht widerstehen. Die lebendige Hansestadt verlassen wir auf der B 96 in Richtung Südosten. Dabei geht die abwechslungsreiche Fahrt durch satte Wiesen und Felder. Hinter Sundhagen biegen wir in Richtung **Grimmen** ab. Drei mächtige, quadratische Stadttore sind hier noch erhalten. Die B 196 bringt uns schnurgerade bis zur Kleinstadt **Loitz**. Hier folgen wir den Schildern bis zum Hafen. Dabei geht es über holpriges Kopfsteinpflaster. Dann sitzen wir gemütlich an der Peene und genießen die Aussicht. Auf der B 194 erreichen wir in nur 15 Minuten ⑥ **Demmin**. Wir schlendern auf den Spuren der Hanse an historischen Gebäuden und Plätzen vorbei bis zum Hanseviertel, dem Museumsdorf auf der Fischer-Insel. Am Sportboothafen am Ortsrand lädt der kleine *Campingplatz Peene Marina* zur Übernachtung am Wasser ein. Wer mehr Zeit zur Verfügung hat, sollte sich ein Boot mieten und gemächlich über die **Peene** schippern oder gemütlich am Ufer sitzen und die Angel auswerfen. Von der B 194 biegen wir ab nach **Grammentin** – dort unbedingt in der Familien-Konditorei Komander Ivenacker Baumkuchen probieren – und **Kummerow**, in Richtung Malchin. Auf der Strecke weist uns ein Schild den Weg zum barocken Schloss Kummerow. In Malchin nehmen wir die L 20, die uns am **Malchiner See** entlangführt. Unterwegs ist Schloss Basedow mit seiner fotogenen Fassade ein echter Hingucker. Im 19. Jh. ließ der damalige Graf das Schloss umbauen und den Park und das Dorf neu gestalten. Wir nutzen die Gelegenheit für eine Pause und einen Sprung ins Wasser, bevor wir auf der L 20 weiter bis ⑦ **Malchow** fahren und uns in der Nähe zur Altstadt einen Parkplatz suchen.

**AUFS WASSER**
Die **Peene** rund um Demmin eignet sich ideal zum Paddeln und Wasserwandern. Informationen, geführte Touren und Kanu- und Kajakvermietung gibt es im Kanuhaus in Demmin *(www.kanuhaus.de)*.

## ETAPPE 5
## VON MALCHOW NACH NEURUPPIN

⟷ 112 km ⏱ 100 Min., ½ Tag

Mittendrin zwischen Plauer See und Fleesensee liegt die Inselstadt Malchow. Eine Drehbrücke verbindet sie mit dem Festland. Diese öffnet stündlich, um die Schiffe passieren zu lassen, was zu regelmäßigen Verkehrsstaus führt. Cafés und Restaurants laden zu einer Pause direkt am Wasser ein. Auf der anderen Seite der Insel bildet ein künstlicher Damm die Verbindung zum Festland. Achtung bei der Weiterfahrt: Die Ortsdurchfahrt von Malchow ist auf Fahrzeuge unter 2,8 t begrenzt, das reicht für Wohnmobile nicht aus. Die Umfahrung erfolgt daher über die Autobahn. Wir verlassen Malchow in Richtung A 19 und

Am Malchower See mit Blick auf die Klosterkirche

folgen dieser bis zur Ausfahrt Waren. Danach nehmen wir die B192 und erreichen über Sechlin unser nächstes Ziel ⑧ **Röbel/Müritz**. Wir parken unseren Camper auf dem Parkplatz am Ortseingang an der Uferpromenade. Der hohe Kirchturm von St. Marien zieht uns magisch an. Etwas außer Atem erreichen wir die Aussichtsbalkone und genießen die Aussicht über die Müritz. Kurz hinter Röbel geht die Tour weiter auf der B198. Wir erreichen **Mirow** und bewundern die Schleuse Mirow, die Teil der Müritz-Havel-Wasserstraße ist und noch im Handbetrieb arbeitet. Die Schlossinsel lädt zum Verweilen ein. Und die Liebesinsel im See ist richtig romantisch! Direkt daneben gibt es einen *Wohnmobilstellplatz*. Nach 11 km ist auch schon **Wesenberg** erreicht, das von unzähligen Seen umgeben ist. Hier biegen wir ab auf die B122. Die Straße windet sich zwischen Seen und Wäldern entlang und durch mehrere Orte bis ⑨ **Rheinsberg**, wo wir das Spiegeln des Schlosses im See bewundern. Weiter geht es auf der B122 durch dichten Wald. Nach knapp 30 Minuten ist das letzte Ziel unserer Tour erreicht. Schon von Weitem sehen wir die Doppeltürme der Klosterkirche St. Trinitatis in der Fontanestadt ⑩ **Neuruppin**. Vom *Wohnmobilstellplatz* am Sportcenter sind See und Altstadt nicht weit.

EINKEHREN

Im **Hofcafé** in Röbel am Ziegenmarkt backt der Chef noch selbst. Die Tortenstücke sind riesig und köstlich. *Kirchpl. 10, 17207 Röbel/Müritz, Tel. 039931/539755*

## EMPFOHLENE PLÄTZE

**KNAUS Campingpark Rügen** ★★★½

① Der Campingplatz ist außerordentlich schön oberhalb der Steilküste gelegen, mit herrlichem Blick auf die Tromper Wiek und die gegenüberliegende Küste.

▶ Zittkower Weg 30, 18556 Altenkirchen, Tel. 038391/434648, GPS: 54,638233, 13,376633

■ www.pincamp.de/mk2120

**Naturcamping Malchow** ★★★★

② Der Naturcampingplatz erstreckt sich unter hohen Laubbäumen auf einem leicht welligen Wiesengelände direkt am See mit einer Bademöglichkeit.

▶ Zum Plauer See 1, 17213 Malchow, Tel. 039932/49907, GPS: 53,492083, 12,373616

■ www.pincamp.de/mk5910

**Caravanstellplatz An der Rügenbrücke**

③ Der Stellplatz bietet großzügig angelegte, mit Schotterterrassen befestigte Parzellen, ist ideal fußläufig zu Innenstadt und Hafen gelegen und bietet eine gut ausgestattete Infrastruktur.

▶ Werftstr. 16, 18439 Stralsund, Tel. 03831/667977, www.caravanstellplatz-ruegenbruecke.de, GPS: 54.302850, 13.09877447

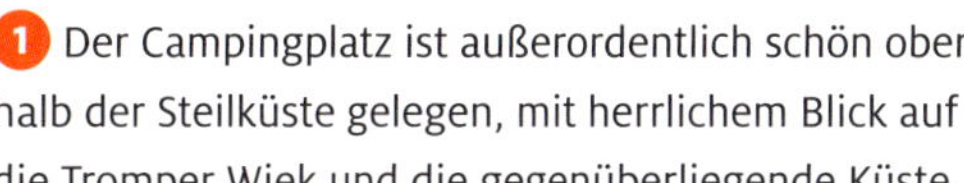

## WEITERE GENANNTE PLÄTZE

**Wohnmobilstellplatz beim Kap Arkona**, Dorfstr. 31, 18556 Putgarten

**Wohnmobilstellplatz am Parkplatz zum Königsstuhl**, Stubbenkammerstr. 57, 18551 Lohme

**Wohnmobiloase Prora**, Proraer Chaussee 60, 18609 Binz/OT Prora

**Wohnmobilstellplatz Parkplatz P1**, Proraer Chaussee, 18609 Binz

**Campingplatz Peene Marina**, Loitzer Str. 48, 17109 Demmin

**Wohnmobilstellplatz am Schlossparkplatz**, Herrensteig, 17252 Mirow

**Wohnmobilstellplatz am Sportcenter**, Trenckmannstr. 14, 16816 Neuruppin

Noch mehr tolle Plätze auf pincamp.de

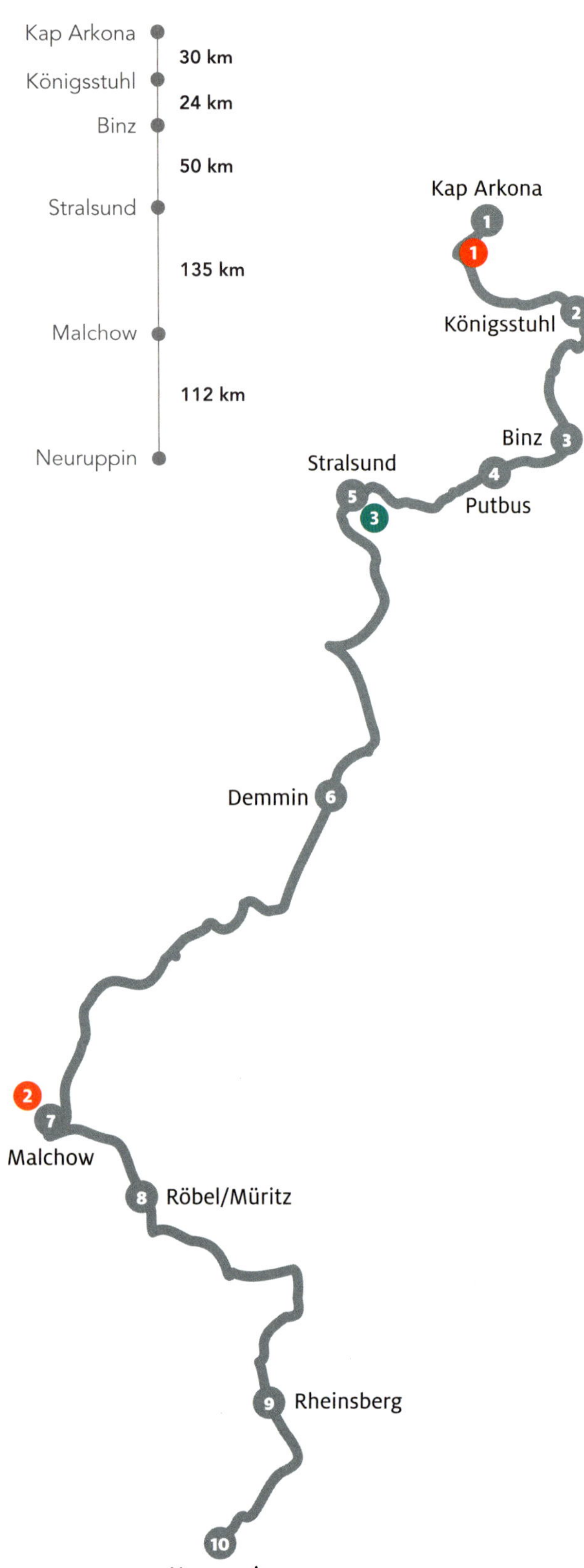


# ENTLANG DER ROUTE

## 1 Kap Arkona

Das exponierte Kap Arkona ganz im Norden von Rügen ist das Wahrzeichen der Insel. Gleich drei Leuchttürme erheben sich hier oberhalb der Steilküste. Den besten Blick über die Ostsee und die Insel bietet der 33 m hohe »runde Leuchtturm«, der seit vielen Jahren den Schiffen den Weg weist. Bis 1990 war das Kap militärisches Sperrgebiet, heute ist es eine der touristischen Hauptattraktionen der Insel. Wer schon einmal in der Gegend ist, sollte auch unbedingt dem idyllischen Museumsdörfchen Vitt einen Besuch abstatten. *www.kap-arkona.de*

## 2 Königsstuhl

Die Küste der Kreidefelsen erstreckt sich zwischen Sassnitz und Lohne. Hier liegt auf der Halbinsel Jasmund der 118 m hohe Königsstuhl, der berühmteste Kreidefelsen von Rügen, im kleinsten Nationalpark Deutschlands inmitten dichter Buchenwälder. Der Sage nach mussten frühere Könige die Klippe vom Meer aus erklimmen. Beim Blick von der Aussichtsplattform erscheint dies allerdings als eine unmögliche Aufgabe. Die Plattform gehört zum Nationalparkzentrum, das mit Ausstellung und Bistro aufwartet. Einen herrlichen Ausblick hat man auch von der nahegelegenen Viktoriasicht. *www.koenigsstuhl.com*

## 3 Binz

In der geschützten Buchtvon Binz lässt es sich wunderbar baden. Und der herrliche Sandstrand mit äußerst feinem Sand ist einer der schönsten an der Ostseeküste. Das wusste bereits Malte von Putbus, der das einstige Fischerdorf um das Jahr 1780 erwarb und es in der Folge zum Seebad machte. Im heute größten Seebad der Insel reihen sich zahlreiche prächtige Villen im Bäderstil aneinander. Auf den verzierten hölzernen Veranden und Balkonen genießen Touristen seit mehr als 100 Jahren die Seeluft. Auch der Ortsteil Prora verfügt über einen weitläufigen Sandstrand. Berühmt wurde der Ort vor allem durch ein überdimensioniertes Ferienprojekt der Nationalsozialisten. Das KDF-Bad (Kraft durch Freude) sollte gleichzeitig bis zu 20 000 Menschen beherbergen. Inzwischen wird der »Koloss von Rügen« zu modernen Ferienunterkünften umgebaut und Schritt für Schritt wiederbelebt.*www.ostseebad-binz.de*

Das Kurhaus Binz an der Strandpromenade wurde 1890 eröffnet.

### 4 Putbus

Fürst Malte zu Putbus ließ im Südosten von Rügen die kleine Residenzstadt passend zu seinem Schloss bauen. Im klassizistischen Stil entstanden weiße Villen um einen großen runden Platz, den Circus. Von diesem führt eine ebenfalls von weißen Häusern gesäumte Allee zum eckigen Marktplatz. Parallel zu Schloss und Park entstand im zwei Kilometer entfernten Lauterbach das erste Seebad der Insel. *www.residenzstadt-putbus.de*

### 5 Stralsund

Reichtum brachten bereits die Seefahrer im 13. Jh., die Pelze und Baustoffe gegen Tabak, Salz und Tuche tauschten, wenn sie aus Bergen, Riga oder St. Petersburg kamen. Drei große Backsteinkirchen prägen die unverwechselbare Silhouette der Hansestadt am Strelasund, der Meerenge zwischen Rügen und dem Festland. In einer Zeit des wirtschaftlichen Aufschwungs entstanden im Mittelalter zahlreiche weitere Bauten im Stil der Backsteingotik, wie das Rathaus mit seiner imposanten Schmuckfassade. So hat die historische Altstadt eine außergewöhnliche historische Bausubstanz und gehört gemeinsam mit Wismar zum Welterbe der UNESCO. Hinter den historischen Backsteinmauern finden sich Cafés, Läden, Museen und Galerien. *www.stralsund.de*

### 6 Demmin

Die Stadt liegt auf einer Anhöhe inmitten herrlicher Natur und erreichte dank der Zugehörigkeit zur Hanse im Mittelalter Reichtum und Einfluss. Bedeutendste Sehenswürdigkeit ist die backsteingotische Hallenkirche. Entlang von ausgeschilderten Stadtwanderwegen weisen Hinweistafeln auf besondere historische Gebäude und Plätze hin. Und in einer dem Mittelalter nachempfundenen Kulisse gibt es im Museumsdorf auf der Fischer-Insel Einblicke in das damalige Leben der Menschen. *www.demmin.de*

### 7 Malchow

Die sympathische Inselstadt Malchow liegt mitten zwischen dem Plauer See und dem Fleesensee. Die Altstadtinsel, auf der sich hübsche kleine Häuser aneinanderreihen, ist sehr sehenswert, und fast alle Wege enden am Wasser. Inzwischen verbindet sie auch eine Drehbrücke mit dem Festland. Auf der anderen Seite der Insel bildet ein künstlicher Damm die Verbindung. Im ehemaligen Malchower Kloster ist das Mecklenburgische Orgelmuseum untergebracht. Wer auf den spitzen Turm der Klosterkirche steigt, hat einen fantastischen Blick auf die kleine Stadt und das Umland. *www.tourismus-malchow.de*

### 8 Röbel/Müritz

In der bunten Stadt am kleinen Meer, einem Ausläufer der Müritz, gibt es gleich zwei große frühgotische evangelische Kirchen mit imposanten Kirchtürmen und eine eigene Windmühle. St. Marien ist eine der frühesten gotischen Hallenkirchen in Mecklenburg. Von den Aussichtsbalkonen des Turms haben Besucher einen herrlichen Blick über den Ort und das Umland. Mit dem Bau der Nikolaikirche wurde etwas später begonnen. Auffällig ist der massige Turm, der auch als Wehr- und Wachturm diente. Dazu prägen Ringgassen mit vielen bunten Fachwerkhäuschen das Stadtbild. *www.stadt-roebel.de*

### 9 Rheinsberg

Das beeindruckende Schloss, dessen Türme sich im Grienericksee spiegeln, ist das Wahrzeichen des romantischen Städtchens, in dem sich bereits Kurt Tucholsky und Friedrich II. wohlfühlten. Zahlreiche Kunstwerke dekorieren die Räumlichkeiten und vermitteln einen Blick ins 18. Jh. In der kleinen Stadt fallen die Ein- und Doppelstubenhäuser, ebenfalls aus der Mitte des 18. Jh., ins Auge. Ganze Straßenzüge gibt es davon. *www.rheinsberg.de*

### 10 Neuruppin

Die Stadt am Ruppiner See punktet mit einer liebevoll restaurierten historischen Altstadt voller klassizistischer Kleinode und einer herrlichen, neu gestalteten Uferpromenade. Kunstvolle Bauwerke und Denkmale erinnern an vergangene Größen wie Friedrich den Großen oder die in Neuruppin geborenen Schinkel und Fontane. Ein besonderes Kleinod ist auch der historische Tempelgarten aus dem 18. Jh. *www.tourismus-neuruppin.de*

Malerisch auf einer Insel in der Havel gelegen, ist die Hansestadt Havelberg ein lohnendes Ausflusgziel.

5

# REISE INS MITTELALTER: UNTERWEGS AUF DER STRASSE DER ROMANIK

*Vorbei an herrlicher Natur und einzigartiger Kultur beschreibt die Straße der Romanik auf insgesamt über 1000 km einen Rundkurs durch Sachsen-Anhalt. Wir folgen einem Teil der Nordroute entlang der Elbe. Dabei tauchen wir ein in eine Region voller Geschichte und Kunst des Mittelalters – ein echter Geheimtipp für Wohnmobilfahrer, mit romanischen Domen, Kirchen, Burgen und Klöstern.*

Hansestadt Salzwedel
Pretzien
217 km
ca. 4 Std., 2–3 Tage

GPX-Download

## ETAPPE 1
## VON DER HANSESTADT SALZWEDEL BIS WAHRENBERG

⟷ 46 km ⏱ 45 Min., ½ Tag

Prächtige Backsteinbauten in der Hansestadt ① **Salzwedel** stimmen uns auf die kommende Route ein. Nach einem Besuch in der Marienkirche schauen wir uns die romanische Lorenzkirche an. Salzwedel ist auch berühmt für den Baumkuchen, der traditionell von Hand über offenem Feuer hergestellt wird. Die Produktion sehen wir in der gläsernen Baumkuchenmanufaktur *(www.baumkuchen-kaufen.de)* und probieren das Backkunstwerk nebenan im Café Kruse. Am Freibad gibt es einen *Wohnmobilstellplatz* 🚐. Auf der B 190 erreichen wir in 30 Minuten **Arendsee** am gleichnamigen See zwischen bewaldeten Hügeln. Idyllisch am Wasser liegt das ehemals von Benediktinerinnen geführte Kloster St. Marien. Neben malerischen Ruinen ist die kreuzförmige Basilika mit reichverziertem romanischen Portal erhalten. In direkter Nähe gibt es Campingplätze am See, ideal für ein paar entspannte Stunden am, im und auf dem Wasser.
Wir folgen der B 190 und fahren von Leppin auf Nebenstrecken in Richtung Elbe. Im Storchendorf **Wahrenberg**, dem nördlichsten Elb-Dorf in Sachsen-Anhalt, lebt die zweitgrößte Storchenpopulation bundesweit. 20 Horste befinden sich im Ortsgebiet. Im Spätsommer kann man etwa 80 Alt- und Jungstörche in den grünen Auenlandschaften rund um das Dorf beobachten, ein einmaliger Anblick *(www.storchendorf-wahrenberg.de)*. Am Ortsrand gibt es den schön gelegenen Wohnmobilstellplatz Storchenwiese.

**WISSENSWERT**

Die Landesgrenze Sachsen-Anhalt/Niedersachen war von 1952 bis zur Wiedervereinigung 1989 die innerdeutsche Grenze. Der Geländestreifen davor und dahinter, das sog. **Grüne Band**, blieb wegen der Abriegelung durch hohe Zäune, Stacheldraht und Wachtürme fast unberührt. So entwickelte er sich zu einem Lebensraum für seltene Tiere und Pflanzen mit wertvollen Biotopen *www.erlebnisgruenesband.de*

Sorgsam restaurierte Fachwerkhäuser prägen Salzwedels Stadtbild.

## ETAPPE 2
## VON WAHRENBERG ZUR HANSESTADT HAVELBERG

⟷ 40 km ⏱ 60 Min., ½ Tag

Kaum zu glauben, aber in dem kleinen Ort ② **Beuster**, ein Stück weiter in den Elbauen, steht einer der ältesten mittelalterlichen Backsteinbauten nördlich der Alpen, die Kirche St. Nikolaus. Voller Nostalgie und Ost-Romantik mutet das Blaulichtmuseum an, das wir danach besuchen *(www.blaulichtmuseum-beuster.de)*. Bei der Anfahrt zur Hansestadt ③ **Seehausen** sind die mächtigen Türme der Backsteinkirche St. Petri kilometerweit zu sehen. Besonders gut gefällt uns das romanische Säulenportal aus Back- und Sandstein im Inneren. Übernachten kann man in der Hansestadt auf dem *Caravanstellplatz* 🚐 am Ortsrand mit malerischem Blick auf die Kirche. Die Straße windet sich entlang der Elbauen. Die Hansestadt **Werben** (Elbe) gehört zu den kleinsten Städten Deutschlands. Hier ist eine gute Gelegenheit für eine Kanutour auf der naturbelassenen Elbe. Das Unternehmen Elbe-Kanu *(www.elbe-kanu.de)* vermietet Canadier für kurze und lange Touren. Wir nehmen von Werben die kostenpflichtige Gierfähre über die Elbe. Es ist ein Erlebnis, begleitet vom Gurgeln des Wassers über den Fluss zu fahren. Transportiert werden Wohnmobile bis zu einem Gewicht von 7,5 t. Größere Fahrzeuge wählen die Fähre in Sandau. Kurz danach erreichen wir die Hansestadt ④ **Havelberg** mit Altstadtinsel und mächtigem romanischen Dom.

Zu Ehren des Reichskanzlers: das Bismarck-Museum in Schönhausen

ETAPPE 3

## VON DER HANSESTADT HAVELBERG NACH JERICHOW

⟷ 40 km ⏱ 35 Min., ½ Tag

In Havelberg schlendern wir über die Altstadtinsel, besichtigen den herrlichen Dom und suchen uns danach eine Einkehrmöglichkeit mit Blick aufs Wasser. Sehr spannend ist der Besuch im Haus der Flüsse *(www.haus-der-fluesse.de)*. Mit dazu gehört ein großer Außenbereich mit Wasserspielplatz. Zu sehen ist auch ein renaturierter Altarm der Havel mit historischer Petroleuminsel. In der Nähe der Altstadt und mit Blick auf Fluss und Dom kommen Camper auf dem Campingplatz Campinginsel Havelberg unter. Davor gibt es auch einen extra Wohnmobilstellplatz. Auf der B 107 folgen wir der Elbe nach Süden und erreichen **Sandau** mit der Stadtkirche St. Laurentius/St. Nikolaus. Die dreischiffige Backsteinbasilika entstand um 1200. Unser nächster Stopp ist ⑤ **Schönhausen (Elbe)**. In der romanischen dreischiffigen Basilika des Ortes wurde 1815 Fürst Otto von Bismarck getauft. Wir besuchen das Bismarck-Museum *(www.bismarck-stiftung.de)* in der Nachbarschaft und spazieren eine Runde durch die barocke Parkanlage des ehemaligen Schlosses. Ein kurzer Abstecher auf der B 188 führt uns nach **Wust**. Dort steht ebenfalls eine große romanische Kirche, sie wurde mehrfach umgebaut und hat jetzt einen Fachwerkturm und eine barocke Haube. Das Innere dominiert eine seltene frühbarocke Kassettendecke. Dagegen ist die Dorfkirche in **Melkow**, wenige Kilometer südlich, mit dem wuchtigen Westwerk noch in ihrer spätromanischen Ursprünglichkeit erhalten. Von hier führt der Weg zurück auf die B 107 und zum ⑥ **Kloster Jerichow**, einem imposanten Backsteinensemble aus dem 12. Jh. mit sehr viel Flair. Die romanische Kirche, der Kreuzgang und der verwunschene Garten beeindrucken uns sehr. Wir stärken uns im dazugehörigen Café und stöbern noch im Klosterladen. Vor dem Kloster steht ein *Wohnmobilstellplatz* zur Verfügung und bietet außerdem eine gute Gelegenheit, um auch einen Blick in die stattliche romanische Stadtkirche zu werfen, die ein Stück weiter in der Nähe des Burgbergs errichtet wurde.

**RAUF AUFS RAD**

In der Region verlaufen einige von Deutschlands beliebtesten **Radwanderwegen**: Elberadweg, Altmarkrundkurs, Milde-Biese-Aland-Tour, Havelradweg, Reformationsradweg oder der Vier-Länder-Grenzradweg. Dabei geht es auf wenig befahrenen Landstraßen und Radwegen durch herrliche Natur und idyllische Dörfer.

ETAPPE 4

## VON JERICHOW NACH BURG

⟷ 41 km ⏱ 40 Min., ½ Tag

Als nächstes steht die stattliche Dorfkirche in **Redekin** auf dem Tourenplan. Sie ist mit aufwendigen Backsteinfriesen verziert. Dann erreichen wir, weiter auf der B 107, **Genthin** am Elbe-Havel-Kanal. Im Ortsteil Altenplathow sehen wir in der Dorfkirche eine seltene romanische Figurengrabplatte. Der angrenzende Volkspark wurde durch den bekannten Gartenbauer Peter Joseph Lenné geplant. In der Mühlenstraße liegt direkt am Kanal ein einfacher *Wohnmobilstellplatz*. Wer länger in der Region bleiben will: Das Touristenzentrum Zabakuck ist ein Campingplatz nicht weit von Genthin. Auf der B 1 geht es weiter nach ⑦ **Burg**. Wir besichtigen die Stadtbefestigung und die herrlichen romanischen Kirchen der Stadt. Besonders gut gefallen uns die verschiedenen Gärten. An der Marina am Kanal gibt es einen *Wohnmobilstellplatz*.

**SEHENSWERT**

Etwas südlich von Genthin befindet sich das **Schloss Parchen,** ein Rittergut mit englischem Landschaftsgarten. Dieses wurde während der sowjetischen Besatzung in kommunale Trägerschaft überführt, zu DDR-Zeiten wurde ein Teil des Parks planiert. Im Gutshaus kann man mit Gutsherr Rudolph von Byern auf Zeitreise gehen *(www.schloss-parchen.de)*.

ETAPPE 5

## VON BURG NACH PRETZIEN

⟷ 50 km ⏱ 60 Min., ½ Tag

Über die B 246 fahren wir nach **Möckern**, das zwischen Ackerflächen und ausgedehnten Wäldern liegt. Im 11. Jh. erhielt der Ort eine Stadtbefestigung, Reste davon sind erhalten. Auch die beiden Kirchen haben ihre Ursprünge in dieser Zeit. Nicht weit vom Marktplatz steht Schloss Möckern, das seit dem Mittelalter ständig aus- und umgebaut wurde. Der quadratische Bergfried stammt aus den Anfängen. Das aktuelle Gebäude wurde durch Graf Adelbert vom Hagen um 1840 im neugotischen Stil errichtet. Dazu gehört ein historischer Schlosspark. Nicht viel weiter und wir sind in **Loburg**, wo die beeindruckende Ruine einer ehemals dreischiffigen Basilika aus dem 12. Jh. erhalten ist. Nach der Besichtigung bummeln wir durch den sympathischen Ort zum mittelalterlichen Bergfried. Rund 15 Minuten Fahrt sind es bis **Leitzkau** mit der 1114 geweihten Kirche St. Petri. Diese wurde noch im 12. Jh. zur dreischiffigen romanischen Basilika ausgebaut, und Leitzkau wurde Bischofssitz. Nur wenig später startete der Bau des Prämonstratenserstifts, das nach der Reformation aufgelöst wurde. Auf den Ruinen entstand ein Schloss im Stil der Weserrenaissance. Die Stiftskirche Sancta Maria in Monte ist inzwischen wieder in ihrer ursprünglichen romanischen Form zu sehen. In **Pretzien**, einem Ortsteil von **Schönebeck** fast direkt an der Elbe, endet die Nordroute der Straße der Romanik, der wir gefolgt sind. Die Kirche St. Thomas ist noch einmal ein echter Höhepunkt. In dem im 12. Jh. errichteten, schlicht gehaltenen romanischen Bruchsteinbau haben sich herausragende Wandmalereien aus den Anfängen des 13. Jh. erhalten, die übermalt und erst in den 1970er-Jahren wiederentdeckt wurden. Der Fachwerkturm mit seiner Turmbekrönung ist allerdings eine barocke Zugabe aus dem 18. Jh. Auf dem Weg dorthin liegt im Landschaftsschutzgebiet direkt am Dannigkower Plattensee der *Campingplatz Plattensee* 🚐.

**EINKEHREN**

Einst ein verfallenes Gebäude im Dornröschenschlaf, ist das **Rittergut von Barby** in Loburg heute ein Ort des Genusses mit Café, historischem Jahreszeitenrestaurant, Karls Manufakturen-Markt und weiteren kreative Ideen. *Münchentor 1, 39279 Möckern, OT Loburg, Tel. 039245/91 70 48, www.karls.de/loburg*

### EMPFOHLENE PLÄTZE

**1 Campinginsel Havelberg** ★★★☆☆

Der schön gelegene Campingplatz befindet sich auf einer Flussinsel in direkter Nähe zur Altstadt von Havelberg. Direkt an die Campinginsel, noch vor der Schranke, schließt ein Wohnmobilstellplatz an.

▶ Spülinsel 6, 39539 Havelberg, Tel. 0174/182 31 00, GPS: 52.826716, 12.070499

■ www.pincamp.de/sh200

**Touristenzentrum Zabakuck** ★★★☆☆

2 Der weitläufige Campingplatz erstreckt sich am Zabakucker See, der mit einem Strand zum Baden einlädt. Vor dem Campingplatz befindet sich außerdem ein Extra-Wohnmobilstellplatz.

▶ Am See 1, 39307 Zabakuck, Tel. 03 93 48/93 90, GPS: 52.468616, 12.201616

■ www.pincamp.de/sh1300

**Wohnmobilstellplatz Storchenwiese**

3 Der Wohnmobilstellplatz liegt inmitten herrlicher Natur am Storchendorf Wahrenberg. Auf dem befestigten Wiesengelände ist auch Platz für große Mobile.

▶ Lindenweg/Eichenwinkel, 39615 Aland, Tel. 03 93 97/ 411 71, www.stellplatzwahrenberg.blogspot.com, GPS: 52.983655, 11.673550

### 🚐 WEITERE GENANNTE PLÄTZE

**Caravanstellplatz der Hansestadt Salzwedel**, Am Freibad, Dämmchenweg 41, 29410 Hansestadt Salzwedel

**Caravanstellplatz Seehausen**, Arendseer Str. 6, 39615 Hansestadt Seehausen

**Wohnmobilstellplatz am Kloster Jerichow**, Am Kloster 1, 39319 Jerichow

**Wohnmobilstellplatz Genthin**, Mühlenstraße, 39307 Genthin

**Wohnmobilstellplatz am Bootshaus**, Am Kanal 20A, 39288 Burg

**Campingplatz Plattensee**, Steinbruch 2, 39245 Dannigkow

**Noch mehr tolle Plätze auf pincamp.de**

## ENTLANG DER ROUTE

### 1 Salzwedel

Die Hansestadt entstand rund um eine Burg, von der Burgfried und Mauern im Burggarten erhalten sind. Eindrucksvolle Backsteinbauten und liebevoll restaurierte Fachwerkhäuser zeugen von 900 Jahren bewegter Stadtgeschichte. Mitten in der Altstadt steht die Marienkirche. Im Inneren sind mittelalterliche Glasmalereien und der älteste Schnitzaltar der Altmark zu sehen. Pfarrkirche der Neustadt ist die mächtige Katharinenkirche. Direkt nebeneinander standen die Alte Stadt Salzwedel und die Neue Stadt Salzwedel lange Jahre zueinander in Konkurrenz und waren durch eine Stadtmauer getrennt. Spuren davon findet man noch im Straßenverlauf der Innenstadt. Die romanische Lorenzkirche in der Holzmarktstraße ist Bestandteil der Straße der Romanik. Ein Erlebnis besonders für Familien ist der Besuch im Märchenpark. Eine kulinarische Spezialität, die man sich in Salzwedel keinesfalls entgehen lassen sollte, ist der Baumkuchen. *www.salzwedel.de*

### 2 Beuster

Die Stiftskirche St. Nikolaus in Beuster ist ungewöhnlich alt. Sie wurde ab der Mitte des 12. Jh. mit Mauerziegeln gebaut und gehört zu den ältesten mittelalterlichen Backsteinbauten nördlich der Alpen. Sogar das Fundament besteht aus Ziegeln. Die ursprüngliche dreischiffige romanische Pfeilerbasilika, die in Backsteinmauerwerk ohne Querhaus errichtet war, ist bis heute erhalten geblieben. Auch das nicht weit entfernte Blaulichtmuseum mit einer umfangreichen Sammlung historischer DDR-Fahrzeuge ist sehenswert. *www.foerderverein-beuster.de*

### 3 Seehausen

Zwischen dem 13. und 16. Jh. brachte die mittelalterliche Hanse der Altmark Wohlstand und Ansehen. Auch Seehausen trat dem Städtebund bei. Sicher nachgewiesen ist die Mitgliedschaft zwischen 1358 und 1488. Unbedingt sehenswert ist die Kirche St. Petri, ein mächtiger Backsteinbau. Sie entstand im 12. Jh. als romanische Basilika und wurde in der Spätgotik zur dreischiffigen Hallenkirche umgebaut. Dabei entstanden auch die 62 m hohen, weithin sichtbaren Türme. Das prächtige romanische Eingangsportal aus der Anfangszeit befindet sich in einer den Türmen vorgesetzten Vorhalle verborgen. Der Aufstieg zur ehemaligen Türmerwohnung in der Höhe ist ein besonderes Erlebnis. Als Belohnung für den anstrengenden Aufstieg gibt es einen weiten Blick über die Stadt, das Elbtal und die nördliche Altmark. Von der Stadtbefestigung ist das Beustertor erhalten. Es handelt sich um einen spätgotischen Backsteinbau mit Elementen aus dem Festungsbau. Direkt daneben steht die spätgotische Salzkirche. Nach der Reformation diente sie als Salzlager – daher der Name. *www.seehausen-altmark.de*

### 4 Havelberg

Am Zusammenfluss von Havel und Elbe liegt der Hauptort des gleichnamigen ostelbischen Bistums. Die Altstadt mit reichen Fachwerkbauten befindet sich auf einer Insel in der Havel. Brände und Kriege zerstörten große Teile der mittelalterlichen Bebauung. Erhalten haben sich die Heiliggeistkapelle (Beguinenhaus) aus dem 14. Jh. und die Stadtkirche. Diese entstand um 1300 als dreischiffiger Backsteinbau und wurde danach häufig umgebaut. Das älteste datierte Wohnhaus der Stadtinsel ist das Fachwerkhaus Lange Straße 12 aus dem 17. Jh. Auf einer Berghöhe oberhalb der Altstadtinsel steht der mächtige romanische Dom St. Marien. Dieser

Geradezu märchenhaft muten die Elbauen im Morgennebel an. Um diese Stimmung zu erleben, lohnt es sich, früh aufzustehen.

wurde 1170 geweiht und nach einem Brand im 13. und 14. Jh. mit Backsteinen gotisch umgebaut. Bemerkenswert sind Teile der aus dem Mittelalter erhaltenen Ausstattung, besonders die wertvollen Buntglasfenster. Südlich entstand das Prämonstratenser-Domstift, das zu den ältesten romanischen Backsteinbauten im nördlichen Deutschland gehört. Direkt an der Havel liegt das Haus der Flüsse, das futuristisch gestaltete Informationszentrum des Biosphärenreservates Mittelelbe. *www.havelberg.de*

## 5 Schönhausen (Elbe)

Die 1212 geweihte romanische Backsteinkirche St. Marien und Willebrord in Schönhausen präsentiert sich als dreischiffige Basilika. Sehenswert ist auf jeden Fall das romanische Holzkreuz aus dem Jahr 1235. Kolonisten aus den Niederlanden sollen im 12. Jh. in die Region gelangt sein. Sie begannen damit, die Elbe einzudeichen. Nach der Reformation kam der Ort an der Mittelelbe in den Besitz der Familie Bismarck. In der Kirche befindet sich die Grablege der Familie. Sie bauten im 18. Jh. zwei Schlösser in der Umgebung. Der spätere Reichskanzler Otto von Bismarck wurde in einem der Schlösser des Ortes geboren und in der Kirche getauft. Das Bismarck-Museum Schönhausen ist im verbliebenen Seitenflügel des 1958 gesprengten Schönhauser Schlosses I untergebracht. *www.schönhausen-elbe.com*

## 6 Kloster Jerichow

Nicht weit entfernt von der Elbe und der schönen Stadt Tangermünde liegt dieses Kleinod romanischer Backsteinbauweise. Das Kloster wurde 1144 zur Christianisierung der Elbslawen gegründet. In rund hundert Jahren entstand die romanische Klosteranlage, die wenig verändert erhalten geblieben ist, mit Basilika, Klausur, Wirtschaftsgebäuden und Umfassungsmauer. Besonders das Innere der Kirche ist ein wunderbares Beispiel ursprünglicher romanischer Sakralarchitektur. Durch die Reformation erfolgte im 16. Jh. die Auflösung. Das eindrucksvolle Backsteinensemble wird durch die Stiftung Kloster Jerichow erhalten. Auch die Stadtkirche Jerichow ist ein stattlicher romanischer Backsteinbau. *www.kloster-jerichow.de*

## 7 Burg (bei Magdeburg)

In der Stadt der Türme gab es bereits im 11. Jh. eine Stadtmauer, weitere Befestigungen folgten. Dazu kommen Kirchen und andere Sehenswürdigkeiten. Die größte romanische Granitbasilika östlich der Elbe ist die 1168 fertiggestellte Nicolaikirche (Unterkirche). Das zweite dominierende Gotteshaus der Altstadt ist die Kirche Unser Lieben Frauen (Oberkirche), sie besteht komplett aus Feld- und Sandstein. Die heutige Form stammt aus der Gotik. Und auch die Kirche St. Petri ist sehenswert. Im ältesten Wohnhaus der Stadt, einem herrlichen Fachwerkgebäude, ist die Bibliothek untergebracht. Mehrere Parkanlagen und Gärten gibt es rund um die Stadt, darunter der historische denkmalgeschützte Goethepark. Vom Berliner Torturm hat man einen Panoramablick auf Burg und die Elbniederung. Und auf dem Windmühlenberg bietet der Bismarckturm ebenfalls eine herrliche Aussicht. *www.touristinfo-burg.de*

Sonnenaufgang im Weserbergland: Das Mittelgebirge dient der Deutschen Märchenstraße als Kulisse.

6

# MÄRCHENHAFTE BURGEN UND ZAUBERHAFTE STÄDTE: VON HOLZMINDEN NACH BREMEN

*Von Hessen bis Bremen schlängelt sich die Deutsche Märchenstraße durch malerische Städte, eine abwechslungsreiche Natur und an sagenumwobenen Burgen und Schlössern vorbei. Sie verknüpft Brauchtum und Heimatkunst und lädt zu allerlei Events ein. In den Sommermonaten reiht sich auf 600 km entlang der Märchenstraße ein Fest an das andere.*

Holzminden
Bremen
302 bzw. 428 km (mit Buxtehude)
ca. 6,5 bzw. 9 Std.,
4–5 Tage

GPX-Download

## ETAPPE 1
## VON HOLZMINDEN NACH SCHIEDER-SCHWALENBERG

⟷ 35 km ⏱ 45 Min., 1 Tag

Wir folgen der Deutschen Märchenstraße nicht auf ihrer gesamten Strecke, sondern starten in ① **Holzminden**. Die Kleinstadt im südlichen Niedersachsen hat märchenhafte Düfte entwickelt, die Besucher auf der Märchenstraße begleiten und auch das eigene Zuhause verzaubern können. Holzminden verfügt über einen Wohnmobilstellplatz etwas außerhalb. Nachdem wir die hübsche Stadt ausgiebig erkundet und uns mit duftenden Souvenirs eingedeckt haben, machen wir uns über die B 83 auf den kurzen Weg nach ② **Polle**. Dort thront die Burgruine der Grafen von Everstein auf einem Bergsporn hoch über dem Wesertal und bietet einen atemberaubenden Ausblick. Wir parken unser Wohnmobil auf einem der kostenlosen Parkplätze ganz in der Nähe und machen einen Spaziergang zur Burg hinauf. Von Polle aus starten wir Richtung L 827 und nehmen dann die L 886 nach ③ **Schieder-Schwalenberg**, einem hübschen Städtchen am Fuße einer Burg mit fantastischer Fernsicht. Kostenlos abstellen kann man sein Fahrzeug u. a. am Parkplatz Im Emmertal 1. Von hier aus gelangt man zu Fuß zum barocken Schloss Schieder, der ehemaligen Sommerresidenz der lippischen Fürsten. Im prächtigen Schlossgarten *(www.schlosspark-schieder.de)* mit seinen hohen Bäumen lässt es sich wunderbar entspannen. Direkt ansteuern kann man aber auch den *Wohnmobilhafen am Schieder See* 🚐. Ob man den Tag mit Blick auf den See ausklingen lassen will, noch etwas schwimmen oder spazieren gehen möchte: Ort und Freibad sind fußläufig erreichbar, und mit Fahrgastschiff, Bootsverleih und Ponyhof ist auch am See für Unterhaltung gesorgt.

**EINKAUFEN**
Beim **Bunten Markt der Düfte und Aromen** in Holzminden duftet es an jeder Ecke, und regionale Anbieter laden zum Probieren und Genießen ein. Termine sind auf der Webseite *www.stadtmarketing-holzminden.de* zu erfahren.

**SPIEL UND SPASS**
Die **»Märchentüren-Expedition«** ist in Schwalenberg ein besonderes Highlight. Sie ist fest installiert und kann ohne Voranmeldung kostenlos und eigenständig durchgeführt werden: *www.tourismus.schieder-schwalenberg.de*

## ETAPPE 2
## VON SCHIEDER-SCHWALENBERG NACH HAMELN

⟷ 57 km ⏱ 120 Min., 1 Tag

Unweit von Schieder-Schwalenberg liegt ④ **Lügde**, das wir über kleine Ortsstraßen und die L 614 in knapp 20 Minuten ansteuern. Wir parken unser Fahrzeug am Freibad Lügde (Brunnenstraße) und machen uns von hier aus auf den Weg: In Lügde kann man die Natur auf mystischen Rad- und Wanderwegen erkunden, und vom märchenhaften Köterberg aus genießt man eine wunderschöne Aussicht auf das Weserbergland und den Teutoburger Wald. 30 Minuten später erreichen wir – am besten dem Navi folgend, weil die Strecke über Kreis- und Landstraßen ein wenig verzwickt ist – die »Münchhausenstadt« ⑤ **Bodenwerder**. Viele Relikte des Mittelalters wie die beiden Stadttore, Festungsturm, Bastion und alte Stadtmauer, schmucke Fachwerkhäuser und die wunderschöne Altstadt sind hier einen ausgiebigen Bummel wert. Nachdem wir uns in einem der hübschen Lokale

**WISSENSWERT**
So kam **Bodenwerder** zu seinem Namen: Im späten Mittelalter wird Ritter Bodo von der Homburg als erster Oberherr der Stadt erwähnt, und eine Insel im Fluss nennt man »Werder«. Den Zusatz »Münchhausenstadt« erhielt Bodenwerder offiziell vom Land Niedersachsen im Jahr 2013.

Der Stellplatz in Holzminden liegt direkt an den Ufern der Weser.

**SEHENSWERT**
Hameln hat den »Cats« etwas entgegenzusetzen – das **Musical »Rats«**, das Ende Mai bis Anfang September mittwochs um 16.30 Uhr mit Schwung und viel Humor auf der Hochzeitshaus-Terrasse in der Altstadt aufgeführt wird. Das Zuschauen ist kostenfrei *(www.musical-rats.de)*.

gestärkt haben, erreichen wir über die B 83 ⑥ **Hameln**. Für die Entdeckung der Sehenswürdigkeiten in der »Rattenfängerstadt« empfiehlt es sich, über Nacht zu bleiben: Außer dem Campinglatz Hameln an der Weser gibt es auch den *Wohnmobilstellplatz Hameln* 🚐.

Das Steinhuder Meer ist ideal für eine Runde mit dem Boot.

## ETAPPE 3
## VON HAMELN NACH NIENBURG

⟷ 132 km ⏱ 140 Min., 1 Tag

Von Hameln nach ⑦ **Hessisch-Oldendorf** ist es über die B 83 und die L 434 lediglich ein Katzensprung. Hier begibt man sich auf die Spuren des Baxmanns, eines in Hessisch-Oldendorf geborenen Kaufmanns und Wirts. Er ist Protagonist einer düsteren Sage, die von Habgier, Betrug und ewiger Strafe erzählt. Die Stadt ist aber auch ein guter Ausgangspunkt zum Wandern oder für eine Radtour in die herrliche Umgebung. Reges Treiben herrscht in ⑧ **Bad Oeynhausen**, das wir nach rund 45 Minuten über die Bundesstraßen 83, 238 und 514 erreichen. Über Parkmöglichkeiten informiert ein virtueller Stadtplan *(www.staatsbad-oeynhausen.de)*. Nach einem Spaziergang durch die Badestadt, die uns mit weitläufigen Grünanlagen, Kurpark, gründerzeitlichen Bauten und einladenden Cafés gefällt, begeben wir uns in das Märchenmuseum, das auch Erwachsene mit zahlreichen Erzählveranstaltungen und jährlichen Märchentagen begeistert. In ⑨ **Wiedensahl**, über die B 61 und die B 482 rund 40 km von Bad Oeynhausen entfernt, bietet sich die Gelegenheit, das Geburtshaus von Wilhelm Busch zu besuchen, anschließend durch das Dorf und um seinen hübschen Dorfteich zu schlendern. In ⑩ **Rehburg-Loccum**, über die K 43 und die K 11 durch Wald und Feld nur eine Viertelstunde entfernt, leben die Menschen inmitten der abwechslungsreichen Landschaft der Rehburger Berge und des Naturparks Steinhuder Meer. Viel gibt es hier zu entdecken, vor allem die historische Kuranlage Romantik Bad Rehburg, das Zisterzienser Kloster Loccum, den ca. 5 km langen Brüder Grimm Märchenweg in den Rehburger Bergen sowie traumhafte Waldwege mit Sichtachsen auf das Steinhuder Meer. Mit dem Wohnmobil findet sich zentral, aber ruhig gelegen eine schöne Rastmöglichkeit auf dem *Reisemobilstellplatz Am Meerbach* 🚐. Es ist schwer, sich loszureißen, doch lohnt die rund halbstündige Weiterreise – 24 km über die L 370 und die B 6 durch waldreiches Gebiet – ins hübsche ⑪ **Nienburg**. Als Abschluss eines rundum gelungenen Tages empfiehlt sich eine Nachwächterführung. Ein sicherer Hafen für heute ist der *Wohnmobilstellplatz Nienburg* 🚐 am Weserufer, nur 500 m von der Ortsmitte.

**EINKAUFEN**
In Nienburg findet am südlichen Ende der Hauptfußgängerzone jeden Mittwoch und Samstag von 8 bis 13 Uhr **»Europas schönster Wochenmarkt«** mit großer Angebotsvielfalt an Gemüse und Obst, Fleisch und Wurst, Käse und Brot statt.

ETAPPE 4

## VON NIENBURG NACH BREMEN

⟷ 78/204 km ⏱ 80/230 Min., 1–2 Tage

Wir verlassen Nienburg auf der B 215, folgen der Beschilderung Richtung Dedendorf und Hoya und erreichen etwa eine halbe Stunde später **Hoya**. Hier kann man sein Wohnmobil direkt an der Weser am *Stellplatz Weserblick* parken und von dort aus die Stadt erkunden. In Hoya zeigt sich als Zeitzeugnis der »Zwergensage« auf der östlichen Weserseite das ehemalige Grafenschloss. Dort sollen einst Zwerge dem Grafen ein Anliegen unterbreitet haben, welches er nicht ablehnte. Der Sage nach hatte der Graf den Zwergen erlaubt, in seinem Schloss ein großes Fest zu feiern. Zum Dank bekam der Graf ein Salamanderlaken, ein Schwert und einen goldenen Ring. Ginge nur eines der Geschenke verloren, so die Sage, würden Unglück und Zwietracht über das gräfliche Haus kommen. Nach vielen glücklichen Jahren kamen Schwert und Laken abhanden, die Grafenbrüder wurden uneins, es gab Krieg und Blutvergießen. Dem letzten Grafen gab man den Ring der Zwerge mit ins Grab. Heute erinnert der Zwergenbrunnen in der Innenstadt an die alte Sage. Rund 21 km weiter, die wir über die B 215 zurücklegen, erreichen wir **Verden**. Bekannt als Reiter- und Domstadt, entdecken wir bei einer märchenhaften Stadtführung den Steinernen Mann, die Verdener Dünen, den Ritter-Rost-Magic-Park und Seeräuber Klaus Störtebeker. Wer die Route nun bis zum nördlichsten Punkt der Deutschen Märchenstraße ins malerische Städtchen **Buxtehude** fortsetzen möchte, fährt zunächst über die B 215 und die B 75 bis Tostedt, anschließend über die L 141 bis in die Stadt, wo einst Hase und Igel um die Wette liefen (76 km, Fahrzeit etwa 80 Minuten). Buxtehude, die hübsche Hanse- und Märchenstadt mit schmalen Altstadtgassen und historischen Fachwerkhäusern, ist für einen Kurzbesuch eigentlich viel zu schade. Wer Stress beim Parken und mühevolles Rangieren nicht mag und vielleicht auch übernachten will, stellt das Wohnmobil am besten auf dem *Wohnmobilstellplatz* am Schützenplatz nahe der Ortsmitte ab. Nach ⑫ **Bremen**, dem Ziel unserer Reise, führt der Weg nun knapp 84 km über Landstraßen und durch schmucke Dörfchen bis in die Heimat der Bremer Stadtmusikanten. Wer sich Buxtehude hingegen für eine Extrareise aufheben möchte, fährt von Verden aus direkt über die B27 nach Bremen. Um die Stadt stressfrei zu erkunden, gibt es eine ganze Reihe von Wohnmobilstell- und Campingplätzen. Relativ zentral liegt der *Wohnmobilstellplatz Bremer Schweiz*, nur 500 m von der Ortsmitte entfernt.

### EMPFOHLENE PLÄTZE

**Campingplatz Hameln an der Weser** ★★★½

1 Idyllisch am Weserufer gelegen, befindet sich der Platz in fußläufiger Entfernung zur Altstadt von Hameln.
▸ Uferstr. 80, 31787 Hameln, Tel. 05151/67489, GPS: 52.10925, 9.347733
■ www.pincamp.de/ns8100

**HanseCamping** ★★★½

2 Mit platzeigenem Strandbad am Badesee und inmitten eines Erholungsgebiets lässt es sich hier, rund 5 km von der Ortsmitte Bremens entfernt, gut aushalten.
▸ Hochschulring 1, 28359 Bremen, Tel. 0421/3074 6825, GPS: 53.114588, 8.833094
■ www.pincamp.de/hb0050

**Mobilcamp Holzminden**

3 Der Stellplatz befindet sich neben dem Frei- und Hallenbad, etwa 600m von der Ortsmitte.
▸ Stahler Ufer 16, 37603 Holzminden, Tel. 05531/99096, www.mobilcamping.de, GPS: 51.826529, 9.439829

### WEITERE GENANNTE PLÄTZE

**Wohnmobilhafen am Schieder See**, Kronenbruch 3, 32816 Schieder
**Wohnmobilstellplatz Hameln**, Ruthenstr. 14, 31785 Hameln
**Reisemobilstellplatz Am Meerbach**, Auf der Bleiche 14, 31547 Rehburg-Loccum
**Wohnmobilstellplatz Nienburg am Weserufer**, Oyler Straße, 31582 Nienburg/Weser
**Stellplatz Weserblick**, Stettiner Straße, 27318 Hoya
**Wohnmobilstellplatz am Schützenplatz**, Gensler Weg, 21614 Buxtehude
**Wohnmobilstellplatz Bremer Schweiz**, Im Pohl 5, 28717 Bremen

Noch mehr tolle Plätze auf pincamp.de

## ENTLANG DER ROUTE

### 1 Holzminden

Beim Besuch von Holzminden, das als Geburtsort der Duft- und Aromaindustrie gilt, ist vor allem der Geruchssinn gefragt. Wer der Dufthistorie der Stadt nachspüren und -riechen möchte: Von April bis Oktober wird jeden Samstag ab 11 Uhr ein »Duftender Stadtrundgang« angeboten. Der von Platanen umstandene Marktplatz, der mit Cafés und Restaurants zur Einkehr einlädt, bietet sich danach für eine Auszeit an. *www.stadtmarketing-holzminden.de*

### 2 Polle

Der staatlich anerkannte Erholungsort an der Weser wird von einer malerischen Burgruine überragt. Die Straßen und Gassen säumen historische Wohnhäuser, sehenswert ist die im Stil der Renaissance errichtete evangelische Kirche St. Georg aus dem 16. Jh. Für Märchenfreunde findet in Polle von Mai bis September an jedem dritten Sonntag auf der Freilichtbühne Burg Polle ein Aschenputtelspiel statt; außerdem gibt es regelmäßig Theateraufführungen für Kinder und Erwachsene. Sehenswert sind auch das Aschenputtelzimmer im Haus des Gastes sowie der Aschenputtelweg rund um die Burg. *www.polle-weser.de*

### 3 Schieder-Schwalenberg

Das malerische Fachwerk- und Künstlerstädtchen zwischen Weserbergland und Teutoburger Wald wirkt wie aus der Zeit gefallen und hat eine traditionsreiche Geschichte. Ein interaktiver Rundwanderweg »Burgberg und Stadtwasser« mit Videoerklärung und Wegbeschreibung lädt insbesondere Familien mit Kindern zu einer unvergesslichen Erlebnistour ein. *www.schieder-schwalenberg.de*

### 4 Lügde

Idyllisch am Ufer der Emmer gelegen, begeistert Lügde vor allem durch seine historische Altstadt mit romantischen Gassen und Fachwerkhäusern sowie seiner komplett erhaltenen Stadtmauer mit Wehrtürmen. Der Emmerauenpark verfügt über einen Bade- und Strandbereich. Bekannt ist die Stadt aber vor allem für den Osterräderlauf am Ostersonntag, bei dem von einem Hügel brennende, mit Stroh gestopfte Eichenräder heruntergerollt werden und der jedes Jahr tausende Besucher begeistert. *www.luegde.de*

### 5 Bodenwerder

Malerisch an der Oberweser gelegen, bezaubert die Stadt mit hübschen Fachwerkbauten und mittelalterlichen Relikten im Stadtbild. Im 18./19. Jh. lebte die Familie von Münchhausen in Bodenwerder, und dort wurde Freiherr von Münchhausen, der Lügenbaron, im Jahre 1720 geboren. Im Münchhausen-Museum erfährt man alles, was man über den legendären Geschichtenerzähler wissen muss. Von Mai bis Oktober werden in Bodenwerder sonntags kostenfreie Münchhausen-Aufführungen veranstaltet sowie kostümierte Führungen durch die historische Altstadt organisiert. *www.muenchhausenland.de*

### 6 Hameln

Weltweite Bekanntheit erlangte die hübsche Stadt an der Weser durch die Rattenfängersage, die wohl auf dem Auszug der »Hämelschen Kinder« im Jahr 1284 beruht. Als historischer Hintergrund wird angenommen, dass damals junge Bürger der Stadt von Adeligen zur Ostkolonisation angeworben wurden. Mit der Symbolfigur des Rattenfängers wurde Hameln Teil der Deutschen Märchenstraße, und man begegnet ihm hier auf Schritt und Tritt: So finden Rattenfänger-Freilichtspiele von Mitte Mai bis Mitte September immer sonntags um 12 Uhr auf der Hochzeitshaus-Terrasse in der Altstadt statt. Darüber hinaus gibt es eine Stadtführung mit dem Rattenfänger, die von Ende April bis Ende Oktober jeden Freitag und Samstag um 17.30 Uhr angeboten wird und die Highlights unter den Sehenswürdigkeiten der Altstadt präsentiert. *www.hameln.de*

### 7 Hessisch-Oldendorf

In und um Hessisch-Oldendorf gibt es einige lohnende Ausflugsziele, etwa das 955 gegründete Stift Fischbeck *(www.stift-fischbeck.de)*, das sagenumwobene Naturschutzgebiet rund um den Hohenstein sowie Deutschlands nördlichste Tropfsteinhöhle, die Schillat-Höhle, mit dem natour.NAH.zentrum. Die Höhle ist 180 m lang und befindet sich 45 m unter der Erde, eine faszinierende 3D-Show vermittelt einen Eindruck der Höhlenformationen der benachbarten Riesenberghöhle. *www.schillathoehle.de und www.westliches-weserbergland.de*

### 8 Bad Oeynhausen

Das Staatsbad ist nicht nur ein weithin bekannter Kurort mit wunderschönem Kurpark und einem Herzzentrum, sondern auch ein wertvoller Bestandteil der Deutschen Märchenstraße. Das Deutsche Märchen- und Wesersagenmuseum befindet sich in einer prachtvollen Jugenstilvilla direkt am Kurpark von Bad Oeynhausen. Hervorgegangen ist es aus einer privaten Stiftung und bietet interessante Einblicke in die Welt der Märchen- und Sagen. *www.badoeynhausen.de und www.maerchenmuseum-foerdern.de*

### 9 Wiedensahl

Der kleine Ort im Schaumburger Land steht ganz im Zeichen Wilhelm Buschs, der am 15. April 1832 in Wiedensahl geboren wurde und hier mehr als 40 Jahre seines Lebens verbrachte. Auf einem spannenden Rundgang lernen Besucher den Dichter als vielseitige Künstlerpersönlichkeit kennen – anhand von Bildergeschichten, Büchern und Gemälden im Geburtshaus *(www.wilhelm-busch-geburtshaus.de)* mit Bibliothek sowie im Museum des alten Pfarrhauses *(www.wilhelm-busch-land.de). www.wiedensahl.de*

### 10 Rehburg-Loccum

Die Stadt besteht aus den fünf Ortsteilen Bad Rehburg, Loccum, Münchehagen, Rehburg und Winzlar. Zu sehen gibt es viel: ein Kloster, eine historische Kuranlage, ein Freilichtmuseum, ein Vogelschutzgebiet, Pilgerwege und natürlich märchenhafte Pfade. Zu jeder Jahreszeit können sich Besucher mit dem Geschichte(n)-Wegweiser auf Spurensuche nach Märchen und Sagen, historischen Ansichten und interessanten Ausblicken machen. Im Ortsteil Münchehagen lebten einst die ältesten Einwohner Niedersachsens, und auch heute noch kann man ihre Spuren im Dino-Park Münchhagen *(www.dinopark.de)* hautnah erleben: Das Freilichtmuseum ist Deutschlands größter wissenschaftlicher Erlebnis- und Themenpark. *www.rehburg-loccum-tourismus.de*

### 11 Nienburg

Die bezaubernde Stadt, die sich mit wunderschönen Fachwerkgebäuden und Renaissancegiebeln präsentiert, blickt auf eine 1000-jährige Geschichte zurück. Um die historische Altstadt, die man selbständig anhand von aufgemalten Bärentatzen auf der Nienburger Bärenspur erkunden kann, ranken sich viele Sagen, Märchen und Geschichten. Zu diesem Thema gibt es auch eigene Stadtführungen: »Märchen, Sagen und Legenden – von alten Sagen und schaurigen Geschichten«. *www.nienburg.de*

### 12 Bremen

1200 Jahre Tradition und Weltoffenheit haben die Hansestadt Bremen geprägt. Wahrzeichen und Teil des UNESCO-Weltkulturerbes sind das prächtige Rathaus im Stil der Weserrenaissance und die altehrwürdige Figur des Roland auf dem historischen Marktplatz. Die Uferpromenade Schlachte und die Maritime Meile Vegesack laden zum Flanieren entlang der Weser ein. Im Sommer findet immer sonntags um 12 Uhr das Open-Air-Märchenspiel der Bremer Stadtmusikanten auf dem Domshof unter freiem Himmel statt. *www.deutsche-maerchenstrasse.com/orte/bremen und www.bremen-tourismus.de*

Blühendes Wollgras im Goldenstedter Moor: Die Kreisstadt Vechta liegt inmitten ausgedehnter Wald- und Moorgebiete.

7

# KLEINE PARADIESE UND GROSSE HISTORIE: VON CLOPPENBURG BIS MÜNSTER

*Mit unserer Tour schlagen wir einen Bogen zwischen der niedersächsischen und der nordrhein-westfälischen Spargelstraße. Perfekt für Feinschmecker ist ein Besuch in der Zeit von April bis »Spargelsilvester«, dem Johannistag am 24. Juni. Die wunderschönen Orte, die wir auf unserer Reise besuchen, sind aber auch außerhalb der Spargelsaison einen Besuch wert.*

Cloppenburg
Münster
220 km
ca. 4,5 Std.,
3–4 Tage

GPX-Download

## ETAPPE 1
## VON CLOPPENBURG NACH DIEPHOLZ

⟷ 42 km ⏱ 45 Min., ½ Tag

Der kleine Urlaub fängt sofort an, sobald wir am Museumsdorf in ① **Cloppenburg** (Bether Str. 6) angekommen sind. Dort gibt es auch einen kostenlosen *Wohnmobilstellplatz*. In der parkähnlichen Landschaft mit hohen Bäumen und malerischen Bächen begeben wir uns auf eine Zeitreise in das Leben unserer Vorfahren. 60 ländliche Baudenkmäler der letzten 500 Jahre aus der alten Kulturlandschaft zwischen Weser und Ems sind hier zu sehen: Prächtige Hofanlagen neben Mühlen und bescheidenen Landarbeiterhäuschen, aber auch aktive Werkstätten wie die Dorfbäckerei und eine Töpferei. Für einen Besuch des Freilichtmuseums kann man durchaus mehrere Stunden einplanen und danach im Dorfkrug am Museum zu regionalen Spezialitäten und hausgebackenen Kuchen einkehren. Aber auch die hübsche Innenstadt von Cloppenburg, die mit vielen Geschäften zum Einkaufsbummel verleitet, ist von hier aus gut zu Fuß erreichbar. Auf einer grünen und landwirtschaftlich geprägten Strecke über die B 72, B 69 und K 334 erreichen wir nach rund 30 Minuten ② **Vechta**. Am Ortsrand gibt es einen kleinen *Stellplatz* neben dem Hallenwellenbad Vechta. Eine Runde schwimmen, auf den Stoppelmarkt gehen, gemütlich essen in einem nahegelegenen Lokal oder eine Radtour – von hier aus ist alles gut zu machen. Vom Stellplatz aus orientieren wir uns in Richtung ③ **Diepholz** und fahren knapp 20 Minuten über die B 69 entlang großer Moorgebiete rechts und links der Strecke zum *Wohnmobilstellplatz Am Heldenhain* in Diepholz. Von hier ist es nicht weit zum Schloss, dem Alten Rathaus, zum Heimatmuseum Aschen und zum Müntepark.

**AKTIONEN**

Unter dem Motto »Der Sonntagsspaziergang« bietet das **Museumsdorf in Cloppenburg** sonntags um 14.30 Uhr kostenlose Führungen zu wechselnden Themen an. Ab 14 Uhr gibt es Mitmachaktionen für Kinder, wie z. B. Brotbacken und Blaufärben.

**AUFS RAD**

Bei einem Ausflug ins **Münsterland** lohnt es sich immer, das Fahrrad dabei zu haben. Steigungen sind selten und eher moderat, und das Radwegenetz ist auch in den Städten sehr gut ausgebaut.

## ETAPPE 2
## VON DIEPHOLZ NACH OSNABRÜCK

⟷ 58 km ⏱ 65 Min., ½ Tag

Wir sollten es uns nicht nehmen lassen, auf unserem weiteren Weg über die B 214 und die B 51 zum ④ **Dümmer** (See) zu fahren. Wir entscheiden uns für den kostenlosen Parkplatz An Rönnerkers Hof 8 in **Lembruch**, einem hübschen kleinen Ort mit maritimer Atmosphäre, wo man wunderbar die Seele baumeln lassen und ein Häppchen essen kann. Hier befindet sich auch das Dümmer-Museum, in dem Gäste alles über die Natur- und Kulturgeschichte des Dümmer Sees erfahren können *(www.duemmer-museum.de)*. Nach einem letzten Blick auf das schimmernde »kleine Meer für zwischendurch« machen wir uns auf den Weg weiter nach ⑤ **Osnabrück**. Den *Stellplatz Osnabrück City* erreichen wir über die B 51 und B 68 an Feldern, Wald und kleinen Ortschaften vorbei in etwa 50 Minuten. Es ist ein einfacher Parkplatz mit Schranke, und die Gebühr ist mit 15 €/24 Std. recht hoch, aber er liegt unmittelbar an der sehr sehenswerten und lebendigen Innenstadt, und man darf dort auch übernachten.

**EINKEHREN**

Vom Feld in den Kochtopf hat es der **Spargel** nicht weit. Während der Spargelsaison findet sich das königliche Gemüse auf jeder Tageskarte der gemütlichen Gaststätten entlang unserer Route. Je frischer, desto köstlicher, lautet die Devise.

**Städtebauliches Juwel: der Marktplatz in Osnabrück**

## ETAPPE 3
## VON OSNABRÜCK NACH RHEINE

⟷ 58 km ⏱ 75 Min., 1 Tag

Von Osnabrück aus überschreiten wir die Grenze von Niedersachsen nach Nordrhein-Westfalen und erreichen über die L 555 nach 25 Minuten ⑥ **Lengerich**, einen sehr hübschen Ort am Teutoburger Wald. Parkmöglichkeiten gibt es in der Stadt recht viele. Wo man Station macht, hängt davon ab, ob man einkaufen, bummeln oder lieber etwas außerhalb Ruhe finden möchte. Wandern, die Stadt erkunden und Sehenswürdigkeiten entdecken – Lengerich bietet viele Möglichkeiten. Für alle, die länger als ein paar Stunden bleiben wollen, empfiehlt sich der *Campingplatz auf dem Sonnenhügel*. Eine echte Sehenswürdigkeit und Anlaufstelle für Spargelliebhaber ist in Lengerich das **Gut Erpenbeck**, ein ehemaliger Gräftenhof mit einer gut erhaltenen und restaurierten Wassermühle und einem hölzernen Torbogen von 1766. In dem angegliederten Hofladen können viele Erzeugnisse wie Spargel, Fleischwaren, Marmelade und vieles mehr direkt vom Erzeuger gekauft werden. Auch Führungen werden nach Absprache angeboten *(www.gut-erpenbeck.de)*. ⑦ **Rheine** an der Ems, unsere nächste Station auf der Tour, steuern wir – dem Navi über innerstädtische Straßen folgend und über die B 475 und die L 593 – in knapp 45 Minuten an. Am TaT-Themenpark finden wir einen zentral gelegenen *Stellplatz*. Von dort können wir sehr gut zu Fuß den Naturzoo Rheine erreichen, die Saline Gottesgabe sowie das Kloster Bentlage, das von einer großartigen Wald- und Parklandschaft umgeben ist.

**EINKAUFEN**
**Ab-Hof-Verkauf** wird immer beliebter und auch der **»gläserne Betrieb«**: Dort können sich Besucher über Ernte und Verarbeitung des Spargels informieren und sogar selbst im Spargelstechen versuchen *(www.niedersaechsische-spargelstrasse.de, www.spargelstrasse-nrw.de)*.

Die Saline in Rheine produzierte einst das Salz für den Kurbetrieb.

## ETAPPE 4
## VON RHEINE NACH STEINFURT

⟷ 25 km ⏱ 25 Min., ½ Tag

Von einem Paradies ins nächste gelangen wir von Rheine aus über die B 70 in ca. 25 Minuten nach ⑧ **Steinfurt**. Bei einem ausgiebigen Spaziergang entschleunigen und schöne Fotos machen kann man sehr gut in diesem idyllischen Städtchen, sofort nachdem das Wohnmobil an der Liedekerker Straße auf dem kostenlosen *Wohnmobilstellplatz* in unmittelbarer Nähe des Bagno-Parks abgestellt ist. Das Bagno wurde im 18. Jh. als Lustgarten und exotische Gartenlandschaft errichtet und ist heute das beliebteste Erholungsgebiet der einheimischen Bevölkerung und ihrer Gäste. Bei einem Spaziergang durch den Park in die Altstadt von Steinfurt-Burgsteinfurt kommen wir am Wasserschloss Steinfurt vorbei, einer wunderschönen, ringförmigen Burganlage, die von der Aa umflossen wird. Leider kann man die Burg nicht von innen besichtigen, aber als Fotomotiv – besonders das Torhaus des Schlosses – ist sie auch von außen wirklich einen Rundgang wert. Für alle, die Freude an Gartenarbeit haben, empfiehlt sich der Kreislehrgarten Steinfurt (Wemhöferstiege 33): Auf einer Fläche von 3 ha bietet der 1914 gegründete Lehrgarten viel Wissenswertes rund um den Zier- und Nutzgarten mit zahlreichen Anregungen zur Gestaltung und Pflege des eigenen Gartens. In zahlreichen über das Jahr verteilten Kursen wird auch Praxiswissen anschaulich vermittelt. Der Kreislehrgarten *(www.kreis-steinfurt.de)* ist ganzjährig von Sonnenaufgang bis Sonnenuntergang geöffnet, der Eintritt ist frei.

**WISSENWERT**
Immer mehr Landwirte auch in **Westfalen-Lippe** setzen auf Spargel. Waren es in den 1970er-Jahren noch 70 ha Anbaufläche, so hat sie sich mit 1850 ha allein seit 1990 mehr als verdreifacht.

Campingplatz Münster: idealer Ausgangspunkt für den Stadtbesuch

ETAPPE 5

## VON STEINFURT NACH MÜNSTER

⟷ 37 km ⏱ 50 Min., 1 Tag

Als »bezaubernd alt, aufregend jung« beschreibt sich die Universitätsstadt ⑨ **Münster** mit ihrer großen Geschichte. Sie ist wohl die einzige Stadt Deutschlands, in der Kraftfahrer mehr Respekt vor den Fahrradfahrern haben als umgekehrt. Mit dem Rad kommt man in Münster überall hin, besser als mit dem Kraftfahrzeug. Deswegen steuern wir gezielt eine Abstellmöglichkeit etwas außerhalb der Innenstadt an: Der Stellplatz am Campingplatz Münster, den wir von Steinfurt aus an Borghorst und Altenberge vorbei nach rund 55 Minuten über die L 510 und die B 54 erreichen, liegt am Laerer Werseufer. Eine Haltestelle des ÖPNV ist nur 100 m entfernt, zur Ortsmitte von Münster sind es 4,5 km. In Münster können wir nach Herzenslust bummeln, eines der Museen besuchen oder einfach nur in einem Café die Atmosphäre der trubeligen Stadt genießen.

**TIPP**

Mit der **MünsterCard** kann man sich kostenlos ein Fahrrad leihen. Außerdem bekommt man freien Eintritt in Münsters Top-Museen und Attraktionen und kostenlose Stadtführungen. Auch Bus und Bahn in der Stadt darf man kostenlos nutzen *(www.muenstercard.de)*.

### EMPFOHLENE PLÄTZE

**Campingplatz Tiemanns Hof**

❶ Nahe Diepolz und direkt am Dümmer See ist hier Campen am Wasser möglich. Die weitläufige und natürlich gestaltete Anlage punktet mit guter Ausstattung und ist bereits in vierter Generation familiengeführt.

▸ Tiemanns Hof 2, 49459 Lembruch, Tel. 054 47/ 92 13 39, GPS: 52.521333, 8.365402

■ www.pincamp.de/pin_235297

**Camping und Ferienpark Westheide**

❷ Der Ferienpark für Reiter und Radler liegt zwischen Lengerich und Münster. Für alle, die ein wenig länger bleiben, gibt es Fahrradverleih und Reitstunden.

▸ Altenberger Str. 23, 48268 Greven, Tel. 025 71/ 56 07 01, GPS: 52.083315, 7.557938

■ www.pincamp.de/pin_232606

**Stellplatz Campingplatz Münster**

❸ Der Stellplatz liegt vor dem Campingplatz im Grünen, ist für Dickschiffe geeignet und bietet einen guten Anschluss an die Stadt.

▸ Laerer Werseufer 7, 48157 Münster, Tel. 0251/311982, www.campingplatz-muenster.de, GPS: 51.946649, 7.690733

### WEITERE GENANNTE PLÄTZE

**Wohnmobilstellplatz am Museumsdorf**, Bether Str. 6, 49661 Cloppenburg

**Wohnmobilstellplatz am Hallenwellenbad Vechta**, Dornbusch 45, 49377 Vechta

**Wohnmobilstellplatz Am Heldenhain**, Am Markt 18, 49356 Diepholz

**Stellplatz Osnabrück City**, Schnatgang 6, 49080 Osnabrück

**Campingplatz auf dem Sonnenhügel**, Zur Sandgrube 40, 49525 Lengerich

**Wohnmobilstellplatz im TaT-Themenpark**, Hovesaatstr. 6, 48432 Rheine

**Wohnmobilstellplatz Steinfurt-Burgsteinfurt**, Liedekerker Straße, 48565 Steinfurt-Burgsteinfurt

**Noch mehr tolle Plätze auf pincamp.de**

# ENTLANG DER ROUTE

## 1 Cloppenburg

Bis ins Jahr 819 lässt sich die Geschichte Cloppenburgs zurückverfolgen. Heute ist die niedersächsische Kreisstadt im Oldenburger Münsterland mit ihren elf Ortschaften die größte Stadt in dem nach ihr benannten Landkreis. Das Museumsdorf Cloppenburg – Niedersächsisches Freilichtmuseum ist eines der großen Freilichtmuseen Mitteleuropas und darüber hinaus auch eines der ältesten seiner Art *(www.museumsdorf.de)*. Mit dem digitalen Stadtführer lassen sich aber noch mehr interessante Orte der Stadt und spannende Geschichten entdecken: Unter *www.kultour-clp.de* gibt es nützliche Infos. *www.cloppenburg.de*

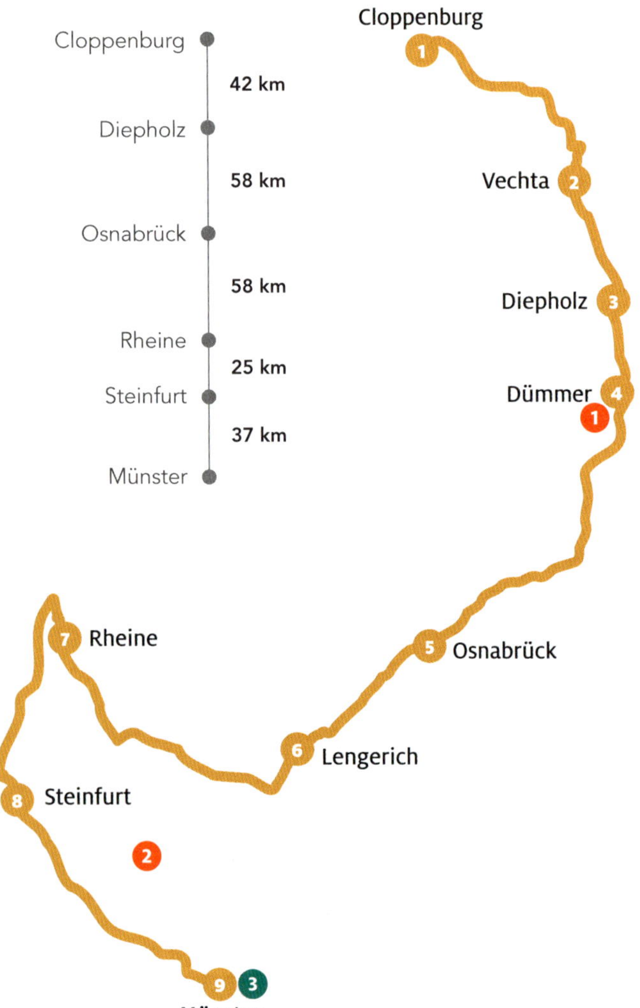


## 2 Vechta

Die lebendige Kreisstadt Vechta liegt im Zentrum des Städtedreiecks Bremen, Oldenburg und Osnabrück inmitten ausgedehnter Wald- und Moorgebiete. Daher rührt auch der Name: Vecht bedeutet im Althochdeutschen »feuchtes Land«. Wer Sport treiben will, ist hier ebenso gut aufgehoben wie Gäste, die Ruhe und Erholung suchen – oder Party erleben wollen: Im Sommer feiert Vechta sechs Tage lang den Stoppelmarkt, eines der größten Volksfeste Norddeutschlands mit rund 800 000 Besuchern pro Jahr. Alljährlich im September finden die Burgmannen-Tage statt: Tausende Mittelalterfans kommen zu dieser einzigen nichtkommerziellen Mittelalterveranstaltung im Zitadellenpark und auf der Burganlage Castrum Vechtense zusammen – mit historischem Markt, Ritterkämpfen, Heerlager und Mitmachangeboten. *www.vechta-entdecken.de*

## 3 Diepholz

Der Ursprung der Stadt Diepholz geht bis ins 10. Jh. zurück, als die Adeligen de Thefholte in der Umgebung eine Wasserburg errichteten. Der Name Diepholz leitet sich vermutlich vom Altsächsischen »devern« (zittern, beben) ab und bezeichnete wohl die schwankenden Bewegungen des mit Holz besetzten Moorbodens. Auch der Name der Burgherren spielt eine Rolle. Thefholte wandelte sich über Deefholt zu Diepholz. Mehrere Flüsse strömen, vom Dümmer See ausgehend, durchs Moor und durch die Stadt, die mitten in einem Naturparadies liegt. Der Naturpark Dümmer, das Diepholzer Moor und weitere Moorgebiete sind rings um die Stadt zu finden und ein Dorado für Naturliebhaber. Die Diepholzer Moorniederung gehört zum drittgrößten Kranichrastgebiet weltweit, hier legen jährlich bis zu 100 000 Kraniche eine Pause ein. *www.stadt-diepholz.de*

## 4 Dümmer

Der beliebte Dümmer, auf amtlichen Wegweisern auch als Dümmer See bezeichnet, ist mit einer Fläche von 13 km² Niedersachsens zweitgrößter Binnensee, gleichzeitig aber auch sehr flach: An der tiefsten Stelle ist er gerade mal 1,50 m tief, im Durchschnitt nur 1,20 m. Der Dümmer wird mit der gebotenen Rücksichtnahme touristisch genutzt, denn gleichzeitig stellt dieser Landstrich einen wertvollen Lebensraum für viele teilsl seltene Tier- und Pflanzenarten dar: In der Dümmerniederung mit ihren Feuchtwiesen und Schutzgebieten sind mehr als 275 Vogelarten beheimatet.

Im Herbst und in den Wintermonaten hat der See herausragende Bedeutung als Rastgebiet für den Vogelzug und als Überwinterungsquartier. *www.naturpark-duemmer.de*

## 5 Osnabrück

Osnabrück zählt zu den vier größten Städten Niedersachsens und ist die größte westfälische Stadt auf niedersächsischem Boden. Osnabrück wird an drei Seiten von Niedersachsen umschlossen und grenzt nur im Westen direkt an Nordrhein-Westfalen. Die westfälische Prägung der Stadt macht sich u. a. in der Küche bemerkbar, zu der im Frühling und Frühsommer natürlich auch Spargelgerichte – serviert zumeist mit Salzkartoffeln und Schinken oder Schnitzel – zählen. Bekannt wurde die Stadt, gemeinsam mit Münster, als Ort der Unterzeichnung des Westfälischen Friedens von 1648. Der Leitgedanke »Frieden als Aufgabe – dem Frieden verpflichtet« prägt das kulturelle und politische Leben der Stadt. Auf einem 1,7 km langen Rundgang durch die wunderschöne Innenstadt finden sich neben dem spätgotischen Rathaus Orte der Erinnerung und aktiven Friedenskultur. Der Friedenssaal im Rathaus ist während der Öffnungszeiten frei zugänglich, ebenso das dem Schriftsteller Erich Maria Remarque, einem berühmten Sohn der Stadt, gewidmete Friedenszentrum. *www.osnabrueck.de*

## 6 Lengerich

Das beschauliche Städtchen auf der sonnigen Südseite des Teutoburger Waldes kann auf eine sehr lange Siedlungsgeschichte zurückblicken. So wurde im Ortsteil Wechte eine 4000 Jahre alte Megalithanlage entdeckt, die eine der Attraktionen der Stadt darstellt. Die herrliche Landschaftskulisse lädt zum Wandern und Spazierengehen ein. Prämiert mit dem Deutschen Wandersiegel, locken insbesondere zwei Wege – die Teutoschleife »Canyon Blick« und das Teutoschleifchen »Canyon Tour« – Naturfreunde nach Lengerich. Sehr sehenswert ist auch die schöne Innenstadt mit dem alten Rathaus und der Stadtkirche sowie der Hortensiengarten *(www.hortensia-garden.de)* und der Skulpturenpark. www.lengerich.de und *www.offensive-lengerich.de*

**WISSENSWERT**

**Spargel** wird in mühevoller Handarbeit gestochen. An den Rissen in der Erde erkennen erfahrene Spargelstecher, wo eine Stange kurz vor dem Durchbruch ist. Die Stangen werden geerntet, bevor sie das Tageslicht erreichen. Nach der Ernte werden sie in Eiswasser auf etwa 2° C gekühlt, gewaschen und nach Handelsklassen Extra, I und II sortiert. Beurteilt wird u. a. die Beschaffenheit der Köpfe, der Stangen und der Schnittenden.

## 7 Rheine

Rheinenser nennen sich die Einwohner der – nach Münster – zweitgrößten westfälischen Stadt im Münsterland. Einen Einblick in die besondere Kulturlandschaft dieser Stadt bietet der großzügig gestaltete Salinenpark mit altem Baumbestand zusammen mit dem benachbarten Kloster Bentlage und dem Naturzoo Rheine, wo man vielen der rund 1000 Tiere hautnah begegnen kann. Im Besucherzentrum Dreigiebelhaus erhalten Gäste Informationen zur Salzgewinnung, die in Rheine erstmals für das 11. Jh. nachgewiesen wurde. In den Gebäuden der historischen Salinenanlage, die bis 1952 Salz für den Kurbetrieb im Stadteil Bentlage produzierte, kann man auch heute noch am restaurierten Gradierwerk die gesunde salzhaltige Luft einatmen. *www.rheine-tourismus.de*

## 8 Steinfurt

Steinfurt, die kleine Stadt im Münsterland, ist ein besonderes Reiseziel: Kulturfreunde lassen sich von der Parkanlage Bagno mit Europas ältestem freistehenden Konzertsaal, von dem wunderschönen Wasserschloss und der historischen Innenstadt verzaubern, Naturfreunde lockt das Naherholungsgebiet am Buchenberg, wo eine ganz besondere Fauna und Flora wartet. Sehr beliebt bei den Gästen sind die spannenden Themenführungen durch Stadt und Natur. *www.steinfurt-touristik.de* und *www.muensterland.com*

## 9 Münster

In Münster wurde mit dem Westfälischen Frieden, der im Jahr 1648 den Dreißigjährigen Krieg beendete, europäische Geschichte geschrieben. Deshalb trägt Münsters Historisches Rathaus mit dem Friedenssaal – gemeinsam mit seinem Osnabrücker Pendant – das Europäische Kulturerbe-Siegel. Das Stadtbild ist geprägt von den Kaufmannsgiebeln am Prinzipalmarkt, dem mächtigen Dom St. Paulus, dem barocken Schloss Münster, ehrwürdigen Kirchen und den Spuren der Täufer, der Anhänger einer radikalen Reformation. Aber natürlich kommt auch die Moderne vor historischer Kulisse nicht zu kurz: Attraktive Geschäfte, Kunst im öffentlichen Raum, über 30 Museen, viele Veranstaltungen und eine Spitzen-Gastronomie machen die Stadt zu einem echten Magneten für Jung und Alt. *www.stadt-muenster.de*

Ländliche Idylle in Xanten: Vor der historischen Kriemhildmühle grasen die Schafe.

8

# PRÄCHTIGE SCHLÖSSER UND HISTORISCHE STÄDTE: VON MOERS NACH APELDOORN

*Die Oranier-Route durchquert mehrere Provinzen der Niederlande sowie fast alle Bundesländer Nord- und Mitteldeutschlands. Sie führt durch Städte und Regionen, die seit Jahrhunderten dem Hause Oranien-Nassau verbunden sind. Wir beschränken uns auf eine Teilstrecke am Niederrhein, wo zahlreiche Schlösser und Kunstschätze vom Reichtum der Oranier und ihrem kulturellen Einfluss zeugen.*

Moers
Apeldoorn
145 km
ca. 3,5 Std.,
3 Tage

GPX-Download

## ETAPPE 1
## VON MOERS NACH XANTEN

⟷ 31 km ⏱ 45 Min., ½ Tag

Wir beginnen unsere Spurensuche in ① **Moers**. Das Haus Oranien-Nassau hat hier von 1597 bis 1700 regiert, nachdem Prinz Moritz von Oranien die Stadt von der spanischen Besetzung befreit hatte. Einen Überblick über die Historie der Stadt finden Besucher im Moerser Schloss, dessen Geschichte bis ins 12. Jh. zurückreicht. Unser Wohnmobil parken wir am besten auf dem *Stellplatz* am Hallenbad Solimare. Von hier aus führt ein sehr schöner Fußweg durch den Freizeit- und Schlosspark zum Schloss, dem Herzen der Stadt. Das historische Stadtzentrum ist nur rund 1 km entfernt. Von Moers aus erreichen wir – über die Vinzenstraße, die Rheinberger Straße und die Fossastraße – nach knapp 20 Minuten ② **Rheinberg**, ein hübsches Städtchen mit historischem Flair und vielseitiger Gastronomie, wo wir uns erst einmal stärken können. Geeignete Parkplätze in Rheinberg gibt es gleich mehrere, viele sind kostenlos. Für Wohnmobile freigegeben ist etwa der Parkplatz Am Hafendamm. Nach geruhsamem Bummel über die schöne Rheinpromenade und einem letzten Blick auf die vorüberziehenden Schiffe machen wir uns auf den Weg zum Luftkurort ③ **Xanten**, den wir in 20 Minuten auf dem kürzesten Weg über die B 57 erreichen. Einen sicheren Hafen für eine ausführliche Entdeckerreise durch die wunderschöne Stadt finden wir im *WoMoPark Xanten*. Von dort sind es nur fünf Gehminuten ins Zentrum.

**PER RAD**
Wohl dem, der sein **Fahrrad** mitgenommen hat. Ob noch ein Bierchen in der Stadt oder ein Ausflug am Rhein entlang – mit dem Rad kommt man auch in entlegenere Ecken und entdeckt so manches, was einem sonst vielleicht entgangen wäre.

Das Moerser Schloss birgt heute ein Museum und das Stadttheater.

## ETAPPE 2
## VON XANTEN NACH BEDBURG-HAU

⟷ 23 km ⏱ 30 Min., ½ Tag

Nach einem ausgiebigen Stadtbummel durch Xanten und etwas Shopping legen wir nach 20 Minuten Fahrt auf der B 57 einen Stopp in ④ **Kalkar** ein, mit seinem mittelalterlichen Stadtkern ebenfalls ein unverwechselbarer Ort des Niederrheins. Das Wohnmobil parken wir im *Reisemobilpark Kalkar*. Von hier aus sind es nur wenige Minuten bis in den Stadtkern, auch eine Radtour auf der Oranier-Route ist von hier aus empfehlenswert. Einen Kulturgenuss besonderer Art erleben wir nach kurzer Fahrt über die B 57 in ⑤ **Bedburg-Hau** mit dem **Schloss Moyland**. Einen Parkplatz in der Nähe der wunderschönen Schlossanlage findet man fast immer. Es gibt aber auch einen hübschen privaten Wohnmobilplatz in der Moyländer Allee, auf dem mancher Besucher länger bleibt als geplant.

**ZU FUSS**
Etwas Ruhe tanken tut gut, vielleicht bei einem ausgiebigen Spaziergang mit einem Vierbeiner, falls vorhanden, rund um die **Schlossanlagen** von Schloss Moyland.

## ETAPPE 3
## VON BEDBURG-HAU NACH KLEVE

⟷ 6 km ⏱ 10 Min., ½ Tag

Das Zentrum von ⑥ **Kleve** ist ganz nah. Mit dem Wohnmobil erreichen wir es über die Uederner Straße und den Klever Ring in weniger als zehn Minuten. Die Stadt verfügt über insgesamt acht Wohnmobil-Stellplätze. Sehr zentral gelegen ist der *Reisemobilstellplatz van-den-Bergh-Straße*. Der Platz ist ganzjährig geöffnet, außer zur Klever

**AUSSICHTSPUNKT**
Auf dem **Klever Berg**, der mit 99 m höchsten Erhebung am gesamten unteren Niederrhein, ließ Fürst Johann Moritz zusätzlich noch einen 6 m hohen Hügel aufwerfen. Heute steht hier ein Aussichtsturm und bietet einen atemberaubenden Rundblick über das Klever Land.

Kirmes Anfang bis Mitte Juli. Um alle Sehenswürdigkeiten zu entdecken, bietet sich ein Rundgang mit einem fachkundigen Stadtführer an. Das Angebot an Stadt- und Themenführungen ist vielfältig und auf Wunsch auch mehrsprachig. Wer lieber auf eigene Faust die Stadt erkundet: An vielen Klever Sehenswürdigkeiten befinden sich Tafeln mit QR-Codes, mit denen man Audio-Dateien in deutscher und englischer Sprache abrufen kann. Alternativ stehen in der Tourist-Info MP3-Player zum Ausleihen bereit. Zu einer barocken Residenzstadt gestaltete Johann Moritz von Nassau-Siegen, ein Verwandter der Oranier, die Stadt Kleve im 17. Jh., nachdem er 1646 Statthalter wurde. Kleve und das Umland wurden zu seinem Lebenswerk. Mit den Gartenanlagen setzte er sich ein Denkmal, für das er Anregungen von Berlin bis Versailles sammelte. Einen zentralen Punkt der barocken Gartenanlage ist der Sternberg, von dem zwölf Alleen ausgingen, die auf besondere Aussichtspunkte ausgerichtet waren. Besonders schön ist das Amphitheater am Springenberg, bestehend aus aufsteigenden Terrassen mit Teichen, Springbrunnen und einer Statue der Pallas Athene. Auf keinen Fall entgehen lassen sollten sich Gartenliebhaber auch den Alten Park südlich der Stadt.

Sonnenuntergang an der Rheinbrücke in Emmerich

## ETAPPE 4
## VON KLEVE NACH EMMERICH

⟷ 11 km ⏱ 15 Min., ½ Tag

Wir erreichen ⑦ **Emmerich** nach kurzer Fahrt über die B 220n und ihre Fortsetzung, den Oraniendeich, und genießen die Weite der Landschaft auf der schönen Rheinpromenade. Ein echter Hingucker ist die »Golden Gate« vom Niederrhein – mit 1228 m die längste Hängebrücke Deutschlands. Mit Blick auf das glitzernde Wasser gönnen wir uns in einem der vielen Lokale erst einmal ein Essen und ein kühles Getränk, bevor wir weiterschlendern. Nah an der Rheinpromenade in Emmerich befindet sich ein kleiner, kostenfreier Parkplatz, auf dem wir das Wohnmobil abstellen können. Einen Stellplatz für die Nacht finden wir u. a. am *Yachthafen* 🚐 in Emmerich oder im Erholungsort *Elten* 🚐 unweit von Emmerich.

**WISSENSWERT**
Eine »Bürgerliche« aus Emmerich soll **Wilhelm I., Fürst von Oranien** (1533–1584), nach dem Tod seiner Frau den Kummer vertrieben und einen Sohn geschenkt haben. Er heiratete sie nicht, der kleine Justinus von Nassau aber wuchs beim Vater auf und machte Karriere als Admiral.

## ETAPPE 5
## VON EMMERICH NACH APELDOORN

⟷ 74 km ⏱ 100 Min., 1 Tag

Kurz hinter Emmerich verläuft die grüne Grenze zu den Niederlanden. In lediglich zehn Minuten über die B 220 sind wir bereits in ⑧ **'s-Heerenberg**, einem der schönsten Orte der Provinz Gelderland. Die gesamte Region Montferland direkt an der deutschen Grenze wird auch als »Perle der niederländischen Landschaft« bezeichnet. Das Schloss Huis Bergh und das wunderschöne Stadtzentrum sollte man sich anschauen. Parkplätze – kostenpflichtig – gibt es direkt am Schloss. Mitten im Grünen, etwa eine Viertelstunde Fahrt über die N 316 weiter, liegt die bezaubernde Stadt ⑨ **Doetinchem**,

**WISSENSWERT**
Das Haus **Oranien-Nassau** und Holland sind seit Jahrhunderten miteinander verbunden. Paläste, Grabmäler und historische Orte erzählen bis heute die Geschichte der Statthalter, Könige und Königinnen, die das Land geprägt haben.

Familienurlaub auf dem Campinglatz de Wildhoeve bei Apeldoorn

ebenfalls Jahrhunderte alt, mit hübschen Geschäften und großen Märkten wie z. B. dem Stoffmarkt, die zum Bummeln einladen. Empfehlenswert ist auch ein Besuch von Schloss Slangenburg aus dem 17. Jh. Parkmöglichkeiten gibt es viele direkt in der Stadt, aber manche sind recht eng und für Wohnmobile nicht geeignet. Wer gut zu Fuß ist und sowohl die Stadt als auch das Schloss besuchen will, steuert am besten den Parkeerplaats de Koekendaal an. Von hier aus – mitten im Grünen – kann man wunderbar losradeln oder -wandern. Wir genießen die Ruhe im Landschaftspark rund um das Wasserschloss, stärken uns mit einem Picknick und machen uns über die N 317, die N 786 und N 789 auf den rund einstündigen Weg in die Großstadt ⑩ **Apeldoorn**. Nur 200 m entfernt von der Ortsmitte gibt es einen kleinen *Stellplatz für Wohnmobile* (Parking Apeldoorn Centrum). Apeldoorn liegt am Rande des Naturschutzgebietes Het Nationale Park De Hoge Veluwe. Mit kostenlosen, weißen Fahrrädern, die der Park für Kinder und Erwachsene zur Verfügung stellt, kann man dort nach Herzenslust die Natur erkunden – natürlich auch mit dem eigenen Rad. Einen Besuch wert sind auch das im Nationalpark De Hoge Veluwe gelegene Kröller-Müller-Museum mit der zweitgrößten Van-Gogh-Sammlung der Welt, der Vergnügungspark Julianatoren und Apenheul, wo 35 verschiedene Affenarten leben und viele von ihnen frei herumlaufen. Zum Shoppen und Flanieren ist die Stadt Apeldoorn ebenfalls ideal. Wer gemütlich essen will, findet auf einem der vielen Plätze oder in den Lokalen der Nebenstraßen für jeden Geschmack etwas.

**WISSENSWERT**

»Oranje« (niederländisch für orange) steht für das **Königshaus Oranien** und ist die Landesfarbe der Niederlande. Der 27. April ist Koningsdag, Geburtstag von König Willem-Alexander und Nationalfeiertag. An diesem Tag schwelgt das ganze Land in Orange.

## EMPFOHLENE PLÄTZE

**Campingpark Kerstgenshof** ★★★★½

❶ Der Platz in der Nähe von Xanten ist naturnah gestaltet, mit Tiergehege und Bauernhof.

▶ Marienbaumer Str. 158, 47665 Labbeck, Tel. 028 01/43 08, GPS: 51.659883, 6.372283

■ www.pincamp.de/rw3100

**Camping De Wildhoeve** ★★★★½

❷ Der ruhige Platz liegt nördlich von Apeldoorn neben einem Waldgebiet.

▶ Hanendorperweg 102, 8166 JJ Emst, Tel. +31/578/ 66 13 24, GPS: 52.313396, 5.92705

■ www.pincamp.de/bh4150

**Womopark Moyland**

❸ Der ruhige Stellplatz liegt landschaftlich reizvoll direkt am Schloss Moyland.

▶ Moyländer Allee 3a, 47551 Bedburg-Hau, Tel. 02821/20110, www.womopark-moyland.de, GPS: 51.755661, 6.243394

## WEITERE GENANNTE PLÄTZE

**Stellplatz am Solimare**, Filder Str. 144, 47447 Moers
**WoMoPark Xanten**, Fürstenberg 6, 46509 Xanten
**Reisemobilpark Kalkar**, Waysche Straße, 47546 Kalkar
**Reisemobilstellplatz Van-den-Bergh-Straße**, 47533 Kleve
**Stellplatz am Yachthafen**, Fackeldeystr. 80, 46446 Emmerich
**Wohnmobilstellplatz Elten**, Luitgardisstraße, 46446 Emmerich
**Parking Apeldoorn Centrum**, Prins Willem-Alexanderlaan 651, 7311 NB, Apeldoorn

**Noch mehr tolle Plätze auf pincamp.de**

## ENTLANG DER ROUTE

### 1 Moers

Das Moerser Schloss und der schöne Schlosspark sind die bedeutendsten Markenzeichen der Stadt. Der älteste Teil der großen Rundburg stammt aus dem 12. Jh., die ringförmige Burganlage aus dem 13./15. Jh. Nach Einnahme der Stadt durch Moritz von Oranien ließ dieser das Schloss 1601–1604 mit fünf Bastionen ausbauen. Auch die Stadt selbst wurde nach altniederländischem Muster mit Wassergräben und Mauern verstärkt. In seiner Geschichte wurde das Schloss oft umgestaltet und wechselte häufig seine Besitzer. Seit 1905 ist der Bau in städtischem Besitz und beherbergt das Grafschafter Museum. Neben der Kulturgeschichte der Region zeigt das Museum eine historische Puppensammlung und Sonderausstellungen. Zum Museum gehört außerdem eine mittelalterliche Spiel- und Lernstadt neben dem Schloss. Zugänglich ist sie im Rahmen von Führungen und zu gesonderten Öffnungszeiten *(www.grafschafter-museum.de und www.musenhof-moers.de)*. Der Schlosspark wurde um 1836 nach dem Vorbild englischer Landschaftsgärten angelegt und gilt als grüne Lunge der Innenstadt. *www.moers.de*

### 2 Rheinberg

Rund um den Marktplatz von Rheinberg befinden sich das gotische Rathaus, das imposante Stammhaus der Familie Underberg, die Kirche St. Peter, deren Geschichte bis ins 12. Jh. zurückreicht, sowie zahlreiche schmucke Bürgerhäuser aus dem 16. und 17. Jh. Unbedingt ansehen sollte man sich den Ortsteil Orsoy mit seiner fast 1000-jährigen Geschichte. Das alte Festungs- und Handelsstädtchen, von dem noch heute zahlreiche Bauwerke, die Stadtmauer und die Wälle erhalten sind, liegt direkt am Rhein und lädt zum Bummeln und Verweilen ein. *www.rheinberg.de*

### 3 Xanten

Neben dem Dom St. Viktor sind das ehemalige Stadttor Klever Tor, das Gotische Haus und die Kriemhildmühle die Wahrzeichen der Stadt. Vor fast 2000 Jahren lag eine der größten römischen Metropolen vor der Stadt. Aber auch Kirche und Adel stritten sich um den Ort: Jahrhundertelang war Xanten Zankapfel zwischen den Kölner Erzbischöfen und den Grafen von Kleve. In drei Museen wird die bewegte Geschichte der Stadt spannend präsentiert – gestritten wird nicht mehr. Den idyllischen Stadtkern umschließt heute ein gepflegter Kurpark mit bunten Blumenwiesen und einem markanten Gradierwerk. *www.xanten.de*

### 4 Kalkar

Mit historischem Marktplatz, gotischem Rathaus, ehrwürdigen Treppengiebelhäusern und der alten Gerichtslinde ist Kalkar eine sehr liebenswerte Stadt. Einen Besuch lohnen auch die prächtige Kirche St. Nicolai, das Städtische Museum in zwei gut erhaltenen Treppengiebelhäusern von 1400 und 1500, die historische Stadtwindmühle sowie das Rheinstädtchen Grieth. Im Stadtteil Appeldorn findet sich die Burg Boetzelaer, deren Ursprung bis ins 13.Jh. zurückreicht. *www.kalkar.de, www.burgboetzelaer.de*

Wie im Märchen: Wasserschloss Moyland bei Bedburg-Hau

## 5 Bedburg-Hau

Das Wasserschloss Moyland bei Bedburg-Hau im Kreis Kleve, das in seinen Ursprüngen bis ins 14. Jh. zurückreicht, gehört nach einer Umgestaltung im 19. Jh. zu den wichtigsten neugotischen Bauten in Nordrhein-Westfalen. Sein Name soll sich vom niederländischen »mooi land« ableiten, was »schönes Land« bedeutet. Das Schloss beherbergt seit 1997 ein Museum mit der ehemaligen Privatsammlung van der Grinten sowie Kunst vom 19. Jh. bis zur Gegenwart mit dem weltweit größten Bestand an Werken von Joseph Beuys und das Joseph Beuys Archiv. *www.moyland.de*

## 6 Kleve

1646 heiratete Friedrich Wilhelm, Kurfürst von Brandenburg und Herzog von Kleve, dessen Reiterstatue vor der Schwanenburg steht, die älteste Tochter des niederländischen Statthalters, Louise Henriette. Ihr 1648 auf dem Klever Schloss geborener Sohn erhielt die Taufnamen Wilhelm und Heinrich (Hendrik) und stand so in der Tradition der Hohenzollern wie auch des Hauses Oranien-Nassau. Auf den Spuren der Oranier wandelt man in Kleve bei einer historischen, kostümierten Stadtführung mit »Louise Henriette«. Die Schwanenburg als Wahrzeichen des Klever Landes prägt die Silhouette der Stadt. Erstmals urkundlich erwähnt wurde sie um 1020, und da die Klever Fürsten ihre Abstammung vom Schwanenritter Elias (Lohengrin-Sage) herleiteten, krönt bis heute ein Schwan die Spitze des höchsten Turmes. Heute ist dort ein geologisches Museum untergebracht. Von der Schwanenburg aus bietet sich ein eindrucksvolles Panorama über die Rheinebene bis in die Niederlande. In der Burg selbst befinden sich Amtsräume der Justiz. Sehenswert für Besucher sind die beiden Portale im inneren Burghof. Der Gewölbekeller im Spiegelturm und das Stauferklo – eine Toilettenanlage aus dem 12. Jh. – können bei Führungen besichtigt werden. *www.kleve.de*

**WISSENSWERT**

Zu großer Berühmtheit brachte es eine Tochter der Stadt Kleve, **Anna von Cleve**. Der Tudor-König Heinrich VIII. von England hatte ihr 1539 die Ehe versprochen. Doch als sich die beiden das erste Mal begegneten, war der König von Anna so enttäuscht, dass die Ehe zwar geschlossen, kurz darauf aber annulliert wurde. Anna blieb dennoch bis zu ihrem Tode in England und genoss als »Schwester« des Königs hohes Ansehen.

## 7 Emmerich

Auch im hübschen Emmerich am Rhein hat der umtriebige Fürst Johann Moritz von Nassau-Siegen, ein Verwandter der Oranier, Spuren hinterlassen: Ihm verdankt die Stadt die Befestigung mit einem Wall, dem Wassergraben und sieben Bollwerken. *www.emmerich.de*

## 8 's-Heerenberg

Die einzige Stadt, die sich in den Niederlanden »Schlossstadt« nennen darf, ist 's-Heerenberg. Das Schloss Huis Bergh – früher eine Festung – ist eines der größten Schlösser der Niederlande. Die Stadt, deren Geschichte bis ins 14. Jh. zurückreicht, bietet ihren Besuchern aber noch mehr: Wunderschöne historische Gebäude, alte Straßen und mittelalterliches Flair, umgeben von den Montferlandse Bossen, einem der schönsten Naturgebiete der Niederlande. *www.kasteelstad.nl, www.ontdekmontferland.nl*

## 9 Doetinchem

Doetinchem ist eine sehr alte Stadt am Fluss Oude Ijssel, deren Geschichte bis ins 9. Jh. zurückreicht, aber den Bogen in die heutige Zeit spannt. Im historischen Zentrum finden sich nicht nur zahlreiche historische Gebäude, sondern auch einladende Restaurants, nette Cafés und zahlreiche Einkaufsmöglichkeiten. *www.holland.com*

## 10 Apeldoorn

Am Rande von Apeldoorn befinden sich das mehrflügelige barocke Paleis Het Loo und die dazugehörigen Palastgärten *(www.paleishetloo.de)*. Erbaut wurde der prachtvolle Palast ab 1685 von Statthalter Wilhelm III. und König von England, war lange Zeit der Lieblingsplatz der königlichen Familie und diente ihnen als Sommerresidenz. 1962 ging der Palast in den Besitz der niederländischen Regierung über und ist heute Museum der Geschichte des niederländischen Königshauses. Es beherbergt die alte Bibliothek und das Nationalmuseum und bietet zudem Einblick in 300 Jahre fürstlicher Wohnkultur. *www.holland.com*

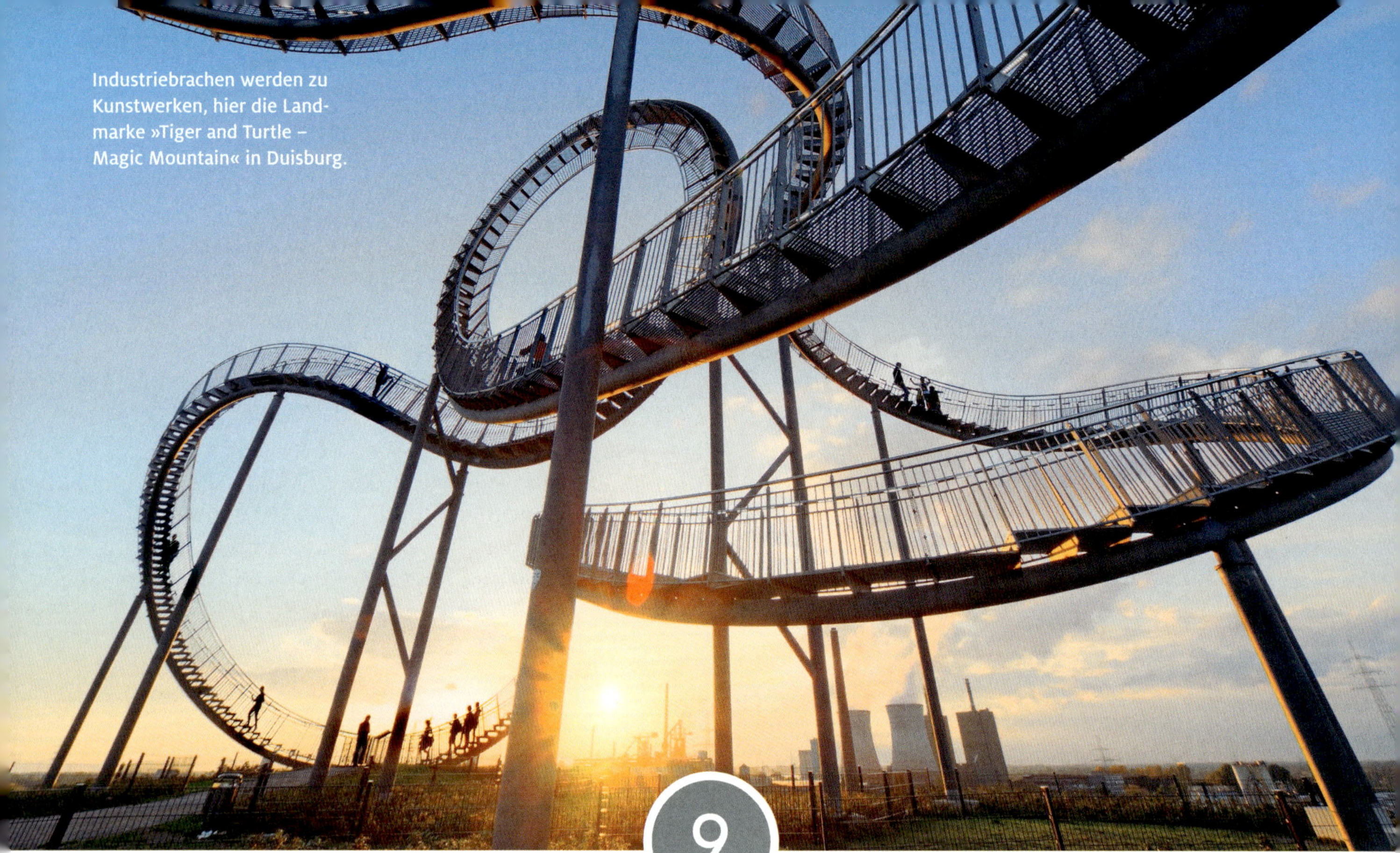

Industriebrachen werden zu Kunstwerken, hier die Landmarke »Tiger and Turtle – Magic Mountain« in Duisburg.

9

# PÜTTKULTUR UND PANORAMABLICK: VON DUISBURG NACH HAMM

*Die Route der Industriekultur führt über einen 400 km langen Rundkurs mitten durchs Ruhrgebiet. Wer noch nie im »Pott« war, kann sich vielleicht gar nicht vorstellen, hier Urlaub zu machen. Nach einem Besuch aber schwärmen alle vom vielen Grün, dem kulturellen Angebot, den Menschen und den faszinierenden Spuren der industriellen Geschichte – und kommen wieder!*

Duisburg
Hamm
196 km
ca. 8 Std.,
4–5 Tage

GPX-Download

## ETAPPE 1
## VON DUISBURG NACH GELSENKIRCHEN

⟷ 26 km ⏱ 60 Min., 1 Tag

Wir haben uns für einen Teilabschnitt der Route der Industriekultur entschieden und starten in Duisburg, das viel zu bieten hat: den reizvollen Innenhafen etwa, einen wunderschönen Zoo und den ① **Landschaftspark Duisburg**, Ausgangspunkt für unsere Tour. Dort, in Meiderich-Beeck, gibt es auch einen kostenlosen *Wohnmobilstellplatz* 🚐. Wo früher »auf« der Meidericher Hütte »malocht« wurde, wandern, radeln, klettern, tauchen oder entspannen heute jährlich mehr als eine Million Besucher. Für Kinder und Jugendliche ist der Park ein riesiger Abenteuerspielplatz. Es mag einfacher sein, der Route der Industriekultur auf den Autobahnen zu folgen. Doch es entgeht einem viel Lokalkolorit. Auch ob man dort unbedingt schneller unterwegs ist, hängt vom Wochentag und der Tageszeit ab. Etwas beschaulicher setzen wir unseren Weg über die Essen-Steeler-Straße, Ruhrorter und Duisburger Straße fort und erreichen nach gut 20 Minuten den ② **Gasometer** in **Oberhausen**, wo man auch mit dem Wohnmobil parken kann. Der Gasometer ist an sich schon eine Sehenswürdigkeit. Darüber hinaus bietet er seit mehr als 25 Jahren auf 7000 m² Fläche einen einzigartigen Rahmen für große Ausstellungen. Direkt nebenan befindet sich das Westfield Centro – das größte Einkaufs- und Freizeitzentrum Europas. Für das leibliche Wohl ist hier ebenfalls gesorgt – mit über 20 internationalen Restaurants. Knapp 10 km weiter – zunächst über die Alte Walz auf die Essener und Osterfelder Straße – erreichen wir, dem Navi quer durch **Bottrop** folgend, die Beckstraße 57a. Dort haben wir Gelegenheit, das Haldenereignis Emscherblick zu erklimmen, besser bekannt als **Tetraeder**, ein begehbares, 60 m hohes Kunstwerk in Pyramidenform, das Mutige, die sich hinaufwagen, mit einer großartigen Aussicht belohnt: Auf eine frei schwebende Treppe, die zur ersten Plattform führt, folgt eine Leiter, dann eine Wendeltreppe bis zur obersten Plattform, die leicht gekippt an Stahlseilen hängt. Bei stärkerem Wind kann das schon mal leicht schwanken. Von oben aber hat man einen atemberaubenden Ausblick. Wieder festen Boden unter den Füßen, erwartet uns eine Viertelstunde später, das Straßengewirr von Bottrop und Essen-Karnap hinter uns lassend, der ③ **Nordsternpark** am Rhein-Herne-Kanal in **Gelsenkirchen**. Auf dem *Parkplatz am Amphitheater* 🚐 kann man kostenlos parken und übernachten, spazierengehen und fürs leibliche Wohl sorgen: Im Park gibt es vor allem rund um die Fördertürme ein Café, ein Restaurant und einen Biergarten.

**WISSENSWERT**
Das Kernnetz der Route der Industriekultur bilden **26 Ankerpunkte**: große Standorte wie der Gasometer Oberhausen oder der Zollverein Essen. Dazu gibt es technik- und sozialgeschichtliche Museen, die den Einblick in das Leben im Ruhrgebiet vertiefen *(www.route-industriekultur.ruhr)*.

**ABSTECHER**
Zur Route der Industriekultur gehören die 13 wichtigsten und schönsten **Arbeitersiedlungen** der Region, etwa die Siedlung Eisenheim in Oberhausen, Gartenstadt Welheim in Bottrop oder die Margarethenhöhe in Essen *(www.route-industriekultur.ruhr)*.

## ETAPPE 2
## VON GELSENKIRCHEN NACH ESSEN

⟷ 50 km ⏱ 90 Min., 1 Tag

Wem der Sinn nach aktiver Industrie steht, der kann von hier aus über die B 226 und die B 225 einen Abstecher nach ④ **Marl** zum dortigen **Chemiepark** machen, von dem aus jährlich mehr als vier Millionen Tonnen Produkte ihre Reise in alle Welt antreten. Besuchern bietet sich von der neunten Etage des Hochhauses auf dem Gelände ein überwältigender Ausblick auf den gigantischen »Chemiebaukasten«. Auf der Rückfahrt über Marl und Herten machen wir nach rund 30 Minuten Station an der ⑤ **Zeche Ewald**, einem stillgelegten, gut erhaltenen Steinkohle-Bergwerk in Herten, eingebettet in den Landschaftspark Hoheward, wo man wunderbar wandern und die Landschaft genießen kann. Mit Blick auf unser nächstes Ziel steuern wir u. a. über die L 639 den Reisemobilstellplatz im Gesundheitspark Nienhausen in Gelsenkirchen an – stadtnah und dennoch mitten im Grünen. Von hier aus ist es nur ein Katzensprung zum ⑥ **Welterbe Zollverein** in **Essen**. Das Welterbe Zollverein ist vom Stellplatz aus am besten mit der Straßenbahnlinie 107 in ca. zehn Minuten oder zu Fuß in einer halben Stunde zu erreichen. Wer die Zeit hat, sollte ohnehin eine weitere Übernachtung einplanen, denn das Angebot »auf Zollverein« ist riesig.

ETAPPE 3

## VON ESSEN NACH BOCHUM

⟷ 14 km ⏱ 30 Min., ½ Tag

Vom Stellplatz Nienhausen aus erreichen wir über innerstädtische Straßen, die L 639 und die B 226 innerhalb von 30 Minuten das ⑦ **Deutsche Bergbau-Museum** in Bochum. Parken kann man sowohl auf öffentlichen Flächen als auch auf den Parkplätzen rund um das Museum. Vor dem Museum selbst stehen sieben Busparkplätze zur Verfügung. Wenn nicht zu viel los ist, kann man fragen, ob man sein Wohnmobil dort für die Dauer des Besuchs parken darf. Ob tief hinunter ins Anschauungsbergwerk mit einem gut 1 km langen Streckennetz oder hoch hinauf auf die Plattform des Fördergerüstes: Für Groß und Klein ist das Bergbau-Museum ungeheuer spannend. Einen Besuch wert sind in Bochum auch die Jahrhunderthalle und das Eisenbahnmuseum.

**SPARTIPP**

Mit der **Ruhr.Topcard** besucht man mehr als 140 Ausflugsziele das ganze Jahr über umsonst oder vergünstigt. Für Erwachsene kostet sie 58 € (ADAC-Mitglieder zahlen 52 €), für Kinder 38 € *(www.ruhrtopcard.de)*.

ETAPPE 4

## VON BOCHUM NACH DORTMUND

⟷ 43 km ⏱ 175 Min., 1 Tag

Vom Bergbau-Museum aus passieren wir die kaum merkliche Stadtgrenze zwischen Bochum und Dortmund und erreichen innerhalb von etwa 25 Minuten die ⑧ **Zeche Zollern** in Bövinghausen, die wohl schönste Zeche des Ruhrgebiets mit prunkvoller Backsteinfassade, opulenten Giebeln und eindrucksvollem Jugendstilportal. Findet sich wider Erwarten keinen Parkplatz für das Wohnmobil rund um die Zeche oder die weitläufigen Bergehalden Zollern: In fußläufiger Entfernung (350 m) gibt es an der Jupiterstraße einen Parkplatz. Zurück im Wohnmobil, machen wir eine kleine Spritztour über die B 235 in Richtung Norden – zum ⑨ **Schiffshebewerk Henrichenburg**, einem der beliebtesten Ausflugsziele unter den Industriedenkmälern. Der Parkplatz direkt am Eingang ist recht klein, es gibt aber noch weitere: Am Hebewerk 26 oder Zum Neuen Hebewerk 2 in Waltrop. Einen Platz für die Nacht finden wir anschließend auf dem Campingplatz Wehlingsheide oder nach rund 25 Minuten Fahrt durch viel Grün an Waltrop und Lünen vorbei auf dem *Wohnmobilstellplatz am Revierpark Wischlingen* (z. Zt. wg. Neugestaltung geschl.) in **Dortmund**, wo wir abends auch noch einen schönen Spaziergang machen und etwas essen können.

**WISSENSWERT**

Oft merkt man im Ruhrgebiet nur an der Beschilderung, wo die eine Stadt aufhört und die nächste beginnt. Die Region ist zur **»Metropole Ruhr«** zusammengewachsen.

ETAPPE 5

## VON DORTMUND-WISCHLINGEN NACH DORTMUND-BAROP

⟷ 10 km ⏱ 20 Min., ½ Tag

Unser nächstes Ziel ist das Industriedenkmal ⑩ **Kokerei Hansa**, das wir von Dortmund-Wischlingen aus in weniger als zehn Minuten über die Rahmer Straße erreichen. Ein kostenloser Parkplatz befindet sich direkt davor. Die Kokerei ist ganzjährig als »begehbare Großskulptur« erlebbar und gewährt Besuchern spannende Einblicke in die gigantischen Ausmaße einer ehemaligen Industrieanlage. Per Erlebnispfad geht es in die imposante Kompressorenhalle, auf den Kohleturm, aber auch in Bereiche, die sich die Natur schon zurückerobert hat und beinahe verwunschen wirken. Nur knapp 6 km Fahrt weiter über

Blick vom ehemaligen Hochofenwerk Phoenix-West nach Dortmund

Die Kokerei Hansa gibt Einblicke in die Steinkohleverarbeitung.

Hülshoff, die Huckarder Straße und die Dorstfelder Allee tauchen wir in Barop in eine ganz andere Welt ein: die **DASA** *(www.dasa-dortmund.de)*. Nicht von ungefähr erinnert der Name an ihr großes Vorbild. Hier fliegt zwar niemand ins All, am Boden bleibt man aber auch nicht unbedingt: Arbeitswelten von gestern, heute und morgen erleben Besucher hier multimedial, am Flug- oder Lkw-Simulator, als Baggerfahrer oder im Trainingsgerät aus der Weltraumforschung. Auf dem nahen Parkplatz gibt es ausreichend Parkplätze. Für DASA-Besucher ist das Parken kostenlos.

**EINKEHREN**
Zum DASA-Ausflug gehört natürlich auch ein gutes Häppchen. Im Außenbereich der Ausstellung »Mehr Sicherheit am Bau« befindet sich ein **Food-Truck**.

ETAPPE 6

## VON DORTMUND NACH HAMM

⟷ 53 km ⏱ 100 Min., 1 Tag

Ein bisschen Ruhe finden und sich frischen Wind um die Nase wehen lassen kann man sich anschließend – nach etwa 28 km Fahrt über die Rheinische Straße, die B 54 und der Beschilderung quer durch Dortmund nach Bergkamen folgend – auf der ⑪ **Halde Großes Holz**. Auch hier gibt es kostenlose Parkmöglichkeiten. Wer gut zu Fuß ist, wird auf der 121 ha großen Halde in 146 m Höhe mit einem wunderbaren Blick über das östliche Ruhrgebiet belohnt. Letzte Station auf der Route der Industriekultur ist der Maxipark großer Parkplatz – er heißt wirklich so und ist kostenlos – in **Hamm**, den wir in 45 Minuten über Rünthe, Herringen und Heessen erreichen. Das ganze Jahr über findet im ⑫ **Maximilianpark** unter freiem Himmel ein vielfältiges Kultur-, Ausstellungs- und Unterhaltungsprogramm für Erwachsene und Kinder statt.

### EMPFOHLENE PLÄTZE

**Campingplatz An der Kost**

① In der Nähe von Bochum ist der Platz idyllisch direkt an der Ruhr gelegen.

▶ An der Kost 18, 45527 Hattingen, Tel. 023 24/609 15, GPS: 51.416897, 7.207936

■ www.pincamp.de/pin_233004

**Erholungspark Wehlingsheide** ★★★★

② Der Platz ist perfekt für Erholungssuchende und liegt in sehr ruhiger Umgebung nördlich von Datteln.

▶ Im Wehling 26, 45711 Datteln, Tel. 023 63/334 04, GPS: 51.682383, 7.305583

■ www.pincamp.de/rw3480

**Reisemobilstellplatz im Gesundheitspark Nienhausen**

③ Der Stellplatz liegt im Grünen zwischen den beiden Ruhrmetropolen Gelsenkirchen und Essen.

▶ Feldmarkstr. 201, 45883 Gelsenkirchen, Tel. 02 09/ 94 13 10, www.nienhausen.de, GPS: 51.500959, 7.062923

### WEITERE GENANNTE PLÄTZE

**Wohnmobilstellplatz Landschaftspark Duisburg-Nord**, Emscherstr. 71, 47137 Duisburg
**Wohnmobilstellplatz am Amphitheater**, Wallstr. 52, 45899 Gelsenkirchen
**Wohnmobilstellplatz am Revierpark Wischlingen**, Höfkerstr. 12, 44149 Dortmund

Noch mehr tolle Plätze auf pincamp.de

## ENTLANG DER ROUTE

Welterbe Zollverein: von der Zeche zum Freizeit- und Kulturpark

### 1 Landschaftspark Duisburg-Nord

Den Mittelpunkt des rund 200 ha großen Geländes bildet die 1985 stillgelegte Eisenhütte. Die Hochöfen, auch die Aussichtsplattform 5, sind bei Tag und Nacht frei zugänglich und dank der Lichtinstallation ein beliebtes Fotomotiv. Zahlreiche Veranstaltungen, auch Themen- und Fackelführungen, machen den Park zum Kulturmagneten. Der Park ist rund um die Uhr geöffnet. Der Eintritt ist frei. Eintrittsgelder werden nur für eventuell stattfindende Veranstaltungen fällig. *www.landschaftspark.de*

### 2 Gasometer Oberhausen

Der ehemalige Gas-Zwischenspeicher war schon bei seiner Errichtung 1929 eine technische Sensation und mit seinen 117,5 m Höhe lange der größte Gasometer Europas. Seit seiner Stilllegung 1988 wurde er zu einem der außergewöhnlichsten Ausstellungsorte. Besonderes Highlight: die Fahrt im gläsernen Innenaufzug. Wem die Höhe nichts ausmacht, der kann danach vom Dach aus den Rundblick über das gesamte westliche Ruhrgebiet genießen. *www.gasometer.de*

### 3 Nordsternpark

Die Bundesgartenschau 1997 war der Startschuss für die Wiedergewinnung einer ganzen Landschaft: Auf dem Gelände der Zeche Nordstern wurde eine 100 ha große Brachfläche zu einer Parklandschaft umgeformt. Wahrzeichen des Parks ist neben dem denkmalgeschützten Nordsternturm mit Besucherterrasse und der Monumentalstatue »Herkules von Gelsenkirchen« die fast 100 m lange Doppelbogen-Hängebrücke über den Rhein-Herne-Kanal. Den Wandel des Standortes zeigt eine Ausstellung im Nordsternturm. Freizeitmöglichkeiten bietet der Park u. a. mit einem authentischen Besucherstollen, Kletterfelsen, Abenteuerspielplatz, Bauernhof, Ausflugsschiffahrt und Freilichtbühne. *www.nordsternpark.info*

### 4 Chemiepark Marl

Der einzige noch aktive Ankerpunkt der Route Industriekultur ermöglicht mehrmals wöchentlich Einblicke in die Welt der Chemie bei anderthalbstündigen Werkführungen per Bus. Das Informationszentrum am historischen Feierabendhaus beleuchtet in einer Ausstellung Geschichte und Gegenwart des Industrieparks. *www.chemiepark-marl.de*

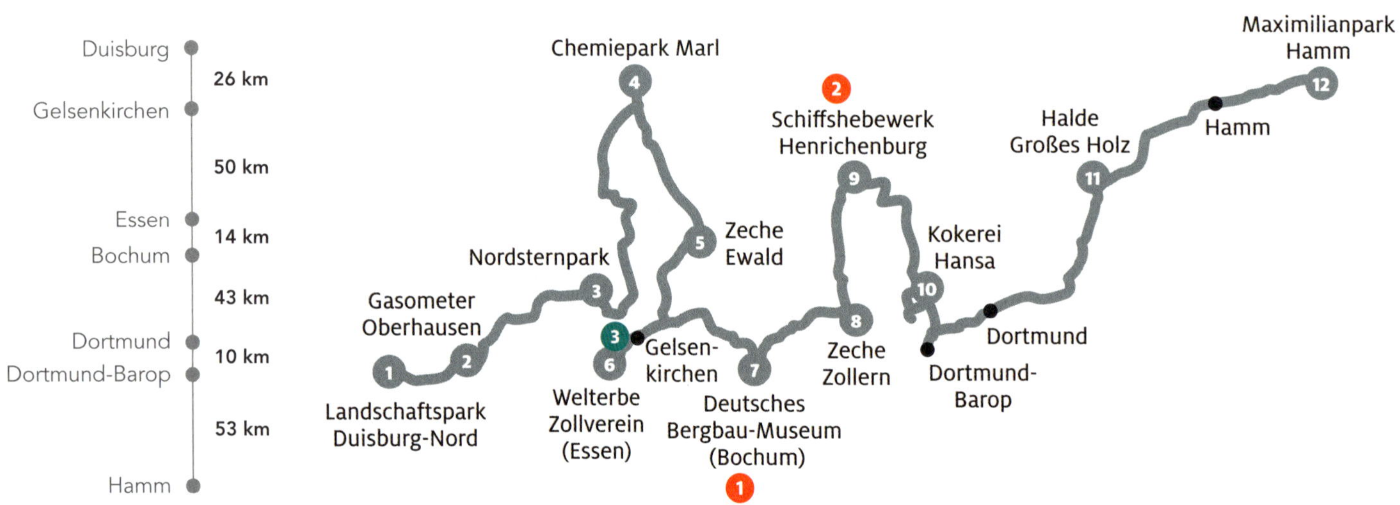

### 5 Zeche Ewald

Bis zu 4000 Menschen fanden hier nach dem Zweiten Weltkrieg Arbeit. Architektonische Zeugen der langen Bergbautradition, die bereits 1871 begann, sind der Malakowturm (1888), Schacht 2 mit Schachthalle (1928) und das Doppelstrebengerüst über dem Zentralschacht 7 (1955). Besucher finden in der Lohn- und Lichthalle mit dem Besucherzentrum einen der zentralen Informationsorte der Metropole Ruhr. *www.landschaftspark-hoheward.de*

### 6 Welterbe Zollverein

Nichts veranschaulicht den Strukturwandel im Ruhrgebiet so eindrücklich wie das UNESCO-Welterbe Zollverein in Essen. Das 100 ha große Gelände bietet Raum für Freizeitaktivitäten und Kultur, ermöglicht aber auch tiefe Einblicke in die Geschichte der Region. Das Gelände des UNESCO-Welterbes Zollverein ist für Besucher kostenfrei zugänglich und in zwei Areale aufgeteilt: Zeche und Kokerei. Zum Welterbe gehören die ehemaligen Schachtanlagen XII, 1/2/8 und die Kokerei Zollverein. Erste Anlaufstelle und Startpunkt vieler Führungen ist das Besucherzentrum in der Kohlenwäsche. Hier erhält man auch Eintrittskarten für kostenpflichtige Ausstellungen und Veranstaltungen. *www.zollverein.de*

### 7 Deutsches Bergbau-Museum

Das Deutsche Bergbau-Museum ist das größte Museum seiner Art weltweit und hat als Leibniz-Forschungsmuseum für Georessourcen die Aufgabe, das materielle Erbe des Bergbaus zu bewahren, zu erforschen, auszustellen und zu vermitteln. Das Museum liefert auf vier Rundgängen der Dauerausstellung eine eindrucksvolle Übersicht über die faszinierende Welt des Bergbaus. Dank Seilfahrt-Simulator erleben Besucher zudem hautnah die perfekte Illusion einer Förderkorb-Fahrt. *www.bergbaumuseum.de*

### 8 Zeche Zollern

Schon 1969 unter Denkmalschutz gestellt, findet sich in der Zeche Zollern, einem stillgelegten Steinkohlebergwerk, eine umfangreiche Dauerausstellung über Geschichte, Technik und Menschen im Bergbau. Außerdem ist das ehemalige »Schloss der Arbeit« regelmäßiger Veranstaltungsort für Ausstellungen, Kulturevents und Feste. »Berglehrling Franz« führt Kinder auf einem eigenen Pfad durch das Museum, im ehemaligen Pferdestall befindet sich eine Gastronomie. *www.lwl-industriemuseum.de*

### 9 Schiffshebewerk Henrichenburg

Es ist das größte Bauwerk am Dortmund-Ems-Kanal und galt bei seiner Eröffnung 1899 mit einer Hebeleistung von 14 m als technische Sensation. Mit 17 Kanalstufen und insgesamt rund 70 zu überwindenden Höhenmetern wurde der Dortmund-Ems-Kanal zum ersten Binnenschifffahrtsweg zwischen dem Bergbaurevier und der Nordsee. *www.schiffshebewerk-henrichenburg.lwl.org/de*

### 10 Kokerei Hansa

Die Kokerei Hansa in Dortmund-Huckarde ist als einzige von ehemals 17 Kokereien noch erhalten. 1928 in Betrieb genommen, verarbeitete Hansa Steinkohle der benachbarten Zechen zu Hüttenkoks für die Hochöfen der Dortmunder Union und Werk Phoenix in Hörde. 1992 wurde das 10,7 ha große Werk stillgelegt, aber als Industriedenkmal für die Nachwelt bewahrt. *www.industriedenkmal-stiftung.de*

### 11 Halde Großes Holz

Die Metropole Ruhr ist berühmt für ihre Landmarken: die gewaltigen künstlich aufgeschütteten Hügel des Ruhrgebiets, die aus dem Abraum des Steinkohlebergbaus erwuchsen und als Halden bezeichnet werden. Aus Ödland sind 17 Panoramen und Aussichtspunkte zum reizvollen Bestandteil der Route der Industriekultur geworden. Mit der Natur, die sich die Halden erobert hat, hielt oftmals auch die Kunst Einzug. Als Ausflugsziele für die Bewohner in der Umgebung sind die künstlichen Hügel ebenso beliebt wie als Aussichtspunkte für Touristen. Exemplarisch für die vielen Halden gilt unser Besuch der Halde Großes Holz, der viertgrößten in der Region und der höchsten im östlichen Ruhrgebiet. *www.route-industriekultur.ruhr*

### 12 Maximilianpark Hamm

Der »Maxi-Park« ist das erste renaturierte Zechengelände Deutschlands. Der beliebte Freizeitpark ist vor allem berühmt für den mit 40 m Höhe größten Glaselefanten der Welt, aus der ehemaligen Kohlenwäsche zu einem begehbaren Kunstwerk umgestaltet, und dem schönsten Schmetterlingshaus Nordrhein-Westfalens. *www.maximilianpark.de*

**SEHENSWERT**

Neben den Hauptattraktionen geben **31 Themenrouten** Besuchern die Chance, das Ruhrgebiet unter speziellen Schwerpunkten kennenzulernen. Im Fokus stehen dabei ganz bewusst weniger bekannte Glanzlichter des Ruhrgebiets *(www.route-industriekultur.ruhr)*.

Über die bewaldetetn Hügel des Siegerlandes reicht der Blick nach Siegen, Kreisstadt des Kreises Siegen-Wittgenstein.

10

# SIEGEN-WITTGENSTEIN-ROUTE: FAHRT DURCHS GRÜNE BLÄTTERMEER

*Siegen-Wittgenstein sonnt sich gerne darin, der waldreichste Kreis der Republik zu sein. Die teils zum Naturpark Sauerland-Rothaargebirge gehörende Region ist landschaftlich überaus reizvoll. Hier entspringen mit Eder, Lahn und Sieg gleich drei prominente Flüsse. Ehrwürdige Industrieanlagen und liebevoll restaurierte Dörfer setzen auf dem Rundkurs zuweilen beeindruckende Kontrapunkte.*

Siegen
Siegen
195 km
4,5 Std.,
4 Tage

GPX-Download

## ETAPPE 1
## VON SIEGEN NACH BURBACH

⟷ 28 km ⏱ 45 Min., ½ Tag

Dank der bergigen Topografie und der bewegten Geschichte hinterlässt ① **Siegen** einen bleibenden Eindruck. Schon bald nachdem wir das Siegtal verlassen, um auf die B 54 in Richtung Südosten abzubiegen, wird es ländlich. Vorbei an dicht bewaldeten Hügeln und durch kleine Dörfer führt die Strecke in Richtung **Wilnsdorf**. Hinter der Gemeinde mit ihren etwa 20 000 Einwohnern kratzen die Gipfel an der 600-Metermarke. Der Ort selbst wird von der A 45 touchiert, was für die einen Fluch und für die anderen Segen ist. So oder so hat die Autobahn Wilnsdorf ein bemerkenswertes Bauwerk vermacht: die 2013 vollendete Autobahnkirche, die allen christlichen Konfessionen zur Verfügung steht. Bei dem Sakralbau handelt es sich um einen mit Spendengeldern finanzierten Entwurf des Frankfurter Architekturbüros Schneider + Schumacher, dessen geometrische Dreiecksformen durchaus extravagant sind. Hinter Wilnsdorf nehmen wir an Autobahnanschlussstelle Haiger/Burbach, die vielen aus den Verkehrsnachrichten bekannt sein dürfte, die L 531 in Richtung Westen, wo wir ② **Burbach** erreichen.

**AUSSICHTSPUNKT**
Wer sich einen Überblick verschaffen möchte, kann von Wilnsdorf über die Einsiedelstraße nach Osten zur 6,5 km entfernten **Tiefenrother Höhe** fahren. Hier wartet ein 551 m hoch gelegener Panoramaaussichtspunkt.

**EINKEHREN**
Nur 6 km südöstlich der Autobahnanschlussstelle Haiger/Burbach und über die B 277 erreichbar, lockt in Haiger mit der liebevoll restaurierten **Villa Busch** das vielleicht beste Restaurant der Region. *Westerwaldstr. 4, 35708 Haiger, Tel. 02773/918 90 31, www.villabusch.com*

Feinste Fachwerkarchitektur präsentiert die Stadt Freudenberg.

## ETAPPE 2
## VON BURBACH NACH FREUDENBERG

⟷ 37 km ⏱ 45 Min., ½ Tag

Von Burbach aus führt die Strecke Richtung Nordwesten, wo wir nach 8 km **Neunkirchen** (Siegerland) erreichen. Der Ort mit seinen heute 13 000 Einwohnern war bis in die 1960er-Jahre vom Bergbau geprägt und wurde auch deshalb schon 1862 ans Bahnnetz angeschlossen. Die Pfannenberger Einigkeit war mit 1338 m gar lange Zeit die tiefste Grube Europas. Das Schaubergwerk Wodanstolln *(www.heimatverein-salchendorf.de, Führungen So)*, dessen Ursprünge auf das Jahr 1732 zurückgehen, erlaubt Einblicke in die schon ziemlich lang abgeschlossene Epoche. Über die Kölner Straße und Freiengründerstraße steuern wir mit **Eiserfeld** ein Dorf an, in dem sich die Erzförderung früherer Tage abermals spiegelt. Hier überqueren wir erneut die Sieg, um auf der Straße Gosenbacher Hütte wenige hundert Meter auf dem Territorium von Rheinland-Pfalz gen Norden zu fahren. Über Oberfischbach und Dirlenbach nehmen wir Kurs auf ein Städtchen, das sich spätestens seit Beginn des Instagram-Zeitalters internationalen Ruhms erfreut: ③ **Freudenberg**. Auch ein Plätzchen für die Nacht finden wir auf dem Stellplatz am Gambachsweiher.

## ETAPPE 3
## VON FREUDENBERG NACH ERNDTEBRÜCK

⟷ 40 km ⏱ 50 Min., 1 Tag

Nach ausgiebiger Würdigung der Fachwerkensembles in Freudenberg nehmen wir Kurs in Richtung Nordosten. Die B 508 bringt uns durch intensiv bewirtschaftete Felder auf direktem Wege über Bühl und Oberhees nach ④ **Kreuztal**, an dessen Ortseingang sich das Siegerland von seiner weltmännischen Seite zeigt, denn hier spielt man Golf.

**ABSTECHER**
Biertrinker aufgepasst: 4 km nordwestlich von Kreuztal befindet sich die **Krombacher Brauerei** mit der gleichnamigen Erlebniswelt. Die Firma hat mit ihrer landschaftlich geprägten Werbung nicht unerheblich zur Imagebildung des Kreises Siegen-Wittgenstein beigetragen, obwohl die Aufnahmen die Wiehltalsperre im benachbarten Oberbergischen Kreis zeigen *(www.krombacher.de/die-brauerei)*.

Ein massiver Turm überragt die Ruine der Ginsburg.

Hinter Kreuztal folgen wir der B 508 in Richtung **Hilchenbach**, wo zunächst die Breitenbachtalsperre ihre Aufwartung macht. Der Ort selbst liegt zu Füßen des Rothaarkamms, was ihn zu einer guten Ausgangsbasis für Wanderungen macht. Der Helberhäuser Löffelpfad *(www.naturpark-sauerland-rothaargebirge.de)* etwa nimmt im Zentrum seinen Lauf, um über 10,6 km und 195 Höhenmeter einmal um Hilchenbach zu führen. Bald nun führt auch die Straße über einige Serpentinen hinauf ins Rothaargebirge. Unterwegs bietet sich ein Zwischenstopp bei der Ruine der **Ginsburg** *(www.ginsburg.info)* an. Fans eines hochprozentigen Getränks, das aus den ersten drei Buchstaben des Namens besteht, dürfte es interessieren, dass in Siegen ein nach der Burg benannter Schnaps gebrannt wird. Vorbei am **Gillerbergturm**, dessen Aussichtsplattform sich auf mehr als 653 m befindet und mit freiem Eintritt erklommen werden kann, erreichen wir ⑤ **Erndtebrück**. Einen *Wohnmobilstellplatz* finden wir ein Stück außerhalb am Rand der Ortschaft Zinse.

## ETAPPE 4
## VON ERNDTEBRÜCK NACH BAD BERLEBURG

⟷ 22 km ⏱ 30 Min, ½ Tag

Der Ort selbst liegt auf fast 500 m Höhe, was in strengen Wintern monatelang für eine Schneedecke sorgt. In Erndtebrück schließen wir zudem Bekanntschaft mit der Eder, mit 176 km längster Zufluss der Fulda, deren Wasser über die Weser in die Nordsee fließt. Ansonsten stellen wir unterwegs auf der B 62/L 553 fest, dass es hier oben vor allem eines gibt: viel Natur, die sich fortan wieder verstärkt in Form waldreicher Gegenden bemerkbar macht. Weiter geht es über die L 720 und L 553 vorbei am Dorf **Aue** in Richtung ⑥ **Bad Berleburg**, dem nordöstlichsten Punkt des Rundkurses, der sowohl an den Hochsauerlandkreis wie auch an Hessen grenzt. Mit dem 772 m hohen Albrechtsberg ragt hier einer der höchsten Gipfel des Sauerlandes auf. Am *Landgasthof Restaurant Laibach* kommen wir etwas außerhalb von Bad Berleburg für die Nacht unter.

**ABSTECHER**

Von Aue an der L 553 sind es nur 5 km zur **Wisent-Welt Rothaargebirge** *(www.wisent-welt.de)*. Die größten Landsäuger Europas leben hier seit 2013 wieder in freier Wildbahn.

**EINKEHREN**

Für den Hunger unterwegs bietet der **Landgasthof Jagdstuben** eine gepflegte Adresse mit rustikalen Speisen und saisonalen Akzenten wie Spargel im Frühling und Wild im Herbst. *Grünewald 1, 57319 Bad Berleburg, Tel. 02759/801, www.jagdstubengruenewald.de*

## ETAPPE 5
## VON BAD BERLEBURG NACH BAD LAASPHE

⟷ 21 km ⏱ 30 Min., ½ Tag

Von Bad Berleburg aus führt die Route nach Süden. Allerdings gilt es zu beachten, dass der Streckenabschnitt zwischen Bad Berleburg und **Arfeld** für Fahrzeuge mit einem Gewicht von mehr als 7,5 t gesperrt ist.

**ZU FUSS**

Die **Via Celtica** führt auf einem ca. 15 km langen Rundwanderweg, in den man an der Eder-Brücke in Arfeld einsteigen kann, vorbei an Wiesen, dem Fluss Eder und imposanten Felslandschaften, wofür ca. 6 Std. zu veranschlagen sind.

Zwischen Arfeld und Bad Laasphe existieren Beschränkungen bereits ab 3,5 t. Wer hiervon betroffen ist, sollte die L 718 nehmen, was keinerlei Umweg bedeutet. Einmal unterwegs, kommen wir in den Genuss der wohl ländlichsten Region der Rundreise – ein herrliches Wanderrevier. Dichte Wälder und kleine Weiler prägen das Bild auf dem Weg zur hessischen Grenze, der wir durch das Puderbachtal in Richtung ⑦ **Bad Laasphe** folgen. Ein Quartier fürs Wohnmobil finden wir auf dem Campingplatz Laasphetal am Ortsrand.

## EMPFOHLENE PLÄTZE

**Campingplatz Laasphetal**

1 Die Anlage befindet sich in der reizvollen Wald- und Berglandschaft des Naturparks Rothaargebirge.

▸ Wasserstr. 66, 57334 Bad Laasphe, Tel. 02752/6490, GPS: 50.932025, 8.402304

■ www.pincamp.de/pin_233270

**Wohnmobilstellplatz am Gambachsweiher**

2 Der winzige Platz in der freien Natur bietet drei Wohnmobilen eine Stellmöglichkeit.

▸ In der Gambach 24, 57258 Freudenberg, www.freudenberg-wirkt.de, GPS: 50.90510, 7.87963

## WEITERE GENANNTE PLÄTZE

**Wohnmobilstellplatz am Landhaus Zum Rothaarsteig**, Im Zaun 2, 57339 Erndtebrück-Zinse

**Wohnmobilstellplatz am Landgasthof Restaurant Laibach**, Auf dem Laibach 1, 57319 Bad Berleburg

**Noch mehr tolle Plätze auf pincamp.de**

ETAPPE 6

## VON BAD LAASPHE NACH SIEGEN

⟷ 47 km ⏱ 70 Min., 1 Tag

Der letzte Streckenabschnitt ist zugleich der längste. Über die L 719 und die L 729 fahren wir nach Westen in Richtung ⑧ **Netphen**. Dabei folgen wir bis **Volkholz** dem Tal der Lahn, die ganz in der Nähe entspringt, um sich recht umständlich über Bad Laasphe, Marburg und Gießen ihren Weg in Richtung Rhein zu bahnen. Bald erfahren wir, dass die Region rund um Netphen vor allem etwas für Wasserfans ist: Wir befinden wir uns nun im sogenannten Dreiquellenland, wo neben Lahn und Eder auch die Sieg entspringt. Nach gebührender Würdigung der örtlichen Sehenswürdigkeiten vollenden wir die Tour auf den verbleibenden Kilometern in Richtung Siegen.

**AUFS RAD**

Wer die Räder dabei hat, kann sich auf den **Netpher Radring**, einen 36 km langen Kurs rund um Netphen, begeben. Unterwegs allerdings gilt es 400 Höhenmeter zu bewältigen. Oder lieber eine Tour ab dem 8 km entfernten **Siegen**, wo es zudem einen E-Bikeverleih gibt *(www.ebikeverleih-siegen.de)*?

Der beschauliche Kurort Bad Laasphe erfreut seine Besucher mit einer malerischen Altstadt, einem Radio- und einem Pilzkundemuseum.

## ENTLANG DER ROUTE

### 1 Siegen

An den Ufern der Sieg gelegen, blickt Siegen auf fast 1000 Jahre Geschichte zurück. Die Stadt ist mit knapp über 100 000 Einwohnern das unumstrittene Oberzentrum des Siegerlandes. Seit 2013 darf sie sich zudem mit dem Titel Universitätsstadt schmücken, ein Garant für junges Leben. Siegen ist von acht stattlichen Hügeln umgeben, die den landschaftlichen Reiz ausmachen. Die Einheimischen teilen Siegen in eine weniger auffällige Unterstadt und die sehr fotogene Oberstadt auf, die vom Turm der Nikolaikirche überragt wird. Ganz in der Nähe befindet sich das Siegerlandmuseum *(www.siegerlandmuseum.de)*, das sich mit verschiedenen Aspekten von Leben und Werk des berühmtesten Sohns der Stadt beschäftigt: Peter Paul Rubens (1577–1640). Das Museum zeigt diverse Werke aus allen Schaffensphasen des Malers. Hübsch ist auch der Schlosspark, der dank seiner exponierten Lage einen Panoramablick auf das Umland erlaubt. *www.siegen.de*

### 2 Burbach

Burbach gilt als »steinreich«. Dies allerdings bezieht sich nicht auf die Finanzen, sondern auf die Topografie. Markant erhebt sich über die Landschaft der sogenannte Große Stein, eine kegelförmige Basaltkuppe vulkanischen Ursprungs, die heute zwischen den Ortsteilen Lützeln und Holzhausen als Naturschutzgebiet firmiert. Holzhausen ist zugleich Ausgangspunkt einer anspruchsvollen Rundwanderung (24 km, 7 Std.) mit dem Namen »Rothaarsteig-Spur Romantischer Hickengrund«, die neben landschaftlichen auch literarische Akzente setzt. Baulich interessant ist die Alte Vogtei in Burbach-Ort. Der 300 Jahre alte nassauische Amts- und Gerichtssitz ist eines der imposantesten Fachwerkhäuser des Siegerlandes. *www.burbach-siegerland.de*

### 3 Freudenberg

Der sogenannte Alte Flecken in Freudenberg ist so, wie sich Menschen in fernen Teilen der Erde Deutschland vorstellen. Der historische Kern des heute 18 000 Einwohner zählenden Städtchens gehört dank seiner intakten Parade an Fachwerkhäusern zu den bekannteren Schnapp-

schüssen des Landes. Das Viertel verdankt seine Existenz einem Brand, der im 17. Jh. weite Teile der Stadt vernichtet und damit die einheitliche Wiedererrichtung ermöglicht hat. Nach einer aufwendigen Sanierung Ende des 20. Jh. glänzt der Alte Flecken nun als einzigartiges Beispiel einer vollständig im Fachwerkstil erbauten Siedlung. Bei einem Rundgang durch das Viertel bleiben romantische Gefühle denn auch nicht lange aus. Sehr rational geht es hingegen im örtlichen Technikmuseum *(www.technikmuseum-freudenberg.de)* zu, wo eine historische Dampfmaschine und zahlreiche Modelle mittwochs und samstags neugierige Blicke auf sich ziehen. *www.freudenberg-stadt.de*

## 4 Kreuztal

Nur ein Dutzend Kilometer vom Oberzentrum Siegen entfernt, fällt Kreuztal vor allem durch sein schönes Umland auf. Die Stadt, die aus 15 teils winzigen Ortsteilen besteht, ist von waldreichen Hügeln umgeben. Vom Ortsteil Kredenbach führt der knapp 13 km lange Kindelsbergpfad über 330 Höhenmeter in die umliegenden Wälder. Der Berg ist mit 618 m zugleich der höchste Gipfel der Region. Oben verhilft ein 22 m hoher Turm aus dem Jahr 1907 zum perfekten Panoramablick. Wer sich für Sakralbauten interessiert, sollte einen Abstecher ins 5 km entfernte Krombach einplanen, wo mit der heutigen evangelisch-reformierten Pfarrkirche ein spätromanischer Bau mit trutzigem Turm aus der Zeit um 1250 wartet. *www.kreuztal.de*

## 5 Erndtebrück

Unterschiedliche Freizeitaktivitäten führen Besucher nach Erndtebrück. Das Dorf mit seinen 7000 Einwohnern ist Etappenort des Ederradweges *(www.eder-radweg.de)*. Noch interessanter aber ist die Nähe zum Rothaarsteig *(www.rothaarsteig.de)*, der mit 154 km Gesamtlänge zu den schönsten und beliebtesten Fernwanderwegen des Landes zählt. Darüber hinaus finden Fans klassischer Motorräder gelegentlich den Weg nach Erndtebrück, wo in Balds historischer Fahrzeugschau *(www.bmw-ausstellung.de)* rund 40 alte BMW-Modelle zu sehen sind. *www.erndtebrueck.de*

## 6 Bad Berleburg

Der fürstliche Stammsitz der Familie Sayn-Wittgenstein ist seit mehr als 750 Jahren das prägende Element von Bad Berleburg. Das heutige Barockschloss *(www.wittgenstein-berleburg.net)* wurde 1733 vollendet. Der Adelsclan, der das Anwesen bis in die Gegenwart bewohnt, gewährt im Rahmen von Führungen Einblicke in seine Privatgemächer. Ansonsten ist das Bauwerk Kulisse für sommerliche Konzerte und winterliche Märkte. Mitten im Rothaargebirge gelegen, dient das Städtchen (7000 Einwohner) vielen Besuchern als Ausgangspunkt für Ausflüge in die Natur. Rund um Bad Berleberg gibt es mit der Via Celtica (14,7 km, 600 Höhenmeter, 6 Std.), dem Wittgensteiner Schieferpfad (13,8 km, 400 Höhenmeter, 5 Std.) und dem Wisent-Pfad am Rothaarsteig (14,3 km, 350 Höhenmeter, 4,5 Std.) gleich drei anspruchsvolle Rundkurse für Halbtageswanderungen durch die prächtigen Waldlandschaften. Ins Innere des Erdreichs führt derweil das Schieferschaubergwerk Raumland *(www.schieferschaubergwerk.de, nur samstags geöffnet)*, das Xunter anderem die Bedeutung des Rohstoffes für den Häuserbau verdeutlicht. *www.bad-berleburg.de*

## 7 Bad Laasphe

Bereits seit dem 13. Jh. Residenzstadt der Grafschaft Wittgenstein, hat sich Bad Laasphe (14 000 Einwohner) zu einem Kneipp-Kurort und Tourismuszentrum entwickelt. Seit das ehemalige Residenzschloss ein Internat beherbergt, ist es der malerischen Altstadt vorbehalten, Besucher zu erfreuen. Ein Unikum ist zudem das Internationale Radiomuseum *(www.internationales-radiomuseum.de)*, das als das weltweit größte seiner Art gilt. Ebenso ungewöhnlich ist das örtliche Pilzkundemuseum *(www.pilzmuseum.de)*, das zugleich als Ausbildungsstandort der Deutschen Gesellschaft für Mykologie dient. Wer sein frisch erworbenes Fachwissen in der Praxis auf die Probe stellen möchte, muss dafür keinen weiten Weg auf sich nehmen: Das Museum ist Ausgangspunkt für den Mythen- und Sagenweg (11 km, 400 Höhenmeter, 3,5 Std.), der zur Berghütte Zur Teufelskanzel führt. *www.tourismus-badlaasphe.de*

## 8 Netphen

In schneereichen Wintern lockt Netphen (24 000 Einwohner) mit gespurten Loipen und einem Skilift. Doch überregional ist das Städtchen vor allem als Quellort der Sieg bekannt, die sich am äußersten Ostrand des Stadtgebiets befindet. Ein regelrechter Augenschmaus aber ist die Obernautalsperre, die sich malerisch in eine Hügellandschaft einbettet. Hübsche Ausblicke auf das Gewässer erhalten Wanderer auf dem Keltenring (15 km, 575 Höhenmeter, 4,5 Std.). *www.netphen.de*

Vorbei an Windrädern und blühenden Rapsfeldern geht es nach Alsfeld, einem Etappenziel auf der Deutschen Fachwerkstraße.

11

# ZEITREISE DURCHS MITTELALTER: VON BAD HERSFELD BIS STEINAU AN DER STRASSE

*Von der Elbe über die Oberlausitz bis zum Bodensee erstreckt sich die Deutsche Fachwerkstraße über rund 3500 km und verbindet mehr als 100 Städte. Bei unserer Tour auf der »Regionalstrecke Mitte«, einem Teilabschnitt der Fachwerkstraße, entdecken wir märchenhafte Orte und wunderschöne Landschaften von Osthessen über die Vulkanregion Vogelsberg bis zum Spessart.*

Bad Hersfeld
Steinau an der Straße
279 km
ca. 5 Std., 4 Tage

GPX-Download

## ETAPPE 1
## VON BAD HERSFELD NACH SCHWALMSTADT

⟷ 41 km ⏱ 45 Min., ½ Tag

Auf Wohnmobilisten ist man in den malerischen Orten entlang der Deutschen Fachwerkstraße gut eingerichtet. Jede Stadt auf unserer Route bietet mindestens einen Wohnmobilstellplatz an, auf dem man in schöner Umgebung parken und auch über Nacht bleiben kann. Für einen kurzen Besuch der Kur- und Festspielstadt ① **Bad Hersfeld** parken wir das Wohnmobil auf dem zentral in der Innenstadt gelegenen großen *Marktplatz*. Hier ist Platz für vier Wohnmobile, weitere Abstellmöglichkeiten, wenn man länger bleiben will, finden sich unter *www.badhersfeld-tourismus.de.* Am Markt gibt es auch eine Tourist-Information, wo man sich nicht nur über die Stadt informieren, sondern auch Souvenirs kaufen kann, z. B. den regionalen Schnaps, das »Lullusfeuer«, benannt nach dem Stadtgründer Erzbischof Lull. DessenTodestag, das Lullusfest, wird in Bad Hersfeld in der Woche um den 16. Oktober bereits seit dem Jahr 852 groß gefeiert – und ist damit angeblich das älteste Volksfest Deutschlands. Vom Markt aus erreicht man die Bad Hersfelder Fußgängerzone und den Stiftsbezirk in nur wenigen Gehminuten. Bei einem entspannten Spaziergang durch die historische Altstadt kann man die wunderschönen Gebäude bewundern, das imposante Rathaus, den Katharinenturm mit der ältesten gegossenen Glocke Deutschlands und die größte romanische Kirchenruine der Welt, die Stiftsruine aus dem 11. Jh. Außerhalb der Festpielsaison ist ein Besuch der Stiftsruine und der Krypta möglich. Direkt daneben befindet sich das Stadtmuseum mit wechselnden Ausstellungen. Einen Spaziergang durch den wunderschön angelegten Kurpark sollte man sich ebenfalls nicht entgehen lassen. Im Kurhaus – im Sommer auch im Quellpavillon – kann man die Heilquellen von Bad Hersfeld kosten. Sie haben eine anregende Wirkung auf den Verdauungstrakt und schmecken sehr unterschiedlich. Man sollte also unbedingt beide probieren. Derart angeregt, machen wir uns nach einem guten Essen auf den Weg ins »Rotkäppchenland«. Einige Orte auf unserer Fachwerk-Route liegen wegen ihrer zauberhaften Atmosphäre nämlich auch an der Deutschen Märchenstraße (S. 38), wie etwa ② **Schwalmstadt**, das wir nach knapp 45 Minuten durch die abwechslungsreiche Mittelgebirgslandschaft über die B 454 erreichen. Dort stehen Wohnmobilisten zwei *Stellplätze* zur Verfügung, einer davon unterhalb der historischen Altstadt von Schwalmstadt-Treysa. Er bietet Platz für fünf Fahrzeuge und liegt ruhig zwischen dem Fluß Schwalm und dem Schwalm-Stadion. Von dort aus begeben wir uns auf Besichtigungstour: Besonders sehenswert ist der Altstadtbereich von **Treysa**, einem Stadtteil von Schwalmstadt, mit historischem Marktplatz, altehrwürdigem Rathaus und dem Johannisbrunnen, umgeben von malerischen Fachwerkhäusern. Die Ruine der Totenkirche mit ihrem rund 35 m hohen Glockenturm überragt die Altstadt und gewährt zudem einen herrlichen Blick auf den Schwalmberg und die liebliche Landschaft.

**SEHENSWERT**
Bad Hersfeld verwandelt sich von Juli bis August in ein Mekka für über 100 000 Kulturinteressierte, wenn vor der Kulisse der Stiftsruine die legendären **Bad Hersfelder Festspiele** stattfinden. *www.bad-hersfelder-festspiele.de*

**WISSENSWERT**
Die **Totenkirche** von Treysa ist bekannt durch ihren »Buttermilchturm«. Der Überlieferung nach sollen die Bürger der Stadt den Turm bei einer Belagerung mit Buttermilch bestrichen haben, um üppige Vorräte vorzutäuschen. Die Belagerer sollen daraufhin wieder abgezogen sein.

Treysa: Fachwerkromantik rings um den Marktplatz

Auf einen Spaziergang durch das Bilderbuchstädtchen Homberg

ETAPPE 2

## VON SCHWALMSTADT NACH HOMBERG (OHM)

⟷ 36 km ⏱ 45 Min., ½ Tag

Auf keinen Fall sollten wir Schwalmstadt verlassen, bevor wir nicht in **Schwalmstadt-Ziegenhain** einen Rundgang durch den historischen Bereich der alten Wasserfestung mit Steinernem Haus, Alter Wache, Lüdertor, Schlosskirche, Kugelkeller und dem Rosengarten unternommen haben. Man kann in dieser wunderschönen Umgebung natürlich auch sehr gut wandern. Für das Wohnmobil gibt es einen gebührenfreien *Stellplatz* in der Nähe der Wasserfestungsanlage in Ziegenhain. Wieder zurück im Wohnmobil, genießen wir auf einer knapp 45-minütigen Fahrt von der Schwalm über die B 254 und die L 3072, vorbei an den Orten Willingshausen und Kirtorf, die sanft hügelige Landschaft bis in die Vulkanregion Vogelsberg. Mit verwinkelten Gässchen, liebevoll restaurierten Fachwerkhäusern und dem imposanten Schloss, das uns schon von Weitem willkommen heißt, empfängt uns ③ **Homberg an der Ohm**. Das Wohnmobil parken wir zentral und kostenlos am *Parkplatz an der Stadthalle*. Von hier aus ist die Altstadt mit ihren Sehenswürdigkeiten und Einkaufsmöglichkeiten nur 200 m entfernt, auch wandern kann man direkt von hier aus.

ZU FUSS

**Hombergs Premium-Wanderweg** »Sagenhaftes Schächerbachtal« wurde vom Deutschen Wanderinstitut mit 80 Erlebnispunkten zum schönsten Wanderweg Hessens gekürt.

ETAPPE 3

## VON HOMBERG (OHM) IN DIE BURGENSTADT SCHLITZ

⟷ 54 km ⏱ 60 Min., 1 Tag

Über die B 62 erreichen wir nur knapp 30 Minuten später ④ **Alsfeld**. Zwischen dem Fluss Schwalm und dem Erlenstadion (Fulder Tor) finden wir in 300 m Entfernung vom Ortszentrum einen ruhig und idyllisch gelegenen Stellplatz für unser Wohnmobil. Alle Sehenswürdigkeiten, Gastronomie und Geschäfte lassen sich von hier aus bequem zu Fuß erreichen. Nach einem ausgiebigen Stadtbummel und viele Fotos später machen wir uns auf die halbstündige Weiterreise durch die hinreißende Landschaft über die B 254, die L 3161 und die L 3140 zur ⑤ **Burgenstadt Schlitz**. Einen kostenfreien *Stellplatz* finden wir am Damenweg zwischen Sportplatz, Campingplatz und Freibad. Die historische Altstadt der Vierburgenstadt erreicht man von hier aus zu Fuß in einer Viertelstunde.

SEHENSWERT

In der Weihnachtszeit verwandelt sich der Hinterturm in Schlitz in die **»Größte Weihnachtskerze der Welt«** und lockt an den Adventswochenenden zahlreiche Besucher zum romantischen Weihnachtsmarkt am Marktplatz in der Burgenstadt.

ETAPPE 4

## VON SCHLITZ NACH GRÜNBERG

⟷ 55 km ⏱ 55 Min., 1 Tag

Von Schlitz nach ⑥ **Lauterbach** ist es über die L 3140 und die B 275 durch das reizvolle Mittelgebirge nur ein Katzensprung. Gut geeignet als Zwischenstation für unser Wohnmobil ist der gebührenfreie *Stellplatz* an der Bleichstraße, direkt am idyllischen Ufer der Lauter und in unmittelbarer Altstadtnähe. Viele Sehenswürdigkeiten in diesem hübschen Städtchen fallen sofort ins Auge, aber für die versteckten Schönheiten der Stadt braucht man vielleicht etwas Hilfe: Mit der App »Lauterbach entdecken« kann sich jeder Besucher mit seinem Smartphone digitale Unterstützung holen. In den Luftkurort ⑦ **Grünberg**, unserer nächsten Station auf der Fachwerkstraße, gelangen wir durch die herrliche, hügelige Landschaft über eine Reihe kleinerer Landstraßen bis zur B 49 in knapp 40 Minuten. Für einen kurzen Aufenthalt genügt uns der kostenfreie

*Stellplatz* direkt an der Gallushalle. In zehn Minuten ist man von hier aus in der Altstadt und kommt in den Genuss von 500 Jahren Fachwerkgeschichte. Vom Marktplatz mit seinen schönen Häuserfassaden schlendern wir durch die kleinen Gassen bis hin zum Museum im Spital, bummeln an den Schaufenstern entlang, kaufen ein bisschen ein und stärken uns in einem der hübschen Cafés oder Restaurants.

## ETAPPE 5
## VON GRÜNBERG NACH STEINAU AN DER STRASSE

⟷ 93 km ⏱ 110 Min., 1 Tag

Unsere längste Etappe führt uns aus der Vogelsberg-Region über die landschaftlich sehr reizvolle Strecke der L 3007 und die B 457 über Büdingen bis zur »Barbarossa-Stadt« ⑧ **Gelnhausen**. Am Hallenbad in der Nähe der Kinzig findet sich ein *Wohnmobilstellplatz*. Von hier aus braucht man zu Fuß zehn bis 15 Minuten über den Uferweg an der Kinzig entlang in die wunderschöne Altstadt. Am Obermarkt 8 befindet sich die Touristeninformation, wo man sich die besten Tipps und einen Stadtführer besorgen kann. Zu den Sehenswürdigkeiten, die man ansteuern sollte, gehören die mächtige Marienkirche, der Hexenturm und die Kaiserpfalz (auch Barbarossaburg genannt). Für einen herrlichen Blick über die Altstadt von Gelnhausen und das Kinzigtal geht es hinauf auf den »Halbmond«, einen halbkreisförmigen Turm, der von der einstigen Stadtbefestigung erhalten geblieben ist. ⑨ **Steinau an der Straße**, das letzte Ziel unserer Tour, erreichen wir über die L 3333, die B 276, die L 3216 und K 987 durch die grüne Landschaft des Spessart nach etwa 35 Minuten. Der *Stellplatz* am Steines beim Sportzentrum liegt nur 350 m vom Ortszentrum entfernt. Von hier aus können wir ganz entspannt die malerische Geburtsstadt der Brüder Grimm mit ihren wunderschönen Fachwerkhäusern, der alten Stadtmauer und ihrem prächtigen Schloss erkunden und in eine mittelalterliche Märchenwelt eintauchen.

**SEHENSWERT**
Im **Mitmach-Museum Gelnhausen** bietet sich mit dem begehbaren Ohr die Möglichkeit, in die spannende Geschichte der Stauferstadt buchstäblich einzutauchen. Die Besichtigung des Ohres ist jedoch nur im Rahmen einer Führung möglich.

### EMPFOHLENE PLÄTZE

**Campingplatz Schlitz**

❶ Der Platz liegt im Grünen am Flüsschen Schlitz und direkt vor dem beheizten Freibad in Schlitz.
▶ Damenweg 4, 36110 Schlitz, Tel. 066 42/970 62,
GPS: 50.669405, 9.568248
■ www.pincamp.de/pin_233882

**Camping Spitzer Stein** ★★½☆☆

❷ Am Stadtrand von Grünberg gelegen ist es vom Platz aus nicht weit in die Altstadt. Das leicht ansteigende Gelände ist an zwei Seiten von Wald umgeben.
▶ Alsfelder Str. 57, 35305 Grünberg, Tel. 064 01/80 41 17,
GPS: 50.59105, 8.973616
■ www.pincamp.de/hs5200

**Wohnmbilstellplatz Alsfeld**

❸ Der Platz befindet sich in nächster Nähe zur historischen Altstadt von Alsfeld.
▶ Am Erlenstadion, Fulder Tor, 36304 Alsfeld,
GPS: 50.748377, 9.278969

### WEITERE GENANNTE PLÄTZE

**Wohnmobilstellplatz Bad Hersfeld**,
Am Markt 19, 36251 Bad Hersfeld
**Wohnmobilstellplatz Schwalmstadt-Treysa**,
Zwalmstr. 5, 34613 Schwalmstadt-Treysa
**Wohnmobilstellplatz Schwalmstadt-Ziegenhain**,
Fünftenweg 28, 34613 Schwalmstadt-Ziegenhain
**Wohnmobilstellplatz an der Stadthalle**,
Stadthallenweg 12, 35315 Homberg (Ohm)
**Wohnmobilstellplatz am Damenweg**,
Damenweg 5, 36110 Schlitz
**Wohnmobilstellplatz auf der Bleiche**,
Bleichstraße 50, 36341 Lauterbach
**Wohnmobilstellplatz Grünberg**,
Gerichtsstr. 6–8, 35305 Grünberg
**Wohnmobilstellplatz Gelnhausen**,
Am Hallenbad 1, 63571 Gelnhausen
**Wohnmobilstellplatz Steinau**,
Am Steines, 36396 Steinau/Straße

**Noch mehr tolle Plätze auf pincamp.de**

# ENTLANG DER ROUTE

## 1 Bad Hersfeld

Das Mittelalter ist in Bad Hersfeld allgegenwärtig: Mit ihrer über 1275-jährigen Geschichte kann die wunderschöne Stadt Besucher mit gut erhaltenen Stadtmauern, einem malerischen Rathaus von 1612 und rund 200 historischen Fachwerkhäusern begeistern, darunter das ehemalige Küsterhaus aus dem Jahr 1452, das älteste Fachwerkhaus der Stadt. Bad Hersfelds Ruf als Heilbad verbreitete sich mit urkundlichen Erwähnungen eines »besonderen Brunnens, der Kranke heilt« bereits im 17. Jh. Lullus und Vitalis heißen die beiden Heilquellen, die bei Leber-, Darm-, Gallen- und Magenerkrankungen helfen sollen und auch von Wohnmobilisten auf der Durchreise gekostet werden können. Aufgrund der heilbringenden Schätze erhielt Bad Hersfeld 1949 den Status »Bad«, 1963 zusätzlich die Anerkennung als Hessisches Staatsbad. *www.bad-hersfeld.de*

## 2 Schwalmstadt

Schwalmstadt ist ein Zusammenschluss von 13 kleinen Städten und Dörfern im Schwalm-Eder-Kreis zwischen dem Knüllgebirge und dem Kellerwald. Ihren Namen »die Schwalm« verdanken die fruchtbare Landschaft wie auch die Stadt dem gleichnamigen Fluss. Besonders bedeutsam sind die beiden uralten Stadtkerne Treysa und Ziegenhain. Schon im 8. Jh. war »Treise« in kirchlichem Besitz, die Grafen von »Cigenhagen« wurden im 12. Jh. das erste Mal urkundlich erwähnt. Viele historische Gebäude erzählen von der wechselvollen Geschichte der beiden Städte: Treysa als Handwerker- und Handelsstadt, Ziegenhain als Festungs- und Verwaltungsstadt. In Schwalmstadt steht auch die Wiege der Konfirmation: Im Zuge der Reformation wurde 1539 in der Festung Ziegenhain die Ziegenhainer Kirchenzuchtordnung erlassen und die Konfirmation eingeführt. *www.schwalmtouristik.de* und *www.schwalmstadt.de*

## 3 Homberg an der Ohm

Hombergs Wahrzeichen ist das Schloss, das hoch über der historischen Kernstadt auf einem Berg thront und um dessen Erhalt und Belebung sich ein Verein kümmert. Besucher können von hier aus nicht nur die herrliche Aussicht über das Ohmtal genießen, sondern auch Konzerte und Ausstellungen besuchen und im Schlosscafé oder im Schlossgarten sonntagsnachmittags Kaffee und Kuchen genießen. Das beherrschende Fachwerkhaus in der historischen Altstadt ist das 1539 erbaute Rathaus, das in früheren Zeiten u. a. als Fruchtspeicher, Markthalle und Kontor diente. Sehenswert ist auch der Marktplatz mit seinem Marktbrunnen und dem Hessischen Löwen, die Homberger Apotheke, das Stadtwirtshaus und die alte Friedhofskapelle. Damit einem nichts entgeht, bietet die Stadt das Faltblatt »Schloss- und Altstadtrunde« zum Erkunden auf eigene Faust an. Darüber hinaus gibt es eine Nachwächterführung mit Anekdoten aus dem Mittelalter. *www.homberg.de*

## 4 Alsfeld

Nicht nur wegen seiner verkehrsgünstigen Lage an der A 5 kommen Jahr für Jahr weit über 100 000 Touristen nach Alsfeld. Mit mehr als 400 Fachwerkhäusern aus sieben Jahrhunderten, die das Altstadtbild dominieren, verfügt Alsfeld über den flächenmäßig wohl größten Bestand an Fachwerkbauten in der Region. Idyllische Plätze und verwinkelte Gassen laden zum Entdecken, Verweilen und Erleben ein, allen voran der Marktplatz mit dem weltbekannten Rathaus. Eine offene Altstadtführung zur Stadtgeschichte findet jeden Samstag um 11 Uhr sowie in den Monaten Mai bis Oktober zusätzlich sonntags um 14 Uhr statt. Zum Erkunden auf eigene Faust hält das Tourist Center (Am Markt 3) den Faltplan »Historischer Rundgang« bereit. Neben der klassischen Stadtführung gibt es auch verschiedene Themenführungen, die sich intensiv mit Märchen, Hexen und Fachwerk befassen. *www.alsfeld.de*

### 5 Burgenstadt Schlitz

Mit vier Burgen besitzt Schlitz eine der märchenhaftesten Silhouetten Deutschlands. Der komplett erhaltene historische Altstadtbereich/Burgenring ist nur durch zwei Tore, das Ober- und das Untertor, erreichbar und ist geprägt von liebevoll restaurierten Fachwerkhäusern und Gebäudekomplexen aus mehreren Jahrhunderten. In Schlitz wird gern gefeiert, z. B. das Schlitzerländer Trachtenfest, das alle zwei Jahre – in ungeraden Jahren – am zweiten Juliwochenende stattfindet und Teilnehmer aus aller Welt nach Schlitz führt. Wer die Stadt lieber etwas ruhiger entdecken möchte: Von April bis Oktober findet jeden Samstag eine offene Stadtführung durch die Burgenstadt statt (Treffpunkt ist der Hof der Vorderburg). Nicht versäumen sollte man den Ausblick vom Plateau des Hinterturms, des Bergfrieds der Hinterburg, der bei guter Sicht bis zur Rhön reicht (es gibt einen Aufzug). Etwas gruseliger ist eine Stadtwächtertour mit dem Stadtwächter Hagen. Von ihm hört man nicht nur geheimnisvolle Geschichten, sondern erfährt auch, welche Aufgabe die Türmer hatten, warum es »eingelocht« heißt und wie der gute Türmer-Schnaps schmeckt. *www.schlitz.de*

### 6 Lauterbach

Der Name der inmitten einer herrlichen Wald- und Wiesenlandschaft gelegenen Kreisstadt leitet sich von der Lauter ab, die durch die Stadt fließt. Romantische Gassen, prachtvolle Villen und herrschaftliche Bauten wie das Hohhaus-Museum in einem Barockschlösschen und die Burg aus dem Jahr 1266 sind nur einige der Sehenswürdigkeiten, die die Stadt zu bieten hat. Der malerischste Teil befindet sich Am Graben – dort, wo sich eine lange Reihe alter Fachwerkhäuser aus dem 17. und 18. Jh. an die alte Stadtmauer von 1266 lehnt. Es gibt ein breites Angebot verschiedener Stadtführungen – von »Lauterbach kurz und knackig« bis zu einer musikalischen Stadtführung mit Minnegesang oder einem kulinarischen Rundgang. Von April bis Oktober kann man samstags um 14 Uhr an einer öffentlichen Stadtführung teilnehmen. *www.lauterbach-hessen.de*

### 7 Grünberg

Wahrzeichen der Stadt ist der Diebsturm, ein Aussichtsturm, von dem aus man an klaren Tagen eine atemberaubende Aussicht über Taunus und Vogelsberg hat. Als anerkannter Luftkurort mitten im Grünen und Fachwerkstadt mit Gebäuden aus der Renaissance, Gotik und Barock verzaubert die Kleinstadt Grünberg mit ihrer historischen Altstadt, den ehemaligen Klosteranlagen sowie reizvollen Geschäften und Gaststätten. Direkt unterhalb der Altstadt lädt das Naherholungsgebiet Brunnental zum Spazieren, Kneippen und Entspannen ein. Stadtführungen können jederzeit gebucht werden. *www.gruenberg.de*

### 8 Gelnhausen

Gelnhausen wurden 1170 von Kaiser Friedrich I. Barbarossa die Stadtrechte verliehen, daher der Name »Barbarossa-Stadt«. Inmitten romantischen Fachwerks und imposanten mittelalterlichen Steinbauten tauchen Besucher direkt in die über 800-jährige Geschichte der Stadt ein. Zu bestaunen gibt es viel: das mittelalterliche Rathaus am Obermarkt, die Kirche St. Peter und die schmucken Fachwerkfassaden der Altstadt, den Stadtgarten und den Untermarkt sowie die an der Kinzig gelegene Kaiserpfalz. Neu im Repertoire der Stadtführungen sind zwei interaktive Abenteuerspiele, bei denen Gäste als »Codeknacker« aktiv werden und die historische Stadt mit ganz modernen Mitteln kennenlernen können. *www.gelnhausen.de*

### 9 Steinau an der Straße

Seinen ungewöhnlichen Namen verdankt die Kleinstadt der Via Regia, der alten Handelsstraße von Frankfurt (Main) nach Leipzig. Im prächtigsten Fachwerkhaus der Stadt lebten einst die Brüder Jacob und Wilhelm Grimm. Direkt gegenüber liegt das Museum Steinau, deutschlandweit das einzige Museum, das die Geschichte der alten Handelsstraße mit vielen berühmten Persönlichkeiten zeigt, die durch die Stadt kamen. Im Zentrum der Stadt treffen wir auf Schloss Steinau, ein sehr gut erhaltenes Rennaissance-Schloss. Lohnend ist ein Aufstieg zum 41 m hohen Bergfried. Von dort aus hat man einen herrlichen Blick auf die Stadt, das Kinzigtal und den Spessart. *www.steinau.de*

Stolz überragt die Wartburg das Bäumemeer – und hat auch allen Grund dazu, spiegeln sich hier doch 1000 Jahre deutscher Geschichte wider.

12

# IM GRÜNEN HERZEN DEUTSCHLANDS: NATURPARK-ROUTE THÜRINGER WALD

*Der Thüringer Wald – was für ein abwechslungsreiches Gebiet! Hier sollte man sich Zeit lassen und mit Genuss fahren. Burgen und Ruinen, darunter die wohl bekannteste deutsche Burg, die Wartburg, liegen auf der Strecke, und am Wegesrand locken immer wieder kleine Wanderausflüge – perfekt für Wohnmobilisten, die zwischendurch auch gerne mal zu Fuß unterwegs sind.*

Hörschel
Themar
261 km
ca. 5 Std.,
2–3 Tage

GPX-Download

## ETAPPE 1

## VON HÖRSCHEL NACH WUTHA-FARNRODA

⟷ 40 km ⏱ 60 Min., ½ Tag

In **Hörschel** beginnt für uns die Naturparkroute Thüringer Wald. Der Ort ist auch beliebt bei Wanderern, die auf den Thüringer **Rennsteig** starten. Der Wanderweg zieht sich 170 km auf dem Kamm des Thüringer Waldes entlang und gehört zu den Top-Wandertrails in Deutschland. Er wird immer wieder unsere Fahrstrecke kreuzen und ist erkennbar an dem großen »R«. Wanderer nehmen sich einen Stein vom Ufer der **Werra** mit, um ihn am Zielort Blankenstein in der Saale zu versenken. Glück soll es auch bringen, den Wanderstab ins Wasser der Werra zu tauchen. Also nicht wundern über merkwürdige Rituale am Fluss! Wir verlassen Hörschel und nähern uns über die L 1017 und L 3251 unserem nächsten Ziel, **Wartha**. Auf der Strecke bleibt die Werra am rechten Wegesrand immer unser Begleiter. Doch es lohnt sich auch der Blick nach links, vor allem in **Lauchröden**, dort thront die Burgruine Brandenburg malerisch auf einem Felsen. Hinter Lauchröden macht die Werra eine große Biegung. Wir verabschieden uns vom Fluss und fahren nun Richtung Süden weiter über Land. **Unterellen** mit seinen Fachwerkhäusern bettet sich romantisch in die Hügellandschaft ein. Bevor die Wartburg ins Sichtfeld kommt, lohnt eine Pause an der ① **Drachenschlucht** mit ihren dramatischen Felsformationen. Dann aber nichts wie hinauf zur **Wartburg** und weiter nach ② **Eisenach**. Wer mag, bleibt einfach, denn die Stadt hat mehr zu bieten als nur die Wartburg, und selbst die ist ja schon Programm für einen halben Tag. Danach aber weiter auf zum Etappenziel dieses Tages – nach **Wutha-Farnroda**.

**AUFS WASSER**

Wenn sich die **Werra** neben dem Wohnmobil entlangschlängelt und Kanuten über das seichte Wasser gleiten, weckt das schon beim Zuschauen die Lust, selbst auf dem Wasser unterwegs zu sein. Wer paddeln möchte, macht in Wartha einen Halt und leiht sich kurzerhand ein Boot *(www.kringeltours.de)*.

**PARKEN**

Unterhalb der **Wartburg** befindet sich ein *Wohnmobilstellplatz* 🚐 in ruhiger Lage. Eine Toilette ist ebenfalls in der Nähe. Zu Fuß geht es dann in rund 15 Minuten hinauf zur Wartburg *(www.wartburg.de)*.

## ETAPPE 2

## VON WUTHA-FARNRODA NACH WALTERSHAUSEN

⟷ 49 km ⏱ 60 Min., ½ Tag

Auf der Landstraße 88 geht die Reise weiter. Die Straße führt gen Süden und erreicht bald **Thal**. Die Gegend wird nun wieder waldreicher. Fichten und Buchen sind zu sehen und laden zu Wanderungen auf Anhöhen ein, von denen aus sich herrliche Panoramablicke ergeben. Nach Thal erreichen wir ③ **Ruhla**, das sich malerisch zwischen die sanften Hänge von Gerberstein und Breitenberg schmiegt. Die Landschaft lockt Feriengäste, daher hat sich in Ruhla eine touristische Infrastruktur mit Sommerrodelbahn, Miniaturenpark und Berghütten gebildet. Es lohnt sich, einen Stopp einzulegen. Der Weg führt weiter nach ④ **Bad Liebenstein**, dem ältesten Heilbad Thüringens, und in die ehemalige Bergarbeiterstadt **Trusetal**. Etwas stadtauswärts, fast direkt an der Straße, liegt der Trusetaler Wasserfall, der sich zumindest für einen Fotostopp anbietet. Die Straße führt uns durch den Seimbergswald nach **Brotterode**. Der Ort am Fuße des Inselberges ist vor allem für seine Wintersportmöglichkeiten beliebt, Skischanze und Rodelbahnen garantieren dort Spaß im Schnee. Bei wärmeren Temperaturen heißt es, wie fast überall entlang der Strecke: wandern zu herrlichen Aussichtspunkten. Dann aber flugs weiter, das Wohnmobil kurvt die kehrenreiche Strecke nach **Bad Tabarz**, im Luftkurort bietet sich eine Pause im schönen Lauchagrund an. Bei einem gemütlichen Spaziergang entlang des Flusses kann man auch den einen oder anderen Blick auf eine der Villen genießen. Zurück im Wohnmobil ist bald der Zielort **Waltershausen** erreicht.

**ABSTECHER**

Die Könige der Lüfte und schnellsten Tiere der Welt einmal hautnah erleben, dieses Erlebnis bietet die **Falknerei am Rennsteig** an. Das Familienunternehmen zeigt bis auf montags jeden Tag eine Flugshow mit Steinadlern, Wanderfalken oder Eulen *(www.rennsteigfalknerei.de)*.

**EINKEHREN**

Am Südhang des Thüringer Waldes liegt das **Café Villa Georg**, das mit leckeren, hausgemachten Kuchen und Torten punktet. Zudem gibt es *Wohnmobilstandplätze* 🚐 vor der Tür. Wer länger bleiben möchte, kann sogar übernachten. *Friedensallee 12, 36448 Bad Liebenstein, Tel. 03 69 61/ 334 00, www.villa-georg.de*

Das gesunde Höhenklima und die idyllische Lage im Thüringer Wald machen den Ort Oberschönau zum beliebten Urlaubsziel.

## ETAPPE 3
## VON WALTERSHAUSEN NACH OBERSCHÖNAU

⟷ 59 km ⏱ 90 Min., ½ Tag

Von Waltershausen steuern wir über die L 1026 und B 88 auf **Friedrichroda** zu, einen kleinen Ort mitten im Wald mit einem See, der sich zu einem Zwischenstopp anbietet. Gegenüber versteckt sich ein Schlösschen in einem Park. **Georgenthal** heißt der nächste Ort weiter auf der B 88, der vor allem durch seine Bonbonfabrik berühmt geworden ist. Wer mag, legt eine Runde Tretbootfahren auf dem Hammerteich ein oder schaut sich alternativ die Klosterruine an. Auf dem Weg nach **Tambach-Dietharz** (L 1028) sollte man unbedingt einen Abstecher zur Talsperre unternehmen. Schon der Weg zum Parkplatz wirkt recht verwunschen. Wer gerne wandert, findet passende Trails, ansonsten geht die Fahrt weiter nach **Seligental** und auf die L 1026. Dort liegt ein Hochofen-Museum an der Strecke. Immerhin war der Thüringer Wald nicht immer so eine ruhige Region, sondern einst von Bergbau und Industrie geprägt, was sich auch heute noch im Besucherbergwerk Finstertal nachvollziehen lässt, das wir nach einem Stopp in ⑤ **Schmalkalden** erreichen. Die Straße windet sich weiter durch die hügelige Landschaft, vorbei an Aussichtspunkten wie etwa der Rottenrodener Höhe – und auch hier lugen Burgruinen aus dem Wald. Hier lohnt sich ein Abstecher zu den Felsformationen der Zwölf Apostel, die wie Skulpturen aus der Landschaft ragen und sich nur ein kurzes Stück südöstlich unseres Etappenziels **Oberschönau** befinden.

## ETAPPE 4
## VON OBERSCHÖNAU NACH ILMENAU

⟷ 55 km ⏱ 60 Min., ½ Tag

Von Oberschönau weiter auf der L 1128 zieht sich diese Etappe nun durch ein Skigebiet. Pisten liegen auf der Strecke – der legendäre Wintersportort ⑥ **Oberhof** ist unter anderem bekannt durch die faszinierenden Biathlon-Weltmeisterschaften und Weltcups, die schon in der Vergangenheit dort ausgetragen wurden und eine lange Tradition haben. Der Ort ist geprägt vom Sport – und das nicht nur im Winter. Für die wärmeren Tage gibt es Downhill-Strecken für Mountainbiker oder Sommerbobfahrten. Erholsam ist auch ein Besuch der Rennsteigtherme. Wer ein paar Tage länger vor Ort bleiben möchte, um selbst noch ein wenig aktiv zu sein, findet auf dem *Wohnmobilstellplatz Oberhof* 🚐 ein

**SPIEL UND SPASS**

Skifahren, auch wenn draußen kein Schnee liegt? Ja, das geht in Oberhof. Die dortige **Skisporthalle** ermöglicht dabei nicht nur alpine Abfahrt, sondern auch Langlauf und Biathlon mit Schießmöglichkeiten für Kleinkaliber und Luftgewehr *(www.oberhof-skisporthalle.de)*.

angenehmes Quartier. Irgendwann gilt es dann doch aufzubrechen, es gibt auf dieser Route schließlich noch mehr zu entdecken – wie etwa den **Lütsche-Stausee**, der ein wenig abseits des Weges liegt, oder aber auch die **Ohratalsperre**, die schon von der Straße L 3247 aus zu sehen ist. Gegenüber von Burg Käfernburg befindet sich der Parkplatz, von dem aus die Talsperre bequem mit einem kleinen Spaziergang zu erreichen ist. Dann aber geht es weiter auf der Route, zunächst Richtung Norden, bis die B 88 abzweigt und uns nach **Gräfenroda** führt. Von hier kommt ein typisch deutscher Bewohner: der berühmte Gartenzwerg. Ein Museum, das diesem Gesellen gewidmet ist, erinnert daran. Nun geht es ein Stück auf die Autobahn A 71, bevor das Wohnmobil den Zielort ⑦ **Ilmenau** erreicht. Ilmenau bietet sich ebenfalls für einen längeren Aufenthalt an, denn wer ständig durch die schönen Wald- und Hügellandschaften fährt, möchte dort auch irgendwann ein wenig rasten und die Landschaft länger genießen.

## ETAPPE 5
## VON ILMENAU NACH THEMAR

⟷ 58 km ⏱ 75 Min., ½ Tag

Es geht weiter Richtung Süden. Lohnenswert ist ein Stopp an der Aussichtsplattform Großer Herrmannstein, die fast am Wegesrand liegt. Die Straße windet sich entlang von Bergen wie den Reifberg oder den Lauersberg, alle mehr als 700 m hoch, und erreicht schon bald das Vessertal, das zu den schönsten Tälern der Umgebung zählt. Abgeschieden und ursprünglich geht es dort noch zu. Rund um den Adlersberg bietet ein großes Wegenetz viele Möglichkeiten, den Thüringer Wald zu erkunden. Nach dieser Wanderpause steuern wir das Wohnmobil auf der L 1140 durch das waldreiche Gebiet rund um den Großen Eisenberg oder den Großen Erleshügel und kommen schon bald nach ⑧ **Suhl**. Die Stadt liegt in einem langgezogenen Tal. Zu DDR-Zeiten wurde mit schnell hochgezogenen Plattenbauten viel Wohnraum geschaffen, der bis heute das Stadtbild prägt. Suhl ist auch bekannt für seine Büchsenmachertradition, zu sehen unter andem an dem vor dem Rathaus befindlichen Waffenschmied-Denkmal. Auf der L 1140 und L 2628 geht es über Marisfeld schließlich zum Ziel unserer Tour, nach ⑨ **Themar**, »der Stadt der sieben Türme«, die die alte Stadtmauer überragen.

### EMPFOHLENE PLÄTZE

**Camping Paulfeld** ★★★½☆

❶ Der ruhig gelegene Campingplatz in Georgenthal ist perfekt für Angler oder Menschen, die im Badesee eine Runde drehen wollen.

▶ Am Steinbühl 3, 99894 Catterfeld, Tel. 03 62 53/ 251 71, GPS: 50.824333, 10.610366

■ www.pincamp.de/th3350

**Oberhof Camping Lütschesee** ★★★☆☆

❷ Wer den ganzen Tag durch Wald und Hügel gefahren ist, fühlt sich hier wie in eine andere Welt versetzt – ideal zum Ausspannen für mehrere Tage.

▶ Am Stausee 9, 99330 Frankenhain, Tel. 03 62 05/ 765 18, GPS: 50.733466, 10.756783

■ www.pincamp.de/th3600

**Wohnmobilstellplatz Bad Tabarz**

❸ Komfortabel und neu (von 2020) ist dieser Wohnmobilstellplatz in Bad Tabarz. Er ist ruhig, zentral gelegen und bietet einen schönen Blick auf die Berge.

▶ Karl-Kornhaß-Str. 21, 99891 Bad Tabarz, Tel. 0176/24 80 69 41, www.bad-tabarz.de, GPS: 50.878247, 10.519703

**Caranvansstellplatz im Schneidmühlengrund**

❹ Abgeschieden gelegen, kombiniert dieser Stellplatz idyllische Lage mit modernem Komfort und gehobener Ausstattung. Ganz nahe liegt das Waldschwimmbad, das sich für eine Abkühlung anbietet.

▶ Schneidmühlengrund 7, 98593 Floh-Seligenthal, Tel. 036 83/40 88 48, www.floh-seligenthal.de, GPS: 50.802514, 10.496026

### WEITERE GENANNTE PLÄTZE

**Wohnmobilstellplatz an der Wartburg**, Auf der Wartburg, 99817 Eisenach

**Wohnmobilstellplatz am Café Villa Georg**, Friedensallee 12, 36448 Bad Liebenstein

**Wohnmobilstellplatz Oberhof**, Jahnstr. 7, 98559 Oberhof

**Noch mehr tolle Plätze auf pincamp.de**

## ENTLANG DER ROUTE

### 1 Drachenschlucht

Enge Schluchten sucht man eigentlich in den Alpen – aber im Thüringer Wald? Tatsächlich gibt es dort mehr Staunenswertes, als man glauben mag. Etwa die Drachenschlucht, deren fast senkrechte Felswände derart eng beieinander stehen, dass die Besucher sich winden müssen, um nicht mit den Schultern stecken zu bleiben. Die Drachenschlucht und die angeschlossenen Wanderwege gehören zu einer Rundtour, die man unbedingt unternommen haben sollte, wenn man sich in Eisenach aufhält. Die Rundwanderung misst elf Kilometer, und der Wanderer kommt an zahlreichen spektakulären Felsformationen vorbei. *www.thueringen.info/drachenschlucht.html*

### 2 Eisenach

Im Westen Thüringens gelegen, schmiegt sich Eisenach an die Hänge des Thüringer Waldes. Bekanntestes Wahrzeichen der Stadt ist die Wartburg. Martin Luther fand einst dort Zuflucht und übersetzte das Neue Testament ins Deutsche. Obwohl Luther sicherlich der berühmteste Bewohner der Burg bleiben wird, ist er nicht der einzige: Die Minnesänger Walther von der Vogelweide und Wolfram von Eschenbach haben ebenfalls auf der Wartburg gewirkt. Doch die wohl beeindruckendsten Spuren hat eine Frau dort hinterlassen: Elisabeth von Thüringen. Ihr sind heute sehenswerte Räume gewidmet, die mit ihren Farben und den Mosaiken noch heute faszinieren. Eine weitere wichtige Persönlichkeit der Stadt ist der niederdeutsche Dichter Fritz Reuter, an den ebenfalls ein eigenes Museum erinnert. Wer in Eisenach ist, wird auch immer auf Martin Luther treffen, nicht nur in der Wartburg, sondern auch im Lutherhaus sowie in der Georgenkirche, in der er predigte. In dieser Kirche wurde übrigens kein Geringerer als Johann Sebastian Bach getauft. Das Bachhaus blickt auf die Zeit des Musikers in Eisenach zurück. Fans von DDR-Produkten kennen Eisenach auch als Fertigungsstätte der Automarke Wartburg. Ein örtliches Automobilmuseum lässt die Glanzzeiten von Eisenach als Autostadt noch einmal aufleben. *www.eisenach.de*

### 3 Ruhla

Bis hoch in die Berge haben die Menschen einst ihre Häuser gebaut, weil die schmale Tallage ihnen so wenig Platz ließ. Die abgeschiedene Lage hatte noch eine andere Auswirkung: Man musste sein Geld mit etwas verdienen, das man bequem im Dorf oder zu Hause erledigen konnte – so entstanden feinmechanische Tätigkeiten wie das Uhrmacherhandwerk, das eines seiner Zentren in Ruhla hatte. Ebenso wurden Tabakpfeifen hergestellt, woran ein Museum erinnert. Im angegliederten Stadtteil Kittelsthal lohnt es sich, die Tropfsteinhöhle zu besichtigen. *www.ruhla.de*

### 4 Bad Liebenstein

Das älteste Heilbad Thüringens verzeichnete schon 1601 eine »wundertätige Quelle«. Später wurde der Ort zum Treffpunkt des Adels, der dort kurte. Das historische Kurviertel mit Brunnenhaus und Promenade erinnert heute daran. Sehenswert ist aber auch die Burgruine über dem Ort, sie stammt aus dem 14. Jh. *www.bad-liebenstein.de*

### 5 Schmalkalden

Man sollte sich dieser Stadt vom Berg aus nähern. Nur dann zeigt sich die einheitliche, mittelalterliche Architektur: rote Dächer, kleingliedrige Fachwerkhäuser und schmucke Kirchen. Immerhin 90 Prozent der Häuser des Stadtkerns stammen aus dem Mittelalter. Es waren Bodenschätze, die die Stadt reich machten: Erzvorkommen sorgten für intensiven Bergbau, dem sich die Eisenverarbeitung anschloss. Das Besucherbergwerk Finsterta bietet heute die Möglichkeit, auf den alten Spuren zu wandeln. Auch das Zinnfigurenmuseum ist ein Zeugnis dieser Zeit, als die Bodenschätze weiterverarbeitet wurden. Wer jetzt noch Zeit hat, der besucht Schloss Wilhelmsburg, das zu den bedeutendsten Bauten der Renaissance in der Region zählt. *www.schmalkalden.de*

### 6 Oberhof

Von weitem leuchtet sie dem Besucher entgegen: Die Skisprungschanze in Oberhof ist das markanteste Zeichen dafür, dass dieser Ort ein Zentrum des Wintersportes ist. Weltmeisterschaften im Bob oder Biathlon wurden dort ebenso ausgetragen wie Skisprung-Wettbewerbe aller Klassen. Aber auch wer sommerliche Aktivitäten sucht, kommt auf seine Kosten. Etwa im Rennsteiggarten mit seinen vielen Pflanzen oder bei Kutschtouren. Wandern geht, wie überall im Thüringer Wald, natürlich immer. *www.oberhof.de*

### 7 Ilmenau

Nicht nur von Studenten, sondern auch vom Wirken Goethes ist Ilmenau geprägt, das Städtchen, das sich an den Nordhang des Thüringer Waldes schmiegt. Der Dichter wollte einst in seiner Funktion als Bergbauminister den Bergbau in Ilmenau wieder aufleben lassen. Was genau er vorhatte und wie sich das auf den Ort auswirkte, darüber informiert das örtliche Goethemuseum. Übrigens wanderte der Dichter gerne zum Hausberg namens Kickelhahn und schrieb dort das bekannte Gedicht »Über allen Gipfeln ist Ruh«. Ilmenau war wichtig für die Naturstudien des Dichters. Das Museum Jagdschloss Gabelbach erinnert heute an diese Zeit, ebenso wie ein Schaubergwerk in die Welt unter Tage entführt. In der Innenstadt, deren Marktplatz eine gute Gelegenheit für einen Stadtbummel ist, bietet sich zudem eine Promenade auf dem Kunstweg an, um allerlei Skulpturen zu entdecken. *www.ilmenau.de*

### 8 Suhl

Suhl ist heute als »Büchsenmacher«-Stadt bekannt. Doch Suhl nur mit Waffen in Verbindung zu bringen wäre falsch, denn Suhl hat zudem eine lange Tradition im Fahrzeugbau und in der Musik. Immerhin war hier die Familie Bach tätig. So erhielt Heinrich Bach, der Großvater von Johann Sebastian, hier seine musikalische Ausbildung. Die Stadt im Grünen mit ihren vielen Bauten und Gaststätten hat eine Menge zu bieten: zum einen natürlich das Waffenmuseum, aber auch nette kleine Läden, die in den Häusern mit den hübschen Fassaden untergebracht sind. Abgesehen davon wurde in Suhl die legendäre Motorradmarke Simson gegründet, deren Zweiräder in der DDR Kultstatus genossen. *www.suhltrifft.de*

### 9 Themar

Der Endpunkt der Strecke ist charmant. Stadtmauern mit alten Türmen zeigen sich in Themar, Fachwerkhäuser liegen direkt am Ufer der Werra, und Wald und Berge umschließen die kleine Stadt. Ein Bummel zwischen den Fachwerkfassaden der Altstadt lohnt sich ebenso wie ein Besuch des »Eingefallenen Berges«, einer imposanten Kalkfelsenformation. *www.thueringen.info/themar.html*

Bischof Thietmar von Merseburg legte 1015 den Grundstein zum Bau des Merseburger Doms.

13

# STRASSE DER DEUTSCHEN SPRACHE: VON MERSEBURG BIS BUCHDORF-MÜHLBECK

*Deutsch ist die häufigste Muttersprache Europas. Gut 20 Prozent aller EU-Bürger sprechen deutsch, Englisch folgt auf Platz zwei mit rund 13 Prozent. Unsere Route folgt den Spuren der deutschen Dichter und Denker und führt in verträumte Orte und mittelalterliche Stadtkerne – den Wirkstätten deutscher Geistesgrößen. Dabei streift die Strecke ebenso den Harz wie die Elbe.*

Merseburg
Friedersdorf
284 km
ca. 6 Std.,
3–4 Tage

GPX-Download

## ETAPPE 1
## VON MERSEBURG NACH ALLSTEDT

⟷ 49 km ⏱ 60 Min., ½ Tag

In ① **Merseburg** startet unsere Tour in der Innenstadt. Wir fahren nordwärts, bis wir ein Gewerbegebiet erreichen, wo unser Wohnmobil in die Querfurter Straße einbiegt. Sie ist zugleich die L 172, die uns nun ein Stückchen begleitet. Hinter dem Flugplatz kreuzen wir die Autobahn und fahren durch weite Felder nach ② **Bad Lauchstädt**. Unsere Route führt uns direkt in die Innenstadt, wir passieren das Rathaus, das ehemalige Wohnhaus von Richard Wagner sowie das Goethetheater und die historischen Kuranlagen. Am Rande des Kurparks steuert unsere Route stadtauswärts, wo wir schnell wieder auf die Landschaft aus Wiesen und Feldern treffen. Über Schafstädt geht es fast schnurgrade weiter nach Querfurt. Auf dem Weg dorthin sind mit etwas Glück Islandpferde zu sehen, die auf der Weide stehen. Das Strandbad Obhausen, das charmant an einem Badesee liegt, lädt zu einer Erfrischung. **Querfurt** heißt der nächste Stopp, ein Ort, dessen Silhouette von der gleichnamigen Burg bestimmt wird. Ab jetzt wird die Landschaft ein wenig hügeliger, und unser Wohnmobil läuft den ersten Zielort der Etappe an, **Allstedt**. Die Gegend ist bewaldet, und am Ende der Ortschaft befindet sich die Burg mit dem angeschlossenen Schlossmuseum – perfekt für den Ausklang der ersten Etappe.

**EINKEHREN**
Der Geiseltalsee südlich von Bad Lauchstädt bietet nicht nur Wassersport und Erholung, an seinem Ufer hat sich auch ein Mikroklima gebildet, das den Weinbau begünstigt. So befindet sich dort der **Weinberg Goldener Steiger** am Geiseltalsee, die kleine Wirtschaft bietet Sitzgelegenheiten mit herrlichem Blick über den See *(www.weinbau-am-geiseltalsee.de)*.

Historische Kuranlage in der Goethestadt Bad Lauchstädt

**ABSTECHER**
Von Querfurt aus lohnt sich ein Abstecher nach **Nebra** zur weltbekannten Himmelsscheibe *(www.himmelsscheibe-erleben.de)*. An der Fundstelle informiert ein innovatives Besucherzentrum, die Arche Nebra, über das Fundstück aus der Bronzezeit. Für Wohnmobilisten perfekt: Auch ein Stellplatz wartet vor der Tür.

## ETAPPE 2
## VON ALLSTEDT NACH ALSLEBEN

⟷ 100 km ⏱ 150 Min., 1 Tag

Am Schloss Allstedt geht unsere Tour in die zweite Etappe. Heute heißt es das Navi austricksen, denn es möchte sicherlich den schnellsten Weg wählen. Der ist aber ganz und gar nicht unser Ansinnen, denn wir folgen einem Zickzackkurs, der die schönste und erlebnisreichste Strecke wählt. Auf der L 218 schlängelt sich die Straße zunächst über Wolferstedt und Mittelhausen gen Autobahn 38 dahin. Tatsächlich verlässt unser Wohnmobil nun die ländliche Gegend und saust ein wenig auf der B 180 dahin, bis es ③ **Eisleben** erreicht. Dort lohnt sich in jedem Fall ein Stopp. Wer es sich zeitlich nicht leisten möchte, der zieht weiter und ist nicht nur überrascht von dem vielen Wald und dem Grün in der Stadt, sondern auch von den riesigen Solarparks am Rande von Eisleben. Sie belegen fast den gesamten Friedrichsberg, der auf dem Weg ins nächste Dorf namens **Wimmelburg** liegt. Bei diesem Streckenabschnitt müssen wir die meiste Überredungskunst für das Navi mitbringen, denn immer wieder weichen wir von der schnellsten Verbindung ab. Unsere Strecke zieht sich bis nach **Mansfeld**, wo das Wohnmobil den Rand des Südharzes erreicht. Schloss Mansfeld versteckt sich im Wald und lohnt einen Abstecher, bevor es quer durch den Südharz geht – zunächst Richtung Vatterode und dann durch die Ausläufer des Harzes nach Pansfelde. ④ **Burg Falkenstein** lässt sich ab und zu auf der linken Seite blicken, dichte Wälder bestimmen das Panorama, und immer wieder Burgen und Schlösser, wie etwa Burg Freckleben oder Schloss Oberwiederstedt, ehe das Wohnmobil am Etappenziel, Alsleben, angekommen ist.

ETAPPE 3

## VON ALSLEBEN NACH DESSAU

⟷ 49 km ⏱ 60 Min., ½ Tag

In ⑤ **Alsleben** trifft unsere Strecke auf die Saale, die sich hier durch die ländliche Landschaft windet und bis Trebnitz (L 85) immer wieder im Sichtfeld bleibt. Über die L 148 erreichen wir **Gerlebogk**. Am dortigen *Campingplatz* bietet sich am Strandbad ein Stopp zum Baden an, wenn es die Temperaturen zulassen. Schön gemütlich geht es auf der L 148 weiter, denn die heutige Etappe ist nicht lang. ⑥ **Köthen** heißt die nächste Kleinstadt auf der Strecke. Das Städtchen besitzt einen mittelalterlichen Stadtkern. Eine kleine Erkundungstour in Richtung Schloss wäre möglich, bevor es weitergeht nach Dessau-Roßlau. Schloss Mosigkau links am Wegesrand ist ein wahrer Blickfang zwischen den Feldern und Wiesen, auf denen gerne mal Störche herumstaksen. In ⑦ **Dessau** warten nicht nur architektonisch interessante Gebäude, sondern vor allem ein riesiger Park. Einfach den Landschaftspark ansteuern, einen Parkplatz suchen, bequeme Wanderschuhe anziehen und los geht's, um die riesigen Anlage zu erkunden. Wasservögel flattern auf, immer wieder mäandert die Elbe durch die Strecke – ein herrliches Plätzchen, um zu verweilen. Fürs Nachtquartier steuern wir den *Stellplatz am Yachtclub Dessau* an.

### EINKEHREN

Gegenüber dem Bauhaus-Museum befindet sich das **Teehäuschen**, das mit einer modernen, amerikanisch geprägten Küche überzeugt. Burger stehen ebenso auf der Karte wie Pizza, Antipasti und natürlich Eis. *Friedrichstraße 15, 06844 Dessau-Roßlau, Tel. 0340/23034373, www.teehaeuschen.com*

Das Gartenreich Dessau-Wörlitz ist ein weitläufiger Landschaftspark nach englischem Vorbild – und unbedingt einen Besuch wert.

Weiße Brücke: eine von 17 Brücken im Gartenreich Dessau-Wörlitz

## ETAPPE 4
## VON DESSAU NACH FRIEDERSDORF

⟷ 86 km ⏱ 90 Min., 1 Tag

Wir verlassen Dessau mit einem wunderschönen Blick auf die Mulde, den örtlichen Fluss, der am Wehr rauscht und schäumt. Von der Brücke aus lässt sich das gut beobachten. Dann steuert das Wohnmobil weiter durch die Oranienbaumer Chaussee. Sie windet sich durch eine kleinteilige Parklandschaft. Etwas später geht sie in Felder über. Sobald die Autobahn A 9 in Sicht kommt, gilt es heute, nicht auszuweichen, sondern draufzufahren – aber nur bis zur nächsten Abfahrt. In **Vockerode** verlassen wir sie wieder, um weiter den Weg auf der Landstraße (L 133) zu genießen. Die Landschaft linksseitig wird immer wasserreicher und schöner, die Ausläufer der Elbe zeigen sich, Reiher stehen am Wegesrand, mit etwas Glück auch Kraniche. In **Wörlitz** kommt das berühmte Gartenreich in den Blick, wer dort nicht aussteigt und eine Runde dreht, verpasst das Wandeln in einem UNESCO-Weltkulturerbe *(www.gartenreich.de)*. Die Elbe bleibt unser ständiger Begleiter, eigentlich ist nun jedes Tempo zu schnell. Am liebsten möchte man aufs Rad umsteigen – warum auch nicht, der Elberadweg verläuft oftmals parallel. Aber es ist gut zu wissen, dass selbst er oftmals der Elbe fernbleiben muss, denn das Ufer ist hier wild und bietet Bibern und vielen Vögeln ein wertvolles Rückzugsrevier, das die Menschen nicht stören sollen. Doch spätestens kurz vor ⑧ **Wittenberg** ergibt sich noch einmal ein herrlicher Blick auf den Fluss, denn das Wohnmobil erreicht über eine Elbbrücke das Stadtgebiet. Nach einer Stippvisite in Wittenberg beginnt der wohl wasserreichste und für viele auch landschaftlich reizvollste Teil der Strecke. Die gefluteten Tagebaue haben eine einzigartige Seenlandschaft erschaffen. In Friedersdorf am ⑨ **Muldestausee** schließlich endet unser Routenvorschlag.

**EINKAUFEN**

Ob würziger Brie, kräftiger Hartkäse oder zarter Frischkäse – die **Elbkäserei** *(www.elbkäserei.de)* in Vockerode bietet Bestes aus regionaler Milch. Der Stopp lohnt sich vor allem für Wohnmobil-Fahrer, die ihren Picknickkorb füllen möchten.

### EMPFOHLENE PLÄTZE

**Marina-Camp Elbe** ★★★★

① Näher an der Elbe gelegen geht kaum: Der Platz befindet sich direkt vor den Toren der Lutherstadt, aber auf der anderen Elbseite.

▸ Brückenkopf 1, 06888 Lutherstadt Wittenberg, Tel. 50 34 91/45 40, GPS: 51.8558, 12.646033

■ www.pincamp.de/sh5300

**Ferienresort Bergwitzsee** ★★★

② Die Standplätze des idyllisch gelegenen Resorts befinden sich teils unter im Wind rauschenden Birken, was für eine besondere Stimmung sorgt.

▸ Strandweg 1, 06901 Bergwitz, Tel. 03 49 21/282 28, GPS: 51.79135, 12.56995

■ www.pincamp.de/sh5150

**Wohnmobilstellplatz Arche Nebra**

③ Am Besucherzentrum Arche Nebra am Fundort der berühmten Himmelsscheibe von Nebra befinden sich einige Wohnmobilstandplätze.

▸ An der Steinklöbe 16, 06642 Nebra, Tel. 03 44 61/ 255 20, www.stadt-nebra.de/de/camping.html, GPS: 51.271629, 11.531358

### WEITERE GENANNTE PLÄTZE

**Campingplatz Gerlebogk**, Gröbziger Str. 25, 06420 Gerlebogk

**Wohnmobilstellplatz am Yachtclub Dessau**, Leopoldshafen 2, 06846 Dessau-Roßlau

Noch mehr tolle Plätze auf pincamp.de

## ENTLANG DER ROUTE

### 1 Merseburg

Sie gehört zu den ältesten Städten Mitteldeutschlands: Merseburg ist über die Stadtgrenzen hinaus nicht nur für den eindrucksvollen Schloss- und Domkomplex bekannt, sondern auch für die Merseburger Zaubersprüche (9./10. Jh.). Letztere sind eines der wenigen und wichtigsten Dokumente in althochdeutscher Sprache. Sie befinden sich in der Domstiftsbibliothek – und auf vielen Postkarten und Andenken der Stadt. Merseburg als Ausgangspunkt für unsere Tour entlang der Straße der deutschen Sprache ist nicht nur wegen der heidnischen Zauberformeln reizvoll – die Stadt an der Saale eignet sich auch für einen Bummel entweder am Ufer des Flusses oder durch die Altstadt mit ihren mittelalterlichen Häusern, der mit einem Imbiss oder Mittagessen vor der Weiterfahrt enden kann. *www.merseburg.de*

### 2 Bad Lauchstädt

Nicht umsonst trägt die Stadt den Titel Bad. Die Kuranlagen sind mit ihren Baumalleen und den Sichtachsen tatsächlich ganz besonders sehenswert. Auch die Bauten mit den Kolonaden sind ein Augenschmaus. Wichtigster Bau des Ortes ist sicherlich das Goethetheater, das an das Wirken des Dichters erinnert, der dort als Direktor tätig war. Auch Schiller war einst dort zu Gast, auf einem Stadtrundgang erfährt man mehr über die Verflechtungen von Bad Lauchstädt mit den Dichtern. *www.goethestadt-bad-lauchstaedt.de*

### 3 Eisleben

Die Lutherstadt Eisleben ist Geburts- und Sterbeort des großen Reformators. Sie breitet sich malerisch am Fuße des Harzvorlandes aus und zeigt sich vor allem am Marktplatz in ihrer vollen Schönheit. Dort steht ein großes Lutherdenkmal. Das Luther-Geburtshaus arbeitet museal das Leben des Reformators auf, und die Kirchen St. Petri-Pauli, St. Andreas und St. Annen erinnern an das Wirken des Reformators,

**ABSTECHER**

Gar nicht weit entfernt von unserer Strecke befindet sich eine der außergewöhnlichsten Felsformationen des Harzes: Die rund 20 km lange **Teufelsmauer** lässt sich zum Beispiel bei Ballenstedt, 12 km nördlich von Pansfelde gelegen, besichtigen: Dort befinden sich die sogenannten Gegensteine, steil aufragende Felsen, die relativ unvermittelt aus der Landschaft auftauchen. Besonders schön sind sie zum Sonnenuntergang.

Burg Falkenstein thront auf einem Bergsporn über dem Selketal.

ebenso wie das Sterbehaus, das sich schmal und mit spätgotischer Fassade an die anderen Häuser schmiegt. Wer tiefer in das Thema eintauchen möchte, wandert auf dem Lutherweg Eisleben durch die Stadt. Jenseits des Luther-Themas lohnt es sich auch, die Geschichte des Schieferbergbaus in Eisleben zu erkunden. *www.eisleben.eu*

## 4 Burg Falkenstein

Spektakulär thront sie auf dem Felsen: Burg Falkenstein. Der dreieckige Bau im Unterharz stammt aus dem 12. Jh. Die Burg liegt an der Straße der Romantik und gehört zu den beliebtesten Ausflugszielen im Harz. Vom Aussichtsturm aus ergibt sich ein Rundblick auf das Selketal, und wer nach dem Burgbesuch noch Zeit hat, kann die angeschlossene Falknerei besuchen. *www.burg-falkenstein.de*

## 5 Alsleben

Am linken Saaleufer breitet sich Alsleben aus und bietet mit seiner Uferpromenade einen malerischen Stopp. Wohnmobil-Fahrer mit eigenem Rad kommen da schnell in Versuchung, das motorisierte Gefährt einfach stehen zu lassen und einen Teil des Saaleradwegs zu radeln. Es lohnt sich tatsächlich – die Landschaft ist lieblich und immer wieder von Wasser durchzogen. Auch in der Stadt selbst ist der Rundgang durch die kleine Altstadt hin zum Wehr überaus reizvoll. *www.alsleben-saale-online.de*

## 6 Köthen

Manchmal verbirgt sich mehr hinter Städten, als man auf den ersten Blick vermutet. Köthen ist so ein Beispiel, schließlich hat hier Samuel Hahnemann die Homöopathie erfunden. Sein Haus zählt zu den wichtigsten Sehenswürdigkeiten der Stadt, ebenso das Museum im Eichendorff-Haus. Wirklich einzigartig ist aber die vogelkundliche Sammlung im Naumann-Museum, das als einziges Museum der Welt gilt, das auf Ornithologiegeschichte eingeht. Wer lieber schlendern möchte, genießt die hübschen Bauten rund um den Marktplatz und den Holzmarkt. *www.koethen-anhalt.de*

## 7 Dessau

Wenn es eine Stadt in Deutschland gibt, die sich Bauhaus-Stadt nennen darf, ist es Dessau: Der Architekt Walter Gropius hatte 1925/26 eine neue Form der Architektur eingeläutet, und noch heute ist das renovierte Gebäude mit seinem Bauhaus-Museum annähernd im Originalzustand zu sehen. Wer sich nicht für Architektur interessiert, findet in Dessau trotzdem Sehenswertes, denn die Gärten dort sind nicht ohne Grund weltberühmt. Das Gartenreich Dessau-Wörlitz gilt als das älteste Gartenensemble auf dem europäischen Festland und hat inzwischen auch UNESCO-Welterbe-Status. Doch Achtung, für den Besuch sollte man Zeit einplanen: 142 km² groß ist die Kulturlandschaft, das Durchstreifen ist nicht mal eben mit einem halbstündigen Spaziergang abgehakt. *verwaltung.dessau-rosslau.de*

## 8 Wittenberg

Als Knotenpunkt wichtiger Handelswege stieg Wittenberg im Mittelalter zu einer mächtigen Stadt auf, vieles davon lässt sich heute noch bei einer Stadtbesichtigung nachvollziehen. Doch weniger die Handelswege sind erstes Ziel der Besucher, sondern vielmehr die berühmte Thesentür, an die Luther 1517 seine 95 Reformvorschläge genagelt hat. Sie gehört zur Schlosskirche. Neben den anderen Kirchen und dem zentralen Marktplatz sind in Wittenberg vor allem die Cranach-Höfe beeindruckend, in denen die mittelalterlichen Künstler gewirkt haben. Zu den schönsten Gebäuden der Stadt zählen das Melanchthonhaus und das Augusteum. Auch das Schloss und die Hundertwasserschule lohnen einen Blick. *www.wittenberg.de*

## 9 Muldestausee

Dass einstige Industriegebiete zu Urlaubslandschaften werden können, beweist der Muldestausee: Er ist einer von vielen gefluteten Braunkohletagebauen. Wo früher Bagger gigantische Löcher in die Erde rissen, plätschert heute Wasser. Der Muldestausee ist das drittgrößte Gewässer Sachsen-Anhalts und lädt zum Segeln und Surfen ein. Er ist Teil der umliegenden Seenplatte. *www.gemeinde-muldestausee.de*

Breslau schmiegt sich in das Dreiländereck Polen-Tschechien-Deutschland und wird von vier Nebenflüssen der Oder durchflossen.

14

# ABSTECHER NACH POLEN: AUF DER VIA REGIA NACH SCHLESIEN

*Unsere Fahrt ab Bautzen verläuft ein Stück auf der ältesten Landverbindung zwischen West- und Osteuropa, der Via Regia, auch »Hohe Straße« genannt. Vorbei an reichen Landschaften und prächtigen Städten in der Oberlausitz und in Schlesien erfolgte über diesen Korridor einst der größte Teil des Ost-West-Handels. Auch als Pilgerweg und Heerstraße hatte die Via Regia Bedeutung.*

Bautzen
Breslau
229 km
ca. 4,5 Std., 3 Tage

GPX-Download

## ETAPPE 1
## VON BAUTZEN BIS GÖRLITZ

⟷ 43 km ⏱ 45 Min., ½ Tag

Wir starten unsere Tour entlang der alten Handelsstraße in ① **Bautzen**. Am Schützenplatz kann man das Wohnmobil für den Stadtbesuch parken. Eine weitere Möglichkeit gibt es in der Schliebenstraße. Wer gerne länger in der Region bleiben möchte, wählt den schön gelegenen Natur- und AbenteuerCamping direkt am Stausee. Wir verlassen die Stadt in Richtung Osten und folgen dabei der Via Regia. Vorbei am Flugplatz kommen wir nach **Wurschen** mit dem liebevoll sanierten Wasserschloss. Danach führt die Straße an mehreren Seen vorbei, und wir erreichen **Weißenberg**. Hier bummeln wir durch den Ort und besuchen in einem über 400 Jahre alten Fachwerkhaus das Museum Alte Pfefferküchlerei, das sich in einer alten Pfefferkuchenbäckerei befindet. Natürlich dürfen wir auch probieren. Über Schöps fahren wir auf die B 6. Nur ein Stück weiter wird in **Markersdorf** im dortigen Dorfmuseum Oberlausitzer Geschichte lebendig. Dann erreichen wir ② **Görlitz**, die östlichste Stadt Deutschlands. Im Ortsteil Biesnitz gibt es am Rosenhof einen *Wohnmobilstellplatz* 🚐 auf einem Reiterhof. Mit der Straßenbahn ist man in 15 Minuten in der Innenstadt. Sehr beliebt, vor allem wenn man ein wenig länger bleiben möchte, ist auch der kleine *Campingplatz am Kühlhaus* 🚐, der liebevoll in einer Industriebrache angelegt wurde.

**WISSENSWERT**
Die **Brücke**, die in Görlitz über die Neiße führt, besteht seit dem 13. Jh. Sie wurde am Ende des Zweiten Weltkriegs durch die SS gesprengt, und der Fluss wurde Landesgrenze. Seit 2004 stellt die Altstadtbrücke wieder die Verbindung zwischen den Zwillingsstädten Görlitz/Zgorzelec her.

Am Untermarkt in der historischen Altstadt von Görlitz

## ETAPPE 2
## VON GÖRLITZ NACH NAUMBURG AM QUEIS (NOWOGRODZIEC)

⟷ 41 km ⏱ 55 Min., ½ Tag

Nach dem Stadtbesuch passieren wir die Neiße und sind in der anderen Hälfte der Doppelstadt, in Zgorcelec und damit in Polen angelangt. Auf der DK 30 durchqueren wir die Landschaft, die von Feldern und Wäldern geprägt ist, und fahren an kleinen Ortschaften vorüber. Wer Hunger hat, sollte in **Łagów** am Szarlotka z Rumieńcem anhalten. In dem kleinen Lokal wird richtig lecker gekocht. Rund 25 km hinter Görlitz erreichen wir an den nördlichen Ausläufern des Isergebirgsvorlandes **Lauban (Lubań)**, das im 14. Jh. mit Görlitz, Löbau, Bautzen, Zittau und Kamenz den Oberlausitzer Sechsstädtebund bildete. Besonders gut gefällt es uns rund um den Marktplatz, auf dem sich auch das Renaissance-Rathaus befindet. Auf der DW357 folgen wir dem sich windenden Fluss Kwisa (Queis) nach Norden. An der ehemaligen schlesisch-lausischen Grenze steht in **Sächsisch Haugsdorf (Nawojowo Łużycki)** ein ehemals prächtiges Renaissance-Gutshaus. Ein Teil des Herrenhauses bildet heute die Kirche des Ortes, der andere Teil ist Ruine. Besonders im Hof ist noch ein Rest der alten Pracht mit aufwendigen Sandsteinverzierungen zu erahnen. Nur ein Stück weiter kommen wir in die schlesische Töpferstadt **Naumburg am Queis (Nowogrodziec)**. Auffallend sind hier die barocken Bauten im Zentrum, die im 18. Jh. nach mehreren Stadtbränden entstanden sind.

**ACHTUNG**
In **Polen** gilt auf Landstraßen Tempo 90 km/h. Tagsüber ist das Fahren mit Abblendlicht oder Tagfahrlicht vorgeschrieben.

## ETAPPE 3

# VON NAUMBURG AM QUEIS (NOWOGRODZIEC) NACH LIEGNITZ (LEGNICA)

⟷ 72 km ⏱ 75 Min., 1 Tag

Wir setzen unsere Fahrt auf der DW357 fort. Zwischen Nowogrodziec und **Zebrzydowa** gibt es riesige weiße Sandhaufen und einen türkisfarbenen See mit Traumstrand. Es sind Überreste des Kaolinabbaus. Piaski Kaolin darf allerdings nicht betreten werden, da es sich um eine aktive Mine (inklusive Treibsand und gefährlichen Löchern) handelt. Schon die Zufahrt über schlechte Pisten ist für Wohnmobile nicht zu empfehlen. In Zebrzydowa biegen wir auf die DK 94 ab. Vorbei an Feldern, Wald und Dörfern gelangen wir nach ③ **Bunzlau (Bolesławiec)**. In der Straße Augusta Cieszkowskiego darf man auf dem *Parkplatz des Restaurants Opałkowa Chata* mit dem Wohnmobil übernachten, und das Essen ist auch sehr gut. Etwa 30 Minuten dauert danach die Fahrt durch die fruchtbare Landschaft auf der DK 94 nach **Haynau (Chojnów)**. Hier besuchen wir den Marktplatz, es ist einer der längsten in Schlesien, besichtigen die Backsteinbasilika St. Apostel Petrus und Paulus und den gotischen Weberturm. In der ehemaligen Residenz befindet sich das Regionalmuseum. Nächste Station auf der Via Regia ist die Gartenstadt ④ **Liegnitz (Legnica)** in der mittelschlesischen Ebene.

**EINKAUFEN**

Kurz hinter Zebrzydowa legen wir einen Stopp beim polnischen Keramikhersteller **Ceramika Millena** *(www.ceramikamillena.pl)* ein. Die Auswahl ist riesig, und so landen einige Stücke gut gesichert als Urlaubsmitbringsel im Camper.

## ETAPPE 4

# VON LIEGNITZ (LEGNICA) NACH BRESLAU (WROCŁAW)

⟷ 73 km ⏱ 80 Min., 1 Tag

Nach der Besichtigung von Liegnitz folgen wir der DK 94 weiter und kommen nicht weit entfernt mit unserem Wohnmobil am idyllischen Badesee von **Kunice** vorbei. Durch Wälder und vorbei an Feldern geht es über Prochowice weiter nach **Neumarkt (Środa Śląska)**, das in einem fruchtbaren Ackerbaugebiet liegt. Mächtige Stadtmauern und mehrere prächtige Kirchen zeugen von früherer Bedeutung und Reichtum. Im Stadtmuseum ist der Neumarkter Schatz aus dem Mittelalter zu sehen. Ein Stück weiter wird die Bebauung immer dichter, und wir erreichen das Ziel unserer Fahrt auf der Via Regia, ⑤ **Breslau (Wrocław)**.

**SEHENSWERT**

In ganz Breslau findet man etwa 30 cm hohe Bronzestatuen von **Zwergen**. Hintergrund ist die friedliche Protestaktion der polnischen Oppositionsbewegung Orange Alternative aus den 1980er-Jahren. Diese stellte seinerzeit den ersten Zwerg auf. Jedes Jahr kommen inzwischen weitere hinzu. Besonders bunt treiben es die Zwerge auf dem Marktplatz von Breslau.

### EMPFOHLENE PLÄTZE

**Natur- & AbenteuerCamping Bautzen** ★★★½☆

❶ Der schön gelegene Campingplatz befindet sich oberhalb des Stausees und am Spree-Radweg. Er ist idealer Ausgangspunkt für den Stadtbesuch von Bautzen und das Erkunden der Region.

▶ Nimschützer Str. 41, 02625 Burk, Tel. 03591/271267, GPS: 51.20205, 14.4608

■ www.pincamp.de/sn4700

**Camping Olimpijski Stadion (Nr. 117)** ★☆☆☆☆

❷ Der einfache Campingplatz der Gemeinde liegt neben den Sportanlagen des Fußballclubs. Er ist ideal für den Stadtbesuch in Breslau, denn die Straßenbahn ins Zentrum hält direkt davor.

▶ Ul. Paderewskiego 35, 51-612 Wrocław, Tel. +48/71/3484651, GPS: 51.11735, 17.090916

■ www.pincamp.de/pn7750

### WEITERE GENANNTE PLÄTZE

**Camping-Wohnmobilstellplatz Rosenhof Görlitz**, Geschwister-Scholl-Str. 15, 02827 Görlitz

**Camping am Kühlhaus Görlitz**, Am Bahnhof Weinhübel 2, 02827 Görlitz

**Stellplatz am Restaurant Opałkowa Chata**, Augusta Cieszkowskiego 17, 59-700 Bolesławiec

## ENTLANG DER ROUTE

### 1 Bautzen

Die Stadt entwickelte sich im frühen Mittelalter und profitierte von ihrer Lage am Spreeübergang der Via Regia. Kirchtürme, Stadtmauern und Wehrtürme prägen die eindrucksvolle Silhouette. Im Zentrum bilden Bauten und Straßen aus dem Mittelalter ein stimmiges Ensemble. *www.bautzen.de*

### 2 Görlitz

Am Neißeübergang hat sich ein besonderes Kleinod erhalten. Görlitz wurde im Zweiten Weltkrieg nicht zerstört. So finden Besucher hier eine historische Altstadt mit fast 4000 repräsentativen Denkmälern aus fünf Jahrhunderten, Kaufhäuser, Privatvillen und Kirchen – aus der Gotik, Renaissance, Gründerzeit und Jugendstil. Die meisten sind liebevoll restauriert, was unter anderem ein anonymer Millionenspender ermöglichte. Besonders bekannt sind die Dreifaltigkeitskirche und der Brunnen auf dem Obermarkt. Mit dem Brauhof steht auch das älteste bürgerliche Renaissancegebäude Deutschlands in Görlitz. *www.goerlitz.de*

### 3 Bunzlau (Bolesławiec)

Die Stadt am Ostufer der Bober verfügt über eine wiederaufgebaute, sehenswerte Altstadt. Besonders sticht der über 9000 m² große quadratische Ring (zentraler Marktplatz einer mittelalterlichen Stadt in Schlesien) mit Gebäuden aus der Spätgotik, dem Barock und der Renaissance ins Auge. Das prächtige Rathaus aus dem 15. Jh. nimmt die Mitte des Platzes ein. Sehenswert ist auch die Marienkirche, die nach der Zerstörung des Vorgängerbaus im gotischem Stil errichtet wurde. Aus der »Stadt des guten Tons« stammt die berühmte Bunzlauer Keramik mit der einzigartigen Stempelverzierung. 1753 schuf ein Töpfermeister den mit zwei Meter Höhe größten Topf der damaligen Zeit, der leider 1945 zerstört wurde. *www.bolesławiec.pl*

### 4 Liegnitz (Legnica)

Eindrucksvoll ist die gotische Kathedrale St. Peter und Paul. Noch älter ist die Marienkirche. Die beeindruckende Fassade mischt gotische mit barocken Elementen. Das Piastenschloss aus dem 11. Jh. ist die älteste Steinburg Polens. Südöstlich liegt bei Legnickie Pole das Schlachtfeld, wo polnische Ritter die über die Via Regia vordringenden Mongolen bekämpften. Ein Museum in einer ehemaligen Kirche informiert darüber. *www.portal.legnica.eu*

### 5 Breslau (Wrocław)

Schlesiens Hauptstadt liegt an den Ufern der Oder und verfügt über perfekt erhaltene mittelalterliche Gebäude und moderne Stadtviertel. Aber auch Bauten im Stil der Renaissance, des Barocks bis hin zur Gründerzeit sind im Stadtbild zu entdecken, das von der bewegten Geschichte und den verschiedenen kulturellen Einflüssen geprägt ist. Das spätgotische Rathaus soll das schönste in Europa sein. Auf der historischen Dominsel werden noch jeden Abend die Gaslaternen angezündet. Eine bekannte Sehenswürdigkeit ist das Panorama von Racławice, das den Sieg der Polen 1794 über die Russen zeigt. *www.visitwroclaw.eu*

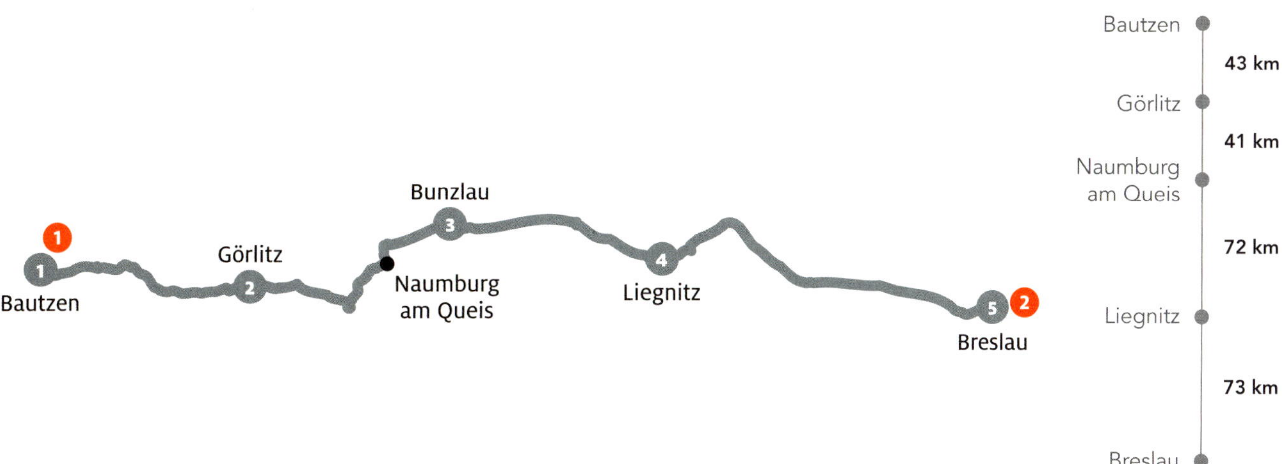

Den historischen Kern von Schwarzenberg im südwestlichen Ergebirge bildet die Altstadt mit Schloss und St. Georgen-Kirche.

15

# SÄCHSISCH-BÖHMISCHE SILBERSTRASSE: DEM EDELMETALL AUF DER SPUR

*Los geht es auf eine Route, die mit Silber gepflastert ist. Zumindest im übertragenen Sinne, denn die sächsisch-böhmische Silberstraße folgt den Spuren des Bergbaus in der Region und setzt sich im weiteren Verlauf bis Böhmen fort. Insgesamt 30 Schaubergwerke kann man zwischen Zwickau und Dresden besuchen, doch auf unserer Wochenendtour gibt es noch viel mehr zu entdecken.*

Zwickau
Dresden
147 km
3,5 Std.,
2–3 Tage

GPX-Download

## ETAPPE 1
## VON ZWICKAU BIS BAD SCHLEMA

⟷ 27 km ⏱ 45 Min., ½ Tag

Die erste Etappe ist relativ kurz. Denn schon in ① **Zwickau** gibt es so viel zu sehen, dass es kein Problem ist, etwas später aufzubrechen und vorher noch ein bisschen in der Stadt zu schlendern. Nach dem Start am Zwickauer Schwanenteichpark begleitet der Stadtfluss, die Zwickauer Mulde, den Weg aus der Innenstadt hinaus. Über Wilkau-Haßlau führt die Strecke auf der B 93 hinaus ins Grüne. Nach der Unterquerung der A 72 verläuft der Weg kurz durch ein Waldstück, ehe er Felder, Wiesen und Dörfchen streift. Auch die Zwickauer Mulde ist meist noch ein Begleiter, wenngleich sie sich hin und wieder in weiten Bögen von der Straße abwendet. Theoretisch wäre es möglich, den Weg durch eine Wanderung zum sogenannten Hermannsgrab bei Langenweißbach und dem Waldspielplatz zu unterbrechen. Kurz danach tauchen bereits die ersten Häuser von ② **Schneeberg** auf, dem Ort, hinter dem im direkten Anschluss die große Kreisstadt **Bad Schlema**, das vor allem für Saunagänger attraktive Freizeitbad und der Campingplatz liegen. Doch sind wir noch in Schneeberg, wo man nun im Museum erstmals in die Tradition des Bergbaus eintauchen kann. Schließlich gibt es nirgendwo in Deutschland so viele erhaltene gebliebene einstige Betriebsstätten, die ursprünglich aus dem Mittelalter oder der beginnenden Neuzeit stammen, wie auf der Silberstraße.

**ENTSPANNUNG**

Das **Gesundheitsbad Actinon** in Bad Schlema *(www.bad-schlema.de)* hat eine außergewöhnlich umfangreiche Saunenlandschaft zu bieten: Vor allem die afrikanische Sonnensauna ist ein optischer Hingucker. Das 34 Grad warme Radonwasser lockt gerade an düsteren Tagen.

Der Hauptmarkt bildet das Zentrum von Zwickau.

## ETAPPE 2
## BAD SCHLEMA BIS WOLKENSTEIN

⟷ 40 km ⏱ 55 Min., ½ Tag

Auf der Auer Straße geht es tags darauf nach? Klar, nach **Aue**, das sich allerdings auf kommunaler Ebene längst mit Bad Schlema zusammengeschlossen hat und nun ein Ortsteil der Großen Kreisstadt Aue-Bad Schlema ist. Gleich nach dem Start würde es sich anbieten, an der Kleingartenanlage links abzubiegen und das **Museum für Uranerz-Abbau** zu besuchen. Es ist nur ein kurzer Abstecher von ein paar hundert Metern bis zum Eingang. Viele Kleingärten begleiten die Bundesstraße B 169. Wer Lust hat, sich ein wenig die Füße zu vertreten, sollte auf die Beschilderung des Wanderwegs am Floßgraben achten, der kurz vor dem Ortseingang rechts der Straße beginnt.

Auf der Bundesstraße 101 führt die Silberstraße nun zügig wieder aus der Stadt hinaus und über Lauter nach ③ **Schwarzenberg**. Hier lohnt sich ein Stopp am *Wohnmobilstellplatz Schwarzenberg* 🚐 schon allein des Schlosses wegen, doch auch die Stadt selbst ist sehenwert. In **Annaberg-Buchholz**, das wir auf der Weiterfahrt entlang der B 101 erreichen, ist ein Stopp vor allem für Technikfreunde lohnenswert. Hier kann noch heute das älteste Schmiedemuseum Deutschlands, der sogenannte Frohnauer Hammer, besichtigt werden. Ebenfalls direkt an der Bundesstraße zu unserem Tagesziel Wolkenstein liegt der Kurort **Thermalbad Wiesenbad** mit idyllischem Kurpark, wo man einen Spaziergang unternehmen kann. **Wolkenstein** überrascht: Die historische, wunderbar restaurierte Stadt mit ihrem Markt, dem Rathaus mit Ratskeller und der kursächsischen Postmeilensäule sowie die zugehörige Burg liegen 70 m hoch auf einem Felssporn. Unterhalb zieht sich das Zschopautal dahin. Ein besonderes Übernachtungsquartier ist, wären wir nicht mit dem Wohnmobil unterwegs, das Wolkensteiner Zughotel, das Zimmer im Bahnhofsgebäude, aber auch in alten Bahnwagons bietet. Stattdessen finden wir Unterschlupf auf dem etwas außerhalb der Stadt liegenden Stellplatz an der Silber-Therme.

**SEHENSWERT**

**Schloss Schwarzenberg** *(www.schlossschwarzenberg.de)* ist schon von Weitem ein Blickfang. Mächtig erhebt sich das aus einer Wehranlage entstandene spätere Jagdschloss neben der St.-Georgen-Kirche. Heute ist hier das Museum der Stadt Schwarzenberg untergebracht.

## ETAPPE 3
# VON WOLKENSTEIN BIS FREIBERG

⟷ 42 km ⏱ 60 Min., ½ Tag

Es wird nun etwas bergiger. Vor allem Wohnmobillenker, deren Gefährte über eine etwas geringere Motorisierung verfügen, spüren das immer wieder. Dafür gestaltet sich die Landschaft recht abwechslungsreich.

**WANDERN MIT BLICK**
Südlich der Stadt Wolkenstein wird es spannend: Beiderseits der Zschopau erhebt sich ein Felsengebiet, das eines der interessantesten Wandererlebnisse der Region ermöglicht. Die **Wolkensteiner Schweiz** ist bekannt für atemberaubende Ausblicke.

Kurz hinter Wolkenstein biegt die Silberstraße scharf nach links ab und führt über die B 171 wieder auf die altbekannte B 101. Wer gleich auf der B 101 geblieben wäre, hätte Wolkenstein umfahren, hätte aber dennoch die **Wolkensteiner Schweiz** passiert.

Nun wird die Umgebung etwas ländlicher, zahlreiche Felder säumen die Strecke, zeitweise mit dem Bornwald auch ein umfangreiches Waldgebiet. Inmitten des Waldes tauchen auf der B 101 plötzlich zwei Lichtungen auf. Die eine ist das ④ **Kalkwerk**, das andere das zugehörige **Museum Lengefeld**. Sobald die Wehrgangkirche Mittelsaida links der Bundesstraße in den Blick kommt, ist in etwa die Hälfte dieses Tagesabschnittes geschafft. Viel Landschaft ist nun im weiteren Streckenverlauf zu sehen. Felder und Wiesen wechseln sich ab, zeitweise geht es durch Waldstücke. Sobald die Bebauung wieder dichter wird, nähert sich das Wohnmobil ⑤ **Freiberg**. Die Universitätsstadt ist größer als vermutet – und auch hier ist der Bergbau stets ein prägendes Thema gewesen. Immerhin 800 Jahre lang waren dieser Industriezweig und die Verhüttung finanziell bedeutsam. Erst 1969 endete diese Tradition. Wer eine Pause braucht: Am Johannisbad gibt es einen *Wohnmobilstellplatz* 🚐.

Die Felsen in der Wolkensteiner Schweiz laden immer wieder zur aussichtsreichen Rast ein, hier an der sogenannten Brückenklippe.

Camping Silberbach bietet entpannten Aufenthalt im Grünen.

ETAPPE 4

## VON FREIBERG BIS DRESDEN

⟷ 38 km ⏱ 50 Min., ½ Tag

Vor der Abfahrt noch ein Abstecher in die Tiefe gefällig? Weil vielleicht das Wetter ohnehin nicht optimal ist? Im **Silberbergwerk Freiberg** fasziniert vor allem der Untertagelehrpfad. Wer nicht so mobil ist, dass er sich die Fahrt in die Tiefe zutraut, kann an der Übertage-Führung teilnehmen. Danach aber geht es endgültig los. Über die B 173 führt der Weg auf dieser vierten und abschließenden Etappe hinaus aus Freiberg. Man verlässt die Stadt mit dem Gefühl, beim nächsten Mal etwas länger bleiben zu wollen, um vielleicht auch die nähere Umgebung entdecken zu können. Schon nach Kurzem liegt die Wohn- und Gewerbebebauung hinter dem Wohnmobil, und es geht hinaus ins Grüne. **Naundorf** ist die nächste etwas größere Ortschaft, bevor die B 173 wieder hinaus- und über Felder bis zum Tharandter Wald weiterführt. Nicht weit vom Ort entfernt liegt der geografische Mittelpunkt Sachsens. Im Wald bietet sich ein kurzer Stopp beim **Jagdschloss Grillenburg** an. Drei Teiche umgeben das Baudenkmal mit seinem romantischen Garten. Sogar baden kann man hier. Schön, wie die Strecke hier durchs Grüne führt – und das, obwohl man den Camper zielstrebig an **Freital** vorbei in Richtung der Dresdener Innenstadt lenkt. Eine ganz wunderbare Wegführung haben die Erfinder der Silberroute sich hier ausgedacht: Die Strecke endet direkt am phantastischen Ensemble der Altstadt von ⑥ **Dresden**.

**ABSTECHER**

Einen Abstecher lohnt **Schloss Burgk** bei Freital *(www.schloss-burgk-freital.de)*. Einst ein Rittergut, wurde das Schloss im 19. Jh. die Residenz von Freiherr Carl Friedrich August Dathe von Burgk. Von hier aus führte er auch die Geschäfte des hiesigen Steinkohle- und Hüttenwerks.

### EMPFOHLENE PLÄTZE

**Camping Silberbach** ★★★☆☆

1 Im Grünen liegt der Platz mit teils unparzellierten Plätzen und einer Fußbodenheizung im Sanitärbereich.

▶ Silberbachstr. 11, 08301 Bad Schlema, Tel. 03772/372032, GPS: 50.60662, 12.65821

■ www.pincamp.de/sn1820

**Camping Mockritz** ★★★½☆

2 Stadtnaher Campingplatz mit Bushaltestelle.

▶ Boderitzer Str. 30, 01217 Dresden, Tel. 0351/4715250, GPS: 51.014533, 13.747016

■ www.pincamp.de/sn3000

**Stellplatz Silbertherme Wolkenstein**

3 Zweckmäßiger Stellplatz für eine Handvoll Mobile.

▶ Am Kurpark 3, 09429 Wolkenstein, OT Warmbad, Tel. 037369/1510, www.warmbad.de/thermenwelt.cfm, GPS: 50.662729, 13.084359

### WEITERE GENANNTE PLÄTZE

**Wohnmobilstellplatz Schwarzenberg**, Uferstr. 10, 08340 Schwarzenberg

**Wohnmobilstellplatz am Johannisbad**, Lessingstraße, 09599 Freiberg

**Noch mehr tolle Plätze auf pincamp.de**

## ENTLANG DER ROUTE

### 1 Zwickau

Die viertgrößte Stadt Sachsens hat gleich zwei industrielle Traditionen. Zum einen steht sie seit mehr als 800 Jahren für den Bergbau, zum anderen ist sie eine Wiege der sächsischen Automobilproduktion. Die Steinkohle war lange Zeit absolut bestimmend, doch seit 100 Jahren ist auch das Auto nicht mehr wegzudenken. Die Werke von Horch und Audi wurden hier gegründet und in den 30er und 40er Jahren des vergangenen Jahrhunderts von der Auto-Union weitergeführt. Während der DDR-Zeit produzierten die Sachsenring-Werke schließlich den Trabant. Zwickau hat aber auch eine musikalische Ader: Der Romantik-Komponist Robert Schumann wurde hier geboren. Interessant für eine Besichtigung sind daher das August-Horch-Museum und das Robert-Schumann-Konservatorium. *www.zwickau.de*

### 2 Schneeberg

Wer auf der Silberstraße wandelt, sollte sich zumindest einmal mit der Volkskunst der einstigen Bevölkerung befassen. Für Kinder ist das einfach: Sie machen sich im Museum für bergmännische Volkskunst sofort auf die Suche nach dem Berggeist. Aber auch Erwachsene dürften fasziniert sein von den Exponaten wie den Klöppel- und Schnitzarbeiten – vor allem aber von den Modellen der Stollen in den Hügeln, die den Bergbau erst so richtig anschaulich werden lassen. Mit etwas Glück wird auch die Dorfkirmes gezeigt, ein Modell mit über 300 handgeschnitzten Figuren und einem Mechanismus, der das bis dahin starre Geschehen zum Leben erweckt. *www.museum-schneeberg.de*

### 3 Schwarzenberg

Man muss stets ein wenig vorsichtig sein, wenn sich ein Ort selbst als die »Perle der Region« bezeichnet. Bei Schwarzenberg ist das bei genauerem Hinsehen nicht übertrieben.

Die berühmte Dresdner Frauenkirche entstand im 18. Jh.

Wer würde ahnen, dass sich die auch schon von außen durchaus imposante Saalkirche St. Georg beispielsweise im Inneren als eindrucksvoller lichter Barock-Prachtbau präsentiert? Doch auch die Innenstadt Schwarzenbergs muss sich nicht verstecken. Wunderbare kleine Gässchen verleiten zum Bummeln, der Markt zum samstäglichen Einkauf. Einst wurde die große Kreisstadt als Befestigungsanlage zum Schutz von Handelswegen angelegt, später mutierte sie selbst zum Ausgangspunkt eines Handelsweges: Zu DDR-Zeiten wurde Schwarzenberg zum wichtigen Waschmaschinenfabrikationsort ganz Osteuropas. Zusätzlich ein Tipp: unbedingt im Eisenbahnmuseum vorbeischauen. Etliche altehrwürdige Dampflokomotiven lassen Bahnfreunden das Herz aufgehen. *www.schwarzenberg.de*

## 4 Kalkwerk und Museum Lengefeld

Schon der erste Eindruck ist faszinierend! Backsteinkamine ziehen sich in die Höhe, lichte Brücken mit gemauerten Pfeilern verbinden sie: Das Kalkwerk Lengefeld ist ein imposanter Komplex. Es zählt außerdem zu den bedeutendsten technischen Denkmälern der europäischen Bindemittelindustrie und hat eine lange Geschichte. Lengefeld wurde erstmals im Jahr 1515 im Lehnsbrief des Kurfürsten Moritz an Heinrich von Guentherode erwähnt. Heute sind die historischen Anlagen eine Stätte des UNESCO-Welterbes Montanregion Erzgebirge. Der Grund ist sicher, dass der komplette Prozess vom Rohmaterial bis zur Steinmehl- und Kalkherstellung noch jetzt nachvollziehbar ist. So sind neben den Kalkbrennöfen noch der Förderschacht, eine Schmiede, die Kalkmühle und die Verbindungsbrücken zu den Brennöfen vorhanden – ein einzigartiges Industriedenkmal mitten im Wald zwischen Wolkenstein und Freiberg. Kurz hinter dem Wald wäre ein Abstecher zum Schloss Rauenstein möglich: einfach links über schmale Sträßchen in Richtung Lengefeld abbiegen und durch den Ort fahren. Ein Parkplatz, groß genug für Wohnmobile, ist ebenfalls vorhanden. *www.kalkwerk-lengefeld.de*

## 5 Freiberg

Von wegen irgendein kleines Städtchen in Sachsen: Freiberg hat fast 40 000 Einwohner, ist Universitätsstadt und besitzt eine Altstadt, die mit ihrem Schloss Freudenstein und der alten Stadtmauer komplett unter Denkmalschutz steht. Es lohnt sich daher auf jeden Fall, hier mindestens eine Übernachtung einzuplanen. Abgesehen davon haben die Freiberger erkannt, dass Touristen vor allem mit Angeboten in freier Natur zu locken sind und offerieren daher neben Stadtführungen auch Fahrradtouren und Wanderungen in die Region. Der Bergbau ist stets mit dabei. Immerhin wurde hier vor 850 Jahren erstmals Silber entdeckt. Ein gewisser Silberrausch setzte ein – nicht vergleichbar mit dem Goldrausch in Alaska zwar –, aber die Gier nach dem wertvollen Edelmetall erhitzte auch in Sachsen die Gemüter. Heute ist das Silber nur noch eine Erinnerung an alte Zeiten und vor allem für Touristen reizvoll. Die Stadt versucht längst, einen Strukturwandel zum Hochtechnologiestandort zu realisieren. *www.freiberg.de*

## 6 Dresden

Die zwölftgrößte Stadt Deutschlands ist ein Touristenmagnet, und das mit gutem Grund. Bedeutende Bauwerke wie der schlichtweg überwältigende Innenraum der Frauenkirche, der Zwinger, die Semperoper oder das Residenzschloss haben der Stadt völlig zu Recht den Beinamen Elbflorenz beschert. Wer durch die Innenstadt spaziert oder auf der gegenüberliegenden Uferseite der Elbe das Ensemble der Altstadt bewundert, kann nicht unberührt bleiben. Kleiner Tipp: nach Anbruch der Dunkelheit noch einmal die Elbe überqueren und nun die reizvolle Illumination der Baudenkmäler ein zweites Mal genießen! *www.dresden.de*

# DER SÜDEN

*Die schönsten Ausblicke und Fahrstrecken mit dem Wohnmobil in den Alpen entdecken, die Heimat der deutschen Kaiser erleben und entlang der Bier- oder Weinstraße genießen: 15 ausgewählte Routen führen uns durch über Jahrhunderte intensiv genutztes Kulturland und außergewöhnliche Naturlandschaften. Im Süden geht die Fahrt durch herrliche Gebirge, grüne Wälder und malerische Dörfer, zu prächtigen Städten und an Seen, Flüssen und Mooren vorbei. Reichtum und Vielfalt unterschiedlichster Regionen laden dazu ein, auf Entdeckungstour zu gehen.*

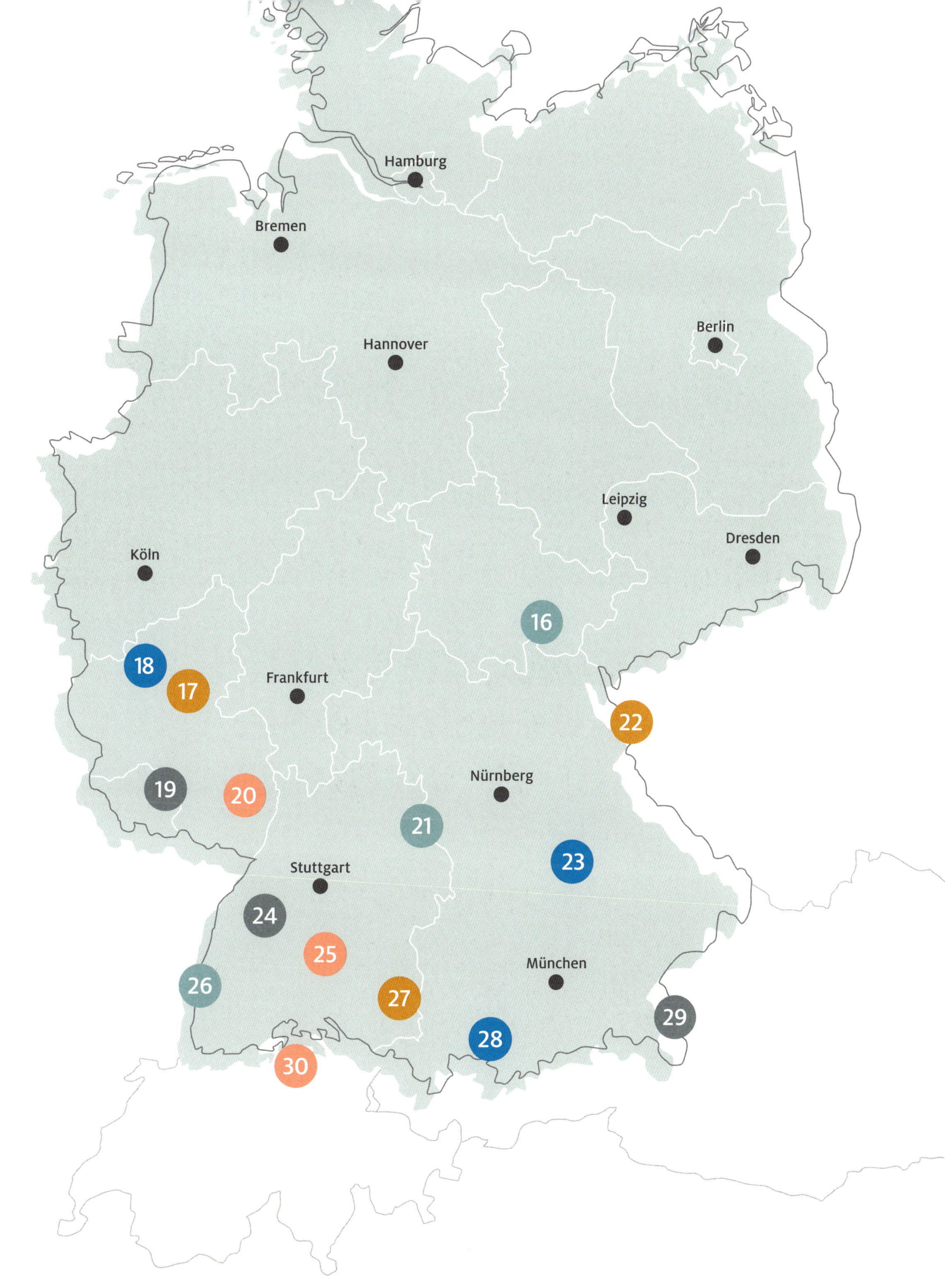
Hamburg
Bremen
Berlin
Hannover
Leipzig
Dresden
Köln
16
18
17
Frankfurt
22
Nürnberg
19
20
21
23
Stuttgart
24
25
München
26
27
29
28
30

Mit 1000-jähriger Geschichte und hübscher Fachwerkarchitektur präsentiert sich Kronach seinen Besuchern – die Bierspezialitäten nicht zu vergessen.

16

# AUF DER BIER- UND BURGENSTRASSE: GESCHICHTE UND GENUSS

*Burger und Bier sind ein wohl erprobtes Paar, das sich globaler Erfolge rühmt. Die Kombination aus Burgen und Bier ist deutlich seltener. Dennoch verbirgt sich auch hinter diesem Duo eine Erfolgsgeschichte: Die Bier- und Burgenstraße gehört seit 1977 zu den deutschen Themenstraßen. Einen Abschnitt, der vom fränkischen Kulmbach ins thüringische Apolda führt, nehmen wir hier unter die Lupe.*

Kulmbach
Apolda
158 km
ca. 3 Std., 2–3 Tage

GPX-Download

## ETAPPE 1
## VON KULMBACH NACH KRONACH

⟷ 22 km ⏱ 30 Min., ½ Tag

Manche Roadtrips sind auf umfangreiche Routenbeschreibungen angewiesen. Nicht so die Bier- und Burgenstraße, die fast durchgehend dem Verlauf der B 85 entspricht. Auf unserem Streckenabschnitt sind daher lediglich für die Abstecher und die finalen Kilometer Richtung Apolda Regieanweisungen erforderlich – ein Gedanke, der eine beruhigende Wirkung entfaltet, wenn wir ① **Kulmbach** in nordwestlicher Fahrtrichtung verlassen. Auch am Stadtrand mag sich Kulmbach noch nicht von seinem Ruf als Bierstadt verabschieden: Die Gasthausbrauerei Zum Gründla produziert seit 2003 eigenen Gerstensaft. Das Metzdorfer Bier ist als Pils und natürliches Vollbier erhältlich und wird auch in Flaschen abgefüllt. Dahinter wird es rasch ländlicher. Die Straße führt sanft kurvig mal durch Ackerland und dann wieder durch kleinere Wälder und winzige Dörfer. Erst mit **Weißenbrunn** wartet wieder eine nennenswerte Ortschaft mit 3000 Einwohnern – und einer reichen Geschichte. Einschlägige Papiere beweisen, dass hier bereits 1491 Bier gebraut wurde. Nachdem es jahrhundertelang eine größere Vielfalt gegeben hatte, kann sich Weißenbrunn heute immerhin noch rühmen, Sitz der Privatbrauerei Gampertbräu zu sein, die vor Ort bereits seit 1514 produziert. Ansonsten ist Weißenbrunn für seine herrliche Umgebung bekannt, die zum Wandern geradezu auffordert. Bis nach ② **Kronach** und zum *Wohnmobilstellplatz Hammermühle* 🚐 sind es nur eine Handvoll Kilometer.

Das Wasserschloss Mitwitz bietet interessante Schlossführungen an.

## ETAPPE 2
## VON KRONACH NACH PRESSIG

⟷ 19 km ⏱ 25 Min., ½ Tag

Wir verlassen Kronach in Richtung Norden, vorbei an der imposanten Festung Rosenberg. Durch unverändert liebliche Landschaften erreichen wir **Stockheim**, dessen Ausläufer sich an die thüringische Grenze schmiegen. Wer Lust auf eine Wellness-Einheit verspürt, kann im Hotel Rebhan's in der Sauna einchecken. Von hier ist es nur noch ein Steinwurf bis nach ③ **Pressig**. Einen *Wohnmobilstellplatz* 🚐 finden wir am Naturerlebnisbad in Pressig-Rothenkirchen.

**ABSTECHER**

Das **Wasserschloss Mitwitz**, ca. 15 km westlich von Kronach, stammt in seiner heutigen Form aus dem Jahr 1600 und gilt als eines der bedeutendsten Wasserschlösser Frankens *(www.schloss-mitwitz.de)*.

## ETAPPE 3
## VON PRESSIG NACH PROBSTZELLA

⟷ 26 km ⏱ 30 Min., ½ Tag

Bierfreaks sollten sich in der Region nach den Gerstensäften von Gessners Privatbrauerei umsehen, die 2022 im 15 km entfernten **Sonneberg** ihr 400-jähriges Bestehen feiern konnte. Die Brauerei allerdings kann nicht besichtigt werden und besitzt auch keinen Shop, verweist aber auf Händler in der Region *(www.privatbrauerei-gessner.de/haendlersuche)*. Ist der Einkauf erledigt, steuern wir **Steinbach am Wald** an, das zugleich den höchsten Punkt der Bier- und Burgenstraße markiert. Auf 584 m breitet sich der Ort zwischen den Bergen des Frankenwaldes aus. Vielen Wanderern ist er als Etappenziel des Rennsteigs bekannt, eines 170 km langen Fernwanderwegs, der von hier aus in nordwestlicher Richtung zunächst das Thüringer Schiefergebirge und danach den Thüringer Wald durchquert. Im Einklang damit hat sich Steinbach zu einem hübschen Ferienort gemausert, der im Winter mit Loipen und einigen Skiliften lockt. Im Sommer hingegen übernehmen die Nordic Walker und Mountainbiker. Nächstes Ziel ist **Ludwigsstadt**. Der Hauptort der gleichnamigen Gemeinde ist von gleich vier Gewässern durchzogen, die dem von Bergen eingefassten Ort ein Gesicht geben. Hier befindet sich mit der überregional bekannten Lauensteiner

Blick auf den Hohenwarte-Stausee, der in den 1930er-Jahren durch das Aufstauen der Saale entstanden ist

Confisserie mal wieder ein kulinarischer Glanzpunkt. Die Hauptattraktion aber wartet am Ortsausgang mit der **Burg Lauenstein**, dessen Hauptflügel mit vier intakten Schlosstürmen erfreut. Sie befindet sich im Besitz des Freistaats Bayern, der die Anlage aufwendig saniert und ein Museum mit Ritterutensilien, Kachelöfen und Gemälden aus der Renaissance darin eingerichtet hat. Kurz darauf passieren wir die Grenze zwischen den beiden Bundesländern Bayern und Thüringen, um mit ④ **Probstzella** die ehemalige Grenzstadt der DDR anzusteuern.

## ETAPPE 4
## VON PROBSTZELLA NACH SAALFELD

⟷ 27 km ⏱ 30 Min., ½ Tag

Nach einer Geschichtsstunde in Probstzella setzen wir den Weg durch das Tal der Loquitz fort. Wer einen Kühlschrank an Bord hat, kann sich kurz darauf auf **Schloss Eichicht** mit Wild aus der Region eindecken. Die im Hofladen des ehrwürdigen Bauwerks angebotenen Produkte gelten als Delikatesse. Wir befinden uns nun ganz in der Nähe der **Talsperre Hohenwarte**, welche die Saale zu einem sehenswerten See aufstaut. Hier verkehren auch Ausflugsschiffe, und es gibt – eventuell für einen längeren Aufenthalt – einen Campingplatz an den Ufern der Talsperre. Kurz vor **Kaulsdorf** mündet die Loquitz in die ungleich bekanntere und breitere Saale. Das Dorf (2400 Einwohner) ist in das üppig grüne Thüringische Schiefergebirge eingebettet und muss nicht ohne repräsentatives Gebäude auskommen: Schloss Kaulsdorf fällt durch Türmchen, Erker und Fachwerkfassade auf, ist aber nicht öffentlich zugänglich. Auf den verbleibenden Metern bis ⑤ **Saalfeld** kommen wir an **Schloss Obernitz** vorbei. Die Turmburg wurde bereits im 12. Jh. erwähnt, verharrte lange in einem Zustand beklagenswerten Verfalls und wird derzeit für eine bessere Zukunft gerüstet.

**SEHENSWERT**
Bei Hockerode, ca. 2 km vor Kaulsdorf, zweigt die B 90 nach **Leutenberg** (4 km südlich) ab, das in der Region als Stadt der sieben Täler bekannt ist und über einen sehenswert restaurierten, historischen Stadtkern verfügt.

## ETAPPE 5
## VON SAALFELD NACH BLANKENHAIN

⟷ 33 km ⏱ 40 Min., ½ Tag

Am Ortsausgang von Saalfeld überraschen gleich zwei landschaftliche Elemente. Nur wenige hundert Meter nördlich der B 85 breiten sich an der Saale die sogenannten **Remschütz Sandberge** aus, die Einheimische in Anspielung an amerikanische Landschaften gern als »Remschütz Badlands« bezeichnen. Dahinter wiederum baut sich der

**Kulmberg** auf, auf dem ein Aussichtsturm thront, der einen ergiebigen Rundumblick gestattet. Wem nun nach Wellness und Erholung zumute ist, der sollte einen Blick auf das Saalemaxx Freizeit- und Erlebnisbad – mit *Wohnmobilstellplatz* – vor den Toren von **Rudolstadt** werfen. Der Ort selbst ist wichtiger Bestandteil der Thüringischen Porzellanstraße, aber das ist ein anderes Thema. Nach dieser kurzen urbanen Blüte führt die Route wieder durch ländlichere Gefilde in Richtung ⑥ **Blankenhain**.

**ABSTECHER**

Zwischen Saalfeld und Rudolstadt geht es nach **Bad Blankeburg**. Der Ort hat alles, was diese Route ausmacht: die mächtige Burg Greifenstein und die Erlebnisbrauerei im Ortsteil Watzdorf, darüber hinaus eine Vergangenheit als Anbauort von Wein und Lavendel.

In **Buchfahrt** kreuzen wir die Ilm auf einem Konstrukt, das sonst eher in der Schweiz verbreitet ist: einer überdachten Holzbrücke, auf der allerdings nur Fahrzeuge bis zu einer Höhe von 2,9 m und einem Gewicht von 9 t zugelassen sind (größere Fahrzeuge fahren über die B 85, die Legefelder Straße und die A 4). Nach dieser kleinen Extravaganz folgen wir erneut der B 87. Diese führt schnurstracks an ⑧ **Apolda** vorbei, weshalb wir an der Erfurter Straße auf die Bremse treten und den *Stellplatz am Sportpark* in Apolda anzusteuern.

**SEHENSWERT**

Obwohl nicht direkt Leitmotiv unserer Route, wäre ein Umweg nach **Weimar** ins Bauhaus-Museum möglich, das sich Architektur von Weltrang aus der Zeit nach den Schlössern und Burgen widmet.

ETAPPE 6

## VON BLANKENHAIN NACH APOLDA

⟷ 31 km ⏱ 35 Min., ½ Tag

Golfspieler kommen hinter Blankenhain im Spa & Golf Resort Weimarer Land auf ihre Kosten. Alternativ lockt nur wenige Kilometer entfernt der Kurort ⑦ **Bad Berka**. Nach einem angenehmen Aufenthalt werden wir nun der B 85 untreu, die ab hier ihrem Zielort Bad Frankenhausen entgegenstrebt. Wir entscheiden uns für ein alternatives Finale, indem wir über die B 87 in Richtung Apolda fahren.

Das Kurstädtchen Bad Berka liegt an den Ufern der Ilm.

### EMPFOHLENE PLÄTZE

**Camping Stadtsteinach** ★★★

1 Der Campingplatz mit angenehm familiärer Atmosphäre befindet sich inmitten der malerischen Natur Nordostbayerns und erstreckt sich auf einer Wiese.

▶ Badstr. 5, 95346 Stadtsteinach, Tel. 092 25/80 03 94, GPS: 50.160466, 11.516183

■ www.pincamp.de/nb4200

**Campingplatz Saalthal-Alter** ★★★½

2 Die nette Anlage liegt an den Ufern der Talsperre Hohenwarte und bietet einen Seezugang.

▶ Saalthal 7, 07333 Unterwellenborn/Buchta, Tel. 036 73/22 22 67, GPS: 50.621136, 11.508749

■ www.pincamp.de/th4400

### WEITERE GENANNTE PLÄTZE

**Wohnmobilstellplatz Hammermühle**, Am Sand, 96317 Kronach

**Wohnmobilstellplatz am Naturerlebnisbad**, Badstr. 69, 96332 Pressig-Rothenkirchen

**Wohnmobilstellplatz am Freizeitbad Saalemaxx**, Hugo-Trinckler-Str. 6, 07407 Rudolstadt

**Wohnmobilstellplatz am Sportpark**, Schanzenweg 3, 99510 Apolda

Noch mehr tolle Plätze auf pincamp.de

## ENTLANG DER ROUTE

### 1 Kulmbach

Für eine Stadt mit gut 25 000 Einwohnern hat Kulmbach einiges zu bieten. Das beginnt mit den beiden Themen dieser Tour, von denen die Plassenburg das eine bedient. Die ehemalige Hohenzollernfestung thront seit ihren Anfängen im 12. Jh. hoch über der Stadt und gehört zu den größten Renaissance-Bauwerken Deutschlands. Besonders auffällig ist ihr schöner Innenhof. Die Festung beherbergt heute vier Museen, die allesamt einen eher speziellen Charakter besitzen. Am prominentesten ist das Deutsche Zinnfigurenmuseum. Die Stadt aber ist mit der Kulmbacher Brauerei und dem Mönchshof zugleich Standort zweier renommierter Brauereien. Auf dem Produktionsgelände der letztgenannten Brauerei warten wiederum drei Museen: Das Bayrische Brauereimuseum, das Deutsche Gewürzmuseum und das Bayrische Bäckereimuseum. Doch keine Sorge: Die kulinarischen Freuden sind in der Altstadt auch ganz ohne Eintrittskarte zu haben. Dort warten auch das Rathaus von 1752 mit anmutiger Rokokofassade sowie der Rote und der Weiße Turm. Beide sind Relikte der mittelalterlichen Stadtmauer. *www.kulmbach.de*

### 2 Kronach

Zu Füßen des Frankenwalds gelegen, blickt Kronach (16 000 Einwohner) auf eine lange Geschichte zurück. Berühmtester Sohn ist Lucas Cranach d. Ä., der hier 1472 das Licht der Welt erblickte. Wer mag, kann sich vor Ort auf die Spuren des Malers und Buchdruckers begeben. An den Flüssen Haßlach, Kronach und Rodach gelegen, bezaubert die Altstadt mit ihrem spätmittelalterlichen Charakter. Besonders sehenswert sind die Überbleibsel der ehemaligen Stadtbefestigung unter anderem mit dem Hexenturm. Auch in Kronach lockt mit der niemals bezwungenen Festung Rosenberg ein prägnantes historisches Bauwerk, das seinerseits einen Platz unter den größten und besterhaltenen Festungsanlagen Deutschlands beansprucht. Heute beherbergt es unter anderem die Fränkische Galerie, eine Zweigstelle des Bayerischen Nationalmuseums in München. Das Bierthema bedient unterdessen die Kaiserhöfer-Brauerei, die auch Führungen anbietet. *www.kronach.de*

### 3 Pressig

Pressig ist ein Markt oder, für alle Nicht-Bayern, eine Gemeinde mit Marktrecht und knapp 4000 Einwohnern. Auf einer Höhe von 400 bis 650 m gelegen, breitet sich der beschauliche Ort zwischen den sanften Hügel des Frankenwaldes aus – Grund genug für die Verantwortlichen, dem Ort ein Portfolio als naturnaher Ferienort zu verpassen. Dazu gehört ein Naturerlebnisbad, das vollständig ohne Chemie auskommt, aber auch eine Vielzahl an Rad- und Wanderwegen. *www.pressig.de*

### 4 Probstzella

Das kleine Städtchen Probstzella (3000 Einwohner) befindet sich im Talkessel des Thüringischen Schiefergebirges unmittelbar hinter der Grenze zu Bayern. Diese markierte jahrzehntelang auch die Grenze zwischen BRD und DDR, was für Probstzella erhebliche Folgen hatte. So diente der Ort als Grenzbahnhof für Züge, die zwischen Berlin und Bayern verkehrten, eine Epoche, die heute das Grenzbahnmuseum beleuchtet. Gleichzeitig war der Ort Teil einer Fünf-Kilometer-Sperrzone, was Besuche von nicht in Probstzella ansässigen DDR-Bürgern über Jahrzehnte hinweg fast unmöglich machte. Weit entfernt von der Last der Geschichte präsentiert sich heute das Haus des Volkes, das 1925 von Bauhaus-Architekt Alfred Arndt auf höchst luftige Weise fertig gestellt wurde. Das Denkmal beherbergt heute ein Hotel. Wer die Räder dabei hat und sportliche Herausforderungen nicht scheut, kann in der Gegend den Loquitzradwanderweg aufsuchen, der von Ludwigsstadt über Probstzella und Unterloquitz über 450 Höhenmeter bis zur Loquitzmündung führt. *www.vgem-probstzella.de*

### 5 Saalfeld

Als »Steinerne Chronik Thüringens« ist Saalfeld bekannt. Das ist zu einem guten Teil auf die Stadtmauer aus dem 14. und 15. Jh. zurückzuführen, die ebenso wie vier der einst fünf Stadttore die Zeit weitgehend unbeschadet überstanden hat. Die Mauer umschließt eine liebevoll restaurierte Altstadt mit einigen architektonischen Kuriositäten, darunter das Amtsgefängnis aus den 1850er-Jahren. Der runde Turmbau firmiert ob seiner ungewöhnlichen Form im Volksmund als Hutschachtel. Etwas außerhalb der 30 000-Einwohnerstadt lockt das Besucherbergwerk Saalfelder Feengrotten, ein ehemaliger Stollen zum Abbau von Alaunschiefer mit Tropfsteinen und farbenfreudigen Mineralien. Ein sogenannter Heilstollen erlaubt medizinische Inhalationen. Nach zwei Etappenorten (Pressig und Probstzella) ohne eigenen Gerstensaft bietet Saalfeld in Form des Bürgerlichen Brauhauses Abhilfe. *www.saalfeld.de*

### 6 Blankenhain

Mal wieder ein repräsentatives Bauwerk gefällig? Nun, damit kann Blankenhain dienen. Im zentralen Ort der gleichnamigen Gemeinde (knapp 7000 Einwohner) wartet auf einem Plateau ein recht ausgefallener Entwurf, der auf eine romanische Ringhausburg zurückgeht, heute aber als Schloss firmiert. Das Bauwerk besitzt die Form eines geschlossenen, unregelmäßigen Ovals, wobei Treppenturm, Hoftor und Prunkerker besonders sehenswert sind. Das Schloss dient als Schauplatz für kulturelle Veranstaltungen und Events. Bis 2018 war Blankenhain außerdem für das Weimarer Porzellan bekannt, das hier hergestellt wurde. Heute erinnert nur noch die Lage an der Thüringer Porzellanstraße an die glorreiche Vergangenheit, die der Historie des »Weißen Goldes« gewidmet ist (einige Exponate sind im Schloss auf Anfrage zu besichtigen). Zur Freizeitgestaltung bietet die Lindenstadt (so die Selbstdarstellung Blankenhains) ein hübsch gelegenes Waldbad sowie einen Golfplatz. *www.thueringen.info/blankenhain.html*

### 7 Bad Berka

Zwischen Weimar und Erfurt lockt im romantischen Ilmtal der Kurort Bad Berka (7500 Einwohner). Bis heute erfreut sich der Ort der Tatsache, das sein Kurpark auf niemand Geringeren als Johann Wolfgang von Goethe zurückgeht. Zwar war die Entdeckung der örtlichen »Stahlquelle« noch dessen Sekretär Ludwig Geist vorbehalten, doch konnte der Dichterfürst persönlich die örtlichen Entscheidungsträger später davon überzeugen, die Einheit von Mensch und Natur zu forcieren und Bad Berka zu einem Ort des Wohlbefindens auszubauen. Heute erstreckt sich das Gesundheitsangebot vom Konsum des Heilwassers über Wald-Wellness bis hin zu vielseitigen sportlichen Aktivitäten. Besonders beliebt sind die Nordic-Walking-Strecken sowie der Radweg durchs liebliche Ilmtal. *www.bad-berka.de*

### 8 Apolda

Kaum etwas ist so anrührend wie der Klang von Glocken. Für viele der größten und berühmtesten Exemplare im Lande zeichnen Manufakturen aus Apolda verantwortlich – darunter auch der sogenannte Dicke Pitter im Kölner Dom. Doch die 25 000-Einwohnerstadt ist zugleich ein würdiger Abschluss für unseren Abschnitt der Burgen- und Bierstraße, befindet sich hier doch mit Schloss Apolda ein weithin sichtbares Bauwerk, das einst im 12. Jh. als Burg angelegt wurde. Auch die Bierfans kommen hier noch einmal zu ihrem Recht, ist die Alpoldaer Brauerei doch für einen großen Sortenreichtum bekannt (Führungen durch die Brauerei sind möglich). Architekturfans sollten sich indes den sogenannten Eiermann-Bau vormerken. Egon Eiermann gilt als Protagonist der Hochmoderne und zeichnet unter anderem für den Langen Eugen in Bonn verantwortlich, der zu einer Ikone der BRD wurde. Heute befindet sich in dem Gebäude die Open Factory für kreative Projekte. *www.apolda.de*

Viele sehenswerte Orte reihen sich entlang des Oberen Mittelrheintals, die Besucher aus aller Welt anziehen, hier St. Goarshausen.

17

# ZWISCHEN REBEN UND FLUSS: DIE ROMANTISCHEN SEITEN DES RHEINS

*Sagenhaft schön ist das Mittelrheintal, das wir auf der Route der Rheinromantik durchfahren. Dieses entdeckten auch Künstler des 19. Jh. wie Clemens Brentano, Richard Wagner, Heinrich Heine, der Brite William Turner und der Franzose Victor Hugo. Sie ließen sich, ebenso wie wir heute, von der herrlichen Landschaft, den Burgen und idyllischen Ortschaften begeistern.*

Koblenz
Mainz
104 km
ca. 2 Std.,
2 Tage

GPX-Download

ETAPPE 1

## VON KOBLENZ NACH BOPPARD

⟷ 22 km ⏱ 30 Min., ½ Tag

Auf den Spuren der deutschen Romantiker fahren wir linksrheinisch durchs UNESCO-Welterbe Oberes Mittelrheintal. Dabei folgen wir immer dem Fluss. Zu herrlichen Aussichten auf den Rhein kommen Burgen und Schlösser. Campingplätze und Wohnmobilstellplätze liegen direkt am Ufer. Wandern, Radfahren und Ausspannen – für jeden Geschmack ist auf der Route das Passende dabei. Beginn unserer Tour ist das Deutsche Eck in ① **Koblenz**, wo die Mosel in den Rhein mündet. Ideal für den Stadtbesuch ist der KNAUS Campingpark. Wenn wir genug gesehen haben, starten wir in Richtung Süden. Auf der B 9 durchfahren wir Stolzenfels. Das gleichnamige Schloss, seine historischen Gärten und Parkanlagen in Steillage sind eine besondere Leistung der Rheinromantik. Der Landschaftspark wurde durch den preußischen Gartenkünstler Peter Josef Lenné gestaltet *(www.tor-zum-welterbe.de/de/schloss-stolzenfels)*. Nur ein paar Minuten Fahrt, und wir erreichen ② **Rhens**. Wir betreten den Ort durch eines der Stadttore und bewundern die schönen bunten Fachwerkhäuser und den Königsstuhl. Der ausgeschilderte »Traumpfad Wolfsdelle« belohnt nach einem steilen Aufstieg mit herrlichen Aussichten. Im angrenzenden Brey bietet der *Campingplatz Brey* ein Quartier mit Rheinblick. Kurz danach erreichen wir den Weinort **Spey**, in dem neben Fachwerkhäusern vor allem Vinotheken und Restaurants locken. Nach der Biegung des Rheins liegt der *Campingpark Sonneneck* direkt am Ufer vor uns, an dem wir bleiben könnten. Oder wir fahren weiter nach ③ **Boppard**, wo wir das Wohnmobil auf dem *Stellplatz am Remigiusplatz* abstellen.

**ABENTEUER**

Oberhalb von Boppard geht es auf schmalen Pfaden über den **Mittelrhein-Klettersteig**. Die schwierigsten Stellen können umgangen werden. Benötigt werden Wanderschuhe, Trittsicherheit und Schwindelfreiheit. Die Kletterausrüstung gibt es bei der Aral-Tankstelle.

Mit der Sesselbahn Boppard hinauf zu Traumblicken über den Rhein

ETAPPE 2

## VON BOPPARD BIS OBERWESEL

⟷ 25 km ⏱ 25 Min., ½ Tag

Rund 15 Minuten dauert der Spaziergang entlang des Rheins ins Zentrum von Boppard, wo wir durch die Gassen schlendern und die Reste des Römerkastells besichtigen. Nach einem Blick in die Kirche St. Severus steuern wir den Markplatz an und nehmen dann im Café Zeitgeist (Marktstr. 10) Platz, das liebevoll eingerichtet und in einem historischen Fachwerkhaus untergebracht ist. Krönender Abschluss ist die gemütliche Fahrt mit der Sesselbahn hoch hinauf zum Gedeonseck und dem Vierseenblick *(www.sesselbahn-boppard.de)*, wo wir die sagenhafte Sicht auf Boppard und die Rheinschleife genießen. Bei der Weiterfahrt nach **Bad Salzig** verändert sich die Landschaft. Nach dem Befall der Weinstöcke mit der Reblaus im 19. Jh. stieg man hier auf Obstanbau um. Wir vertreten uns die Beine und machen einen Spaziergang durch den weitläufigen Kurpark mit historischem Baumbestand. Dann steigen wir wieder ins Wohnmobil: Jetzt ist es nicht mehr weit nach **Hirzenach**, wo sich Reste eines ehemaligen Benediktinerklosters erhalten haben. Der barocke Probsteigarten aus dem 18. Jh. fällt ins Auge. Er bildet ein Ensemble

**ZU FUSS**

Die **Traumschleife Fünfseenblick** ist ein abwechslungsreicher Wanderweg oberhalb von Bad Salzig. Durch den Kurpark geht der Rundweg steil hoch zum Aussichtsturm mit Traumblick, dann weiter zur Betenden Nonne, dem Fünfseenblick und wieder zurück in den Ort.

mit der romanischen Kirche St. Bartholomäus, der Villa Brosius in der ehemaligen Pfarrkirche aus dem 11. Jh. und dem barocken Propsteigebäude. Wir passieren Fellen und erreichen ④ **St. Goar**. Restaurants und Cafés laden zur Einkehr ein, und wir können einer historisch eingerichteten Konditorei nicht widerstehen. Beim Bummel durch die Geschäfte vergeht die Zeit wie im Flug. Etwas außer Atem erreichen wir die Burg Rheinfels und kommen gerade pünktlich zur Besichtigung. Nach dem Ortsende von St. Goar sehen wir direkt am Rheinufer den Camping Loreleyblick. Zahlreiche Wohnmobile stehen hier mit bestem Blick auf die **Loreley** – ein idealer Platz, um den Schiffen beim Überwinden der Kurve zuzusehen und die Manöver der starken Schlepper zu bewundern, die dabei unterstützen. Nicht viel weiter stellen wir in ⑤ **Oberwesel** unser Wohnmobil vor der alten Stadtmauer ab.

**EINKEHREN**

Im **Weinhotel Landsknecht** in St. Goar-Fellen gibt es für Wohnmobilfahrer ausreichend Parkplätze. Die Spezialität im Restaurant sind saisonale, frische Produkte, dazu kommt ein herrlicher Blick auf den Rhein. *Aussiedlung Landsknecht 4–6, 56329 St. Goar-Fellen, Tel. 06741/2011, www.hotel-landsknecht.de*

## ETAPPE 3
# VON OBERWESEL BIS BINGEN

⟷ 24 km ⏱ 30 Min., ½ Tag

Wir schlendern durch die Gassen von Oberwesel unterhalb der markanten Schönburg. Im Kulturhaus Romantischer Rhein in einem denkmalgeschützten, alten Weingut begeben wir uns auf eine interaktive Zeitreise durch das Mittelrheintal. Sehenswert sind auch die Ruinen des ehemaligen Minoritenklosters. Vom Campingplatz Schönburgblick ist es nicht weit ins Zentrum. Dazu gehört ein kleiner *Wohnmobilstellplatz*. Bei der Weiterfahrt kommen wir am Anleger der Fähre nach Kaub vorbei, die auch Laster transportiert. Wohnmobilfahrer müssen bei der Auf- und Abfahrt allerdings aufpassen, um mit dem Fahrzeug nicht aufzusitzen. Daneben liegt die **Burg Pfalzgrafenstein** malerisch auf einer Flussinsel. Wir erreichen ⑥ **Bacharach**. Beim Bummel durch die Altstadtgassen zum Malerwinkel und hoch zur Burg Stahleck werden wir mit herrlichen Aussichten belohnt. Wer hier länger verweilen möchte, kann auf dem Reisemobilstellplatz am Campingplatz Sonnenstrand Quartier

In Sichtweite Kaiser Wilhelms und am Zusammenfluss von Mosel und Rhein breitet sich der KNAUS Campingpark Koblenz/Rhein-Mosel aus.

beziehen. Bei der Weiterfahrt kommen wir an Niederheimbach vorbei und erreichen kurz danach **Trechtingshausen** mit Burg Reichenstein. Fast unbemerkt passieren wir den 50. Breitengrad am Stromkilometer 533,8. Mit viel Glück erwischen wir danach einen der wenigen für Wohnmobile geeigneten Parkplätze unterhalb von Burg Rheinstein *(www.burg-rheinstein.de)*. Der Rundgang durch das prächtige Schloss ist wie ein Eintauchen in vergangene Zeiten. Mit Passieren des Mäuseturms auf einer Insel im Rhein nur ein paar Kilometer weiter haben wir ⑦ **Bingen** erreicht.

## ETAPPE 4
## VON BINGEN NACH MAINZ

⟷ 33 km ⏱ 45 Min., ½ Tag

In Bingen stellen wir das Wohnmobil auf dem Parkplatz Gerbhausstraße ab und sind schnell im Zentrum und an der Promenade. Auf den Spuren der hl. Hildegard von Bingen besuchen wir das Museum und den Kräutergarten, bevor wir die Fähre auf die andere Rheinseite nach **Rüdesheim** nehmen und kurzweilige Stunden in der Drosselgasse verbringen. Ideal für einen Aufenthalt sind der *Wohnmobilpark Bingen* und der *Campingplatz HIndenburgbrücke* nebenan. Auf der L 419 erreichen wir ⑧ **Ingelheim** und parken in der Nähe der ehemaligen Kaiserpfalz, die von Karl dem Großen gegründet wurde. Ein Spaziergang durch den Ort bringt uns zur Burgkirche im Ortsteil Ober-Ingelheim, der von einer Wehrmauer aus dem 15. Jh. umgeben ist. Aber auch der hier angebaute Rotwein ist – zumindest für den Beifahrer – eine Reise wert. Im Ingelheimer Winzerkeller dreht sich alles um den guten Tropfen. Wer ausgiebig probieren möchte: Neben dem Freibad befindet sich der *Wohnmobilstellplatz Im Blumengarten*. Wir passieren auf der L 422 Heidesheim, und schon ist durch den Lennebergwald die Landeshauptstadt ⑨ **Mainz** erreicht. Für den Besuch steuern wir den *Wohnmobilstellplatz* im Dr.-Martin-Luther-King-Weg an. Wer länger bleiben möchte, kann auch den *Campingplatz Maaraue* auf der anderen Rheinseite nutzen.

**AUFS WASSER**
Eine gute Möglichkeit, das UNESCO-Welterbe Oberes Mittelrheintal zu entdecken, ist eine Fahrt auf einem der **Ausflugsschiffe** der Schifffahrtsgesellschaften Köln-Düsseldorfer oder Bingen-Rüdesheimer. Empfehlenswert sind die Burgenrundfahrt oder die Loreleyfahrt.

## EMPFOHLENE PLÄTZE

**KNAUS Campingpark Koblenz/Rhein-Mosel**
★★★½☆

❶ Der angenehme und gut gepflegte Campingplatz liegt zwischen Mosel und Rhein mit schönen Blicken auf Koblenz und die Festung Ehrenbreitstein.
▸ Schartwiesenweg 6, 56070 Lützel, Tel. 02 61/827 19, GPS: 50.366033, 7.603666
■ www.pincamp.de/rp4000

**Camping Loreleyblick** ★★½☆☆

❷ Der große Campingplatz direkt am Rhein nimmt ein lang gestrecktes, ebenes Wiesengelände mit einzelnen, mittelhohen Bäumen ein und bietet einen tollen Blick auf den Loreleyfelsen und Burg Katz.
▸ An der Loreley 29-33, 56329 St. Goar, Tel. 067 41/20 66, GPS: 50,1418, 7,722283
■ www.pincamp.de/rp6800

**Wohnmobilstellplatz am Camping Sonnenstrand**

❸ Wohnmobilstellplatz direkt am Rhein in Stadtnähe.
▸ Strandbadweg 9, 55422 Bacharach, Tel. 067 43/17 52, www.camping-rhein.de, GPS: 50.055551, 7.771107

## WEITERE GENANNTE PLÄTZE

**Campingplatz Brey**, Am Rhein 1, 56321 Brey
**Campingpark Sonneneck**, an der B 9, 56154 Boppard
**Parkplatz St. Remigiusplatz**, Koblenzer Straße, 56154 Boppard
**Campingplatz Schönburgblick**, an der B9, 55430 Oberwesel
**Wohnmobilpark Bingen**, Ausserhalb 11, 55411 Bingen am Rhein
**Campingplatz Hindenburgbrücke**, Mainzer Str. 199, 55411 Bingen
**Wohnmobilstellplatz Im Blumengarten**, Im Blumengarten 22, 55218 Ingelheim
**Wohnmobilstellplatz Mainz**, Dr.-Martin-Luther-King-Weg 21, 55122 Mainz
**Campingplatz Maaraue**, Maaraue 48, 55246 Mainz-Kostheim

**Noch mehr tolle Plätze auf pincamp.de**

## ENTLANG DER ROUTE

### 1 Koblenz

Vor rund 2000 Jahren wurde die drittgrößte Stadt in Rheinland-Pfalz durch die Römer an der Mündung von Rhein und Mosel (Deutsches Eck) gegründet. Es folgte eine bewegte Geschichte. Ein Bombenhagel zerstörte zum Ende des Zweiten Weltkriegs 90 Prozent der historischen Gebäude. Zur Bundesgartenschau erhielten Stadt sowie Rhein- und Moselpromenaden ein Facelifting. Kurz danach entstand das monumentale Kulturzentrum Forum Confluentes mit Romanticum und Mittelrhein-Museum. Sehenswert sind auch das Kurfürstliche Schloss, die Florins- und Liebfrauenkirche, die romanische Basilika St. Kastor und die Festung Ehrenbreitenstein, die durch eine Seilbahn mit dem Deutschen Eck verbunden wird. *www.koblenz.de*

### 2 Rhens

Kaum zu glauben, aber in der malerischen Kleinstadt am Rhein mit den schönen, bunten Fachwerkhäusern fanden bedeutende Ereignisse der deutschen Geschichte statt. Der Königsstuhl etwa, ein zweistöckiger Achteckbau aus Stein, erinnert an wichtige Zeiten. Hier fanden seit dem 13. Jh. Verhandlungen der vier rheinischen Kurfürsten im Vorfeld der Wahl deutscher Könige statt. Man entschied sich für Rhens, weil hier die Gebiete der Fürsten aneinanderstießen. Rund um die Altstadt hat sich die Stadtmauer mit fünf Toren erhalten. Markant ist der Scharfe Turm am Rhein. Der historische Ortskern (Flecke) um den Marktplatz wurde neu gestaltet, die Fachwerkhäuser liebevoll saniert. Die wuchtige Kirche St. Dionysius am Friedhof verfügt über Bausubstanz aus dem 11. Jh. und eine überwiegend barocke Innenausstattung. *www.erlebnis-rheinbogen.de*

### 3 Boppard

Schon der britische Maler William Turner, der zu den Rheinromantikern gehörte, war von Boppard und der Lage zwischen Hunsrück und Rhein fasziniert. Kelten und Römer siedelten an der größten, landschaftlich reizvollen Rheinschleife. Ein riesiges Kastell war Bestandteil der Grenze gegen die Germanen. Von der Bedeutung zeugen noch die massiven, gut erhaltenen Mauern, die einst bis zu 9 m hoch waren. Mehr dazu erfahren Besucher in der Kastell-

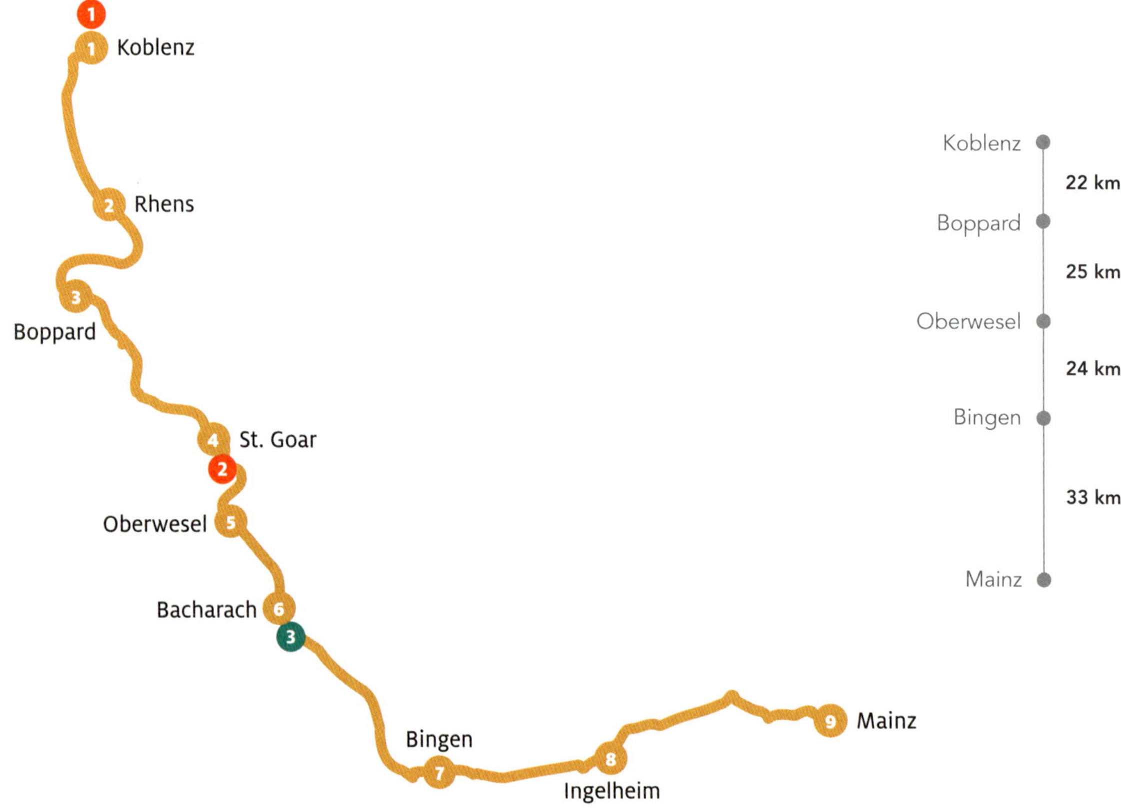

Ausstellung (Karmeliterstraße). Die Altstadt mit winkligen Gassen und lauschigen Plätzen lädt zum Bummeln ein. Die romanische Kirche St. Severus erhebt sich auf dem ehemaligen Kastellbad. Die kurfürstliche Burg in Boppard ist eine der wenigen noch erhaltenen mittelalterlichen Stadtburgen im Oberen Mittelrheintal. Der eindrucksvoll, weiße Bau direkt am Rhein beherbergt ein Museum zur Stadtgeschichte. *www.boppard-tourismus.de*

### 4 St. Goar

St. Goar bezeichnet sich selbst als die »kleinste Weltstadt am Mittelrhein«. Der Ort eignet sich gut für einen Aufenthalt und bietet eine Vielzahl verschiedener Geschäfte, Cafés und Restaurants. Der sagenhafte Loreleyfelsen liegt gleich gegenüber, und über dem Ort thront die im 13. Jh. gebaute, imposanten Burg Rheinfels. Sie diente als Residenzschloss und wurde zusätzlich zu einer weitläufigen Festungsanlage ausgebaut. Anders als die übrigen Burgen im Mittelrheintal wurde sie im Dreißigjährigen Krieg und auch im Pfälzischen Erbfolgekrieg zwar belagert, aber nicht zerstört. Kaum zu glauben, aber die Festung trotzte sogar einer 28 000 Mann starken französischen Armee. Der Besuch ist mit und ohne Führung ein Erlebnis. Von St. Goar kann man gut den Hunsrück erreichen oder mit der Fähre auf die andere Rheinseite fahren. *www.stadt-st-goar.de*

### 5 Oberwesel

Von der mittelalterlichen Bebauung sind die begehbare Stadtmauer mit 16 Türmen und schöne Fachwerkbauten erhalten. Dazu kommen die hochgotische Liebfrauenkirche mit außergewöhnlicher Ausstattung und die Martinskirche mit Wehrturm und gotischen Malereien. Im 13. Jh. gründeten die Franziskaner in Oberwesel ein Kloster. Kirchenruine, Klostergarten, Kreuzgang und Sakristei des ehemaligen Franziskaner-Minoritenklosters sind im Stadtbild noch erhalten. Ein besonderes Schmuckstück ist auch das Kulturhaus Romantischer Rhein. Über allem thront die markante wieder aufgebaute Schönburg. *www.oberwesel.de*

### 6 Bacharach

Der alte Weinhandelsplatz verzaubert durch eine fast intakte Stadtmauer mit Wehrgängen, historische Gassen und herrliche Fachwerkbauten und gehört zum UNESCO-Welterbe Oberes Mittelrheintal. Das im 16. Jh. erbaute Alte Haus, in dem sich ein Restaurant befindet, ist eines der bekanntesten mittelalterlichen Fachwerkhäuser am Rhein. Auffallend sind die vier Giebel, die Ecktürmchen und die Rokokotüren. Oberhalb des Ortes erhebt sich malerisch auf einem Felssporn Burg Stahleck, in der eine Jugendherberge untergebracht ist. *www.bacharach.de*

### 7 Bingen

Auf einer Rheininsel vor der Stadt an der Schnittstelle der Weinanbaugebiete Rheinhessen, Nahe, Mittelrhein und Rheingau steht der markante Mäuseturm. Und auch sonst vereint das sympathische Bingen unterhalb von Burg Klopp Geschichte und Moderne. Die hl. Hildegard von Bingen verbrachte hier einen Großteil ihres Lebens. Im Museum am Strom erfährt man mehr über ihr Wirken und die 2000-jährige Geschichte von Bingen. Angeschlossen ist der Kräutergarten der Heiligen. *www.bingen.de*

### 8 Ingelheim

Karl der Große baute in Ingelheim eine Kaiserpfalz. Auf einem historischen Rundgang geht es vorbei an Resten der Aula regia, der romanischen Saalkirche und des Heidesheimer Tors. Ähnlich alt ist wohl auch der Anbau von Burgunderreben rund um den Ort. Guter Rotwein hat also eine lange Tradition in Ingelheim. Die evangelische Burgkirche ist eine imposante Wehrkirchenanlage. Auf dem Westerberg erhebt sich der Bismarckturm, der als Aussichtsturm dient. Ganz in der Nähe leben im Tiger-Garten Waldeck mehrere seltene Bengal-Tiger. *www.ingelheim-erleben.de*

### 9 Mainz

Eine 2000-jährige Kultur und viel Lebensfreude prägen die Landeshauptstadt von Rheinland-Pfalz, in der sich in der Altstadt urige Weinlokale und romantische Plätze aneinanderreihen. Einer davon ist der malerische, von rotweißen Fachwerkhäusern umgebene Kirschgarten. Im Zentrum der Stadt steht der mächtige romanische Dom. Er war lange Zeit religiöser und politischer Mittelpunkt des römisch-deutschen Reichs. Durch Um- und Ausbauten vereint er Baustile von der Frühromanik bis zur Gegenwart. Das Gutenberg-Museum erinnert an den berühmten Erfinder des Buchdrucks, der in Mainz geboren wurde. Prunkstücke der Sammlung sind zwei originale Gutenberg-Bibeln. In der Kirche St. Stephan am Rand der Altstadt verschönern Glasfenster des berühmten Künstlers Marc Chagall den schlichten Kirchenraum. *www.mainz-tourismus.com*

Die mächtige dreischiffige, doppelchörige Klosterkirche ist das Herzstück der Benediktinerabtei Maria Laach.

18

# AUF GEOLOGISCHER ENTDECKERTOUR: VON MARIA LAACH BIS GEROLSTEIN

*Die Deutsche Vulkanstraße erstreckt sich auf über 280 km quer durch die Eifel. Sie verbindet 39 erdgeschichtlich interessante Standorte vom Laacher See bis zu den Gesteinsfalten in Manderscheid. Entlang der Route finden sich zahlreiche Natur- und Kulturdenkmäler, dazu atemberaubende Aussichten, viel Wald, wunderschöne Maare und beschauliche Städtchen.*

Laacher See
Gerolstein
214 km
ca. 4,5 Std.
3–4 Tage

GPX-Download

## ETAPPE 1
## VOM LAACHER SEE BIS MENDIG

⟷ 4 km ⏱ 10 Min., 1 Tag

Das Wohnmobil hat nach seiner Ankunft auf dem kostenfreien, aber recht kleinen Parkplatz Am Erntekreuz direkt am ① **Laacher See** erst einmal Pause. Denn bereits von hier hat man einen wundervollen Blick auf den See, der Lust macht, sich diesen wunderschönen Ort näher anzusehen. Von hier aus unternehmen wir einen kleinen, nicht allzu anstrengenden Spaziergang zum Hochkreuz auf dem Scharfen Knüppchen, weiter zum Mundloch des Delius-Entwässerungstunnels und zum Fulbert-Stollen, die beide unter dem Parkplatz verlaufen und an der alten Laacher Mühle enden. Sollte sich Am Erntekreuz kein Parkplatz mehr finden: Von der Autobahnabfahrt (A 61) Mendig/Maria Laach sind es nur etwa 2 km bis zum großen Besucherparkplatz der Abtei Maria Laach. Die ersten 60 Minuten parkt man dort kostenlos, ein Tagesticket für ein Wohnmobil kostet 7 €. Man sollte es sich nicht nehmen lassen, den Laacher See zu Fuß zu umrunden. Der Uferweg ist rund 8 km lang, hat aber so gut wie keine Steigungen und ist in 1,5 bis 2 Std. gut zu schaffen. Der höher gelegene Naturfreundeweg umfasst 12,5 km und verläuft auf halber Hanghöhe, hat einige Steigungen und nimmt rund 3,5 Std. in Anspruch. Auch einen Besuch der ② **Abtei Maria Laach** darf man auf keinen Fall versäumen, entweder auf halbem Weg der Wanderung oder als Ausgangspunkt. Selbstverständlich kann man von der Abtei aus auch nur einen kurzen Abstecher zum See machen. Man sollte sich aber immer möglichst ruhig und rücksichtsvoll verhalten. Denn der See ist Naturschutzgebiet, in dem zahlreiche und seltene Vogelarten leben. Vom Laacher See aus – ab Erntekreuz über die L 113 – sind es nur ein Katzensprung nach ③ **Mendig** zum *Wohnmobilstellplatz* 🚐 (Brauerstr. 10) in unmittelbarer Nähe zum Lava-Dome und nur rund 700 m ins Stadtzentrum. Den Besuch des Lava-Domes sollte man unbedingt mit einer Besichtigung der Lava-Keller verbinden. Diese sind nur im Rahmen einer Führung zugänglich und mit konstanten 6 bis 8° C sehr erfrischend. Für die ca. einstündige Führung sollte man daher an angemessene Kleidung denken. Wer nach dem Besuch des Lava-Domes und der Lava-Keller erschöpft ist, kann auf dem Stellplatz auch übernachten: Platz ist hier für zehn Mobile.

**SEHENSWERT**

Das **Erntekreuz**, ein Wegekreuz geschmückt mit Erntesymbolen, ist aus der porösen Mendiger Basaltlava gefertigt. Errichtet wurde es, wie sein Sockel verrät, »durch Abt Basilius Ebel im Jahr des Heils 1951«.

**WISSENSWERT**

Das Wort »laach« stammt vom althochdeutschen »lacha«, das später zu »laach« wurde und See bedeutet. Der Name **Laacher See** ist also eigentlich »doppelt gemoppelt«.

## ETAPPE 2
## VON MENDIG ZUM MAYENER GRUBENFELD

⟷ 27 km ⏱ 40 Min., ½ Tag

Von Mendig führt die Tour rund 40 Minuten zunächst auf der B 256 und der L 113 über Polch und Mertloch, dann weiter auf der L 82, L 110 und der K 28 zum Naturschutzgroßprojekt ④ **Mayener Grubenfeld**. Das Gebiet ist eine vor mehr als 7000 Jahren entstandene Grubenlandschaft, in der tausende Jahre lang Basalt abgebaut wurde. Vom Basaltlavastrom sind heute nur noch zwei sichelförmige Segmente übrig, die als Denkmäler erschlossen und für die Nachwelt erhalten wurden: die als Ettringer Bellerberg bekannte Westflanke des ehemaligen Vulkans sowie die als

**Am Laacher See: Zeit für eine Bootstour oder ein erfrischendes Bad**

Kottenheimer Büden bekannte Ostflanke. Das Mayener Grubenfeld war eines von drei bedeutenden Abbaugebieten, die aus der entströmten Lava entstanden und bereits in frühgeschichtlicher Zeit erschlossen und genutzt wurden. Durch die vielen Stollen wurde das Mayener Grubenfeld zum Fledermausparadies. 20 000 bis 50 000 Tiere sind hier zeitweise zu Hause. Ein Spaziergang durch das Gelände ist erholsam und spannend zugleich.

> **WISSENSWERT**
> Die unterirdischen **Mühlsteingruben** im Mayener Grubenfeld sind eines der bedeutendsten Fledermausquartiere Mitteleuropas. 16 Fledermausarten sind hier nachgewiesen.

ETAPPE 3

## VOM MAYENER GRUBENFELD NACH ULMEN

⟷ 74 km ⏱ 80 Min., 1 Tag

Nach dem Ausflug in die Unterwelt steht uns der Sinn nach Höherem: Wir fahren zurück auf die Hauptstraße und ungefähr 45 Minuten über die L 108, L 98 und L 97 – vorbei an Kaisersesch und Monreal –, dann weiter über die B 258 und die B 412 zur ⑤ **Hohen Acht** in Adenau. Das Fahrzeug lassen wir entweder an der Abzweigung zur Hohen Acht gegenüber dem Hotel Hohe Acht stehen oder auf dem Wanderparkplatz an der L 10. Von dort aus ist es ein etwa 1 km langer Fußmarsch zum Aussichtsturm auf der Hohen Acht, dem »Dach der Eifel«. Ganz oben auf der Basaltkuppe thront seit 1909 der Kaiser-Wilhelm-Turm. Wer die 73 Stufen im Inneren des Turms hinaufsteigt, genießt von der obersten Plattform aus eine unvergessliche Aussicht, die an klaren Tagen bis nach Köln, zum Siebengebirge, dem Westerwald und bis zu den Ardennen reicht. Nur eine Viertelstunde Fahrt durch waldreiches Gebiet über die B 412 und die B 258 entfernt liegt die ⑥ **Nürburg**. Wer noch mehr Aussicht genießen will, vor allem auf den legendären Nürburgring, muss auch hier unbedingt einen Stopp einlegen. Die letzte knapp 20-minütige Etappe des Tages führt von der Nürburg zurück auf die B 258 und weiter auf der B 257 über Kelberg nach ⑦ **Ulmen**, am besten direkt zum Campingplatz am Jungferweiher. Eine Pause haben wir uns nun wirklich verdient, und die wichtigsten Sehenswürdigkeiten und urige Gaststätten sind von hier aus bequem fußläufig zu erreichen.

ETAPPE 4

## VON ULMEN NACH SCHALKENMEHREN ÜBER BAD BERTRICH

⟷ 59 km ⏱ 75 Min., 1 Tag

Von Ulmen führt unser Weg ca. 30 Minuten über die L 66 und B 421 durch wunderschöne Landschaft nach ⑧ **Bad Bertrich**, einen beliebten Kurort, der von sieben Vulkanen umgeben ist und auf einer 10 km langen Wanderung der Geo-Route erkundet werden kann. Wem das zu anstrengend ist, der steuert einen der zahlreichen Parkplätze an und schlendert durch den wunderschönen Ort, kostet vom Thermalwasser, setzt sich auf eine Bank und genießt das bunte Treiben, bevor es in nördlicher Richtung wieder auf die B 421 zurückgeht. Naturfreunde sollten sich einen Halt in Gillenfeld am ⑨ **Immerather Maar** nicht entgehen lassen. Am besten parkt man an der B 421 kurz vor der Abzweigung nach Immerath und läuft das kurze Stück bis zum Maarsee. Die Maarseen sind die wohl bekanntesten Wahrzeichen der Vulkaneifel. Die kreisrunden Seen in tiefem Blau, umrahmt von sattem Grün, werden auch die »Augen« der Vulkaneifel genannt. Schwimmen ist hier leider nicht erlaubt. Ein Naturfreibad gibt es dafür am nur wenig entfernten **Pulvermaar**, wo in Gillenfeld auch ein zum Feriendorf Pulvermaar gehörender *Wohnmobilstellplatz* 🚐 (Vulkanstraße) zu finden ist. Das Pulvermaar ist das am besten erhaltene Maar der Eifel und gilt mit einer Wassertiefe von 74 m als einer der tiefsten Seen Deutschlands. Zudem verfügt das von Wald umgebene Maar auch über die größte Wasserfläche der Eifeler Maarseen.

> **WISSENSWERT**
> 77 Maare sind in der **Vulkaneifel** bisher nachgewiesen, aber bei weitem nicht alle sind mit Wasser gefüllt. Bis auf zwölf Maare sind alle verlandet.

Bad Bertrich: Kurort mit langer Tradition

Am Gipfel der Hohen Acht, des höchsten Berges der Eifel, ragt der Kaiser-Wihelm-Turm auf und bietet eine wunderbare Fernsicht.

Zurück geht es wieder auf die B 421 in Richtung Daun. In naher Umgebung findet sich der Wohnmobilpark Vulkaneifel in **Schalkenmehren**. Von hier aus sind die drei Dauner Maare und auch das wunderhübsche Städtchen ⑩ **Daun** bei einer schönen Wanderung gut zu erreichen.

ETAPPE 5

## VON SCHALKENMEHREN NACH GEROLSTEIN

⟷ 50 km ⏱ 60 Min., ½ Tag

Die letzte Etappe führt zunächst etwa 30 Minuten über die L 64 und B 421 nach **Hillesheim**. Krimi-Fans, aber auch Spaziergänger und Wanderer kommen in dem Städtchen inmitten einer wahrhaften Bilderbuchlandschaft voll auf ihre Kosten. Leider bleibt auf dieser Tour keine Zeit für Ermittlungen. Wir merken uns aber einen längeren »Krimi-Besuch«, eventuell auch mit einer Übernachtung in einem »Krimi-Hotel« *(www.krimiland-eifel.de)* vor und fahren knapp 10 km weiter nach Steffeln. Wenn nicht viel Betrieb ist, kann man am kleinen Parkplatz Eichholzmaar parken. Von hier aus ist es nicht weit zum See, der gut zu umrunden ist. Erreichbar sind von hier aus auch der ⑪ **Vulkangarten Steffeln** und der Steffelnkopf. Nach einem ausführlichen Rundgang steuern wir unser Wohnmobil die letzten 14 km nach **Gerolstein**. Ziel ist der *Wohnmobilstellplatz* unmittelbar am Hallen- und Freibad (Raderstr. 20), der auch für Dickschiffe geeignet ist. Bis zur verkehrsberuhigten Innenstadt mit zahlreichen Geschäften, gemütlichen Cafés und Restaurants sind es nur acht Gehminuten.

### EMPFOHLENE PLÄTZE

**Campingplatz Jungferweiher** ★★

1 Der Platz bietet Wohnmobilstandplätze mit Seeblick.
▶ Am Jungferweiher 4, 56766 Ulmen, Tel. 02676/ 951 9113, GPS: 50.21839, 6.97403
■ www.pincamp.de/rp2400

**Camping Eifelblick** ★★★★

2 Der gemütliche Campingplatz gewährt weite Blicke über die Höhenzüge der Eifel.
▶ Hillenseifen 200, 54568 Hinterhausen, Tel. 065 91/678, GPS: 50.21625, 6.60515
■ www.pincamp.de/rp2300

**Wohnmobilpark Vulkaneifel**

3 Der Platz nahe der Dauner Maare verfügt über großzügige, parzellierte Standplätze.
▶ 54552 Schalkenmehren, Tel. 065 92/615 97 80, www.wohnmobilpark-vulkaneifel.de, GPS: 50.169472, 6.87125

### WEITERE GENANNTE PLÄTZE

**Wohnmobilstellplatz Lava-Dome**, Brauerstr. 10, 6743 Mendig
**Wohnmobilhafen Pulvermaar**, Vulkanstraße, 54558 Gillenfeld
**Wohnmobilstellplatz Gerolstein**, Raderstr. 20, 54568 Gerolstein

Noch mehr tolle Plätze auf pincamp.de

## ENTLANG DER ROUTE

### 1 Laacher See

Bei dem mit rund 3,3 km² Fläche und etwa 53 m Tiefe größten See in Rheinland-Pfalz handelt es sich nicht um ein Maar, sondern eine wassergefüllte Caldera. Sie entstand beim Ausbruch des Laacher Vulkans um etwa 13 000 v. Chr. durch Einsturz oberflächennaher Magmakammern. Spuren der vulkanischen Tätigkeit finden sich noch heute in Form vulkanischer Ausgasungen, sogenannter Mofetten, am Ostufer des Sees. *www.vulkanregion-laacher-see.de*

### 2 Abtei Maria Laach

Die Benediktinerabtei Maria Laach gehört zu den bekanntesten Sehenswürdigkeiten der Vulkanstraße. Die sechstürmige Abteikirche, zwischen 1093 und 1216 errichtet, ist ein wunderschönes Zeugnis romanischer Architektur und das ganze Jahr über frei zugänglich. Die Abtei mit Werkstätten, Gärtnerei, Buchhandlung und einem kleinen Laden für traditionelles Kunsthandwerk zieht Jahr für Jahr über eine Million Besucher an. *www.maria-laach.de*

### 3 Mendig

Weit mehr als ein Museum ist das interaktive Erlebniscenter Lava-Dome in Mendig. Hier erfährt der Besucher alles über die Entstehung der Region bis zum Ausbruch des Laacher-See-Vulkans. 32 m unter der Stadt Mendig taucht man in eine andere Welt ein: Die größten Lavakeller der Erde und ein Labyrinth aus Stollen und Schächten mit einer Fläche von fast 3 km² entstanden durch den Abbau des Basaltlavagesteins. Von den Mendiger Brauereien wurden die 10 bis 12 m hohen Hohlräume einst zur Bierkühlung genutzt *(www.lava-dome.de)*. Unweit von Mendig öffnet sich ein geologisches Fenster in die vulkanische Vergangenheit: Die Ablagerungen der imposanten Wingertsbergwand zeugen von einer gewaltigen Eruption in der jüngeren Erdgeschichte, die weite Teile der Osteifel für immer veränderte. In Mendig findet sich auch der Start eines kurzen Rundwegs mit Schautafeln. *www.stadt-mendig.de*

### 4 Mayener Grubenfeld

Das Grubenfeld bei Mayen ist eine im Laufe von mehr als 7000 Jahren entstandene, bizarre Bergbaulandschaft. Ein 1,2 km langer Rundwanderweg, der »Fledermauspfad«,

Das hübsche Städtchen Ulmen liegt am gleichnamigen Kratersee.

führt durch das Gelände mit alten Steinbrüchen, Lavawänden, unterirdischen Abbaukammern und modernen Tagebauten. In den Erlebniswelten am Rande des Grubenfeldes zeigt die Ausstellung »Steinzeiten«, wie die Menschen das Vulkangestein im Laufe der Zeit abgebaut und genutzt haben. *www.vulkanpark.com*

## 5 Hohe Acht

Mit stattlichen 747 m ist die Hohe Acht der höchste Gipfel der Eifel. Sie gehört zu den Hocheifelvulkanen, die durchschnittlich 40 Mio. Jahre alt und fast bis auf die Schlotbereiche abgetragen sind. Der Kegel besteht nur in den oberen 50 m aus Basalt, der Fuß setzt sich aus Schiefer und Sandstein zusammen. *www.eifel.info*

## 6 Nürburg

Die Nürburg aus dem 12. Jh. ist die höchstgelegene Burg in Rheinland-Pfalz (676,5 m ü.NN). Sie wurde auf einem aus Basalt bestehenden, herausgewitterten Vulkanschlot erbaut. Der Basaltfelsen gab dem Berg und der Burg den Namen: Mons Nore, der schwarze Berg. Vom 39 m hohen Bergfried genießt man einen fantastischen Rundblick über die Region und die »Grüne Hölle« des Nürburgrings. Die Burg ist nicht immer geöffnet. *www.nuerburg.de*

## 7 Ulmen

Die beschauliche Stadt Ulmen liegt direkt am gleichnamigen Maar. Mit seinen »zarten« 10 900 Jahren gilt das Natur- und Wasserschutzgebiet Ulmener Maar als das »Nesthäkchen« unter den Eifelmaaren. Dass der Vulkanismus in dem 36 m tiefen Gewässer noch aktiv ist, zeigen Blasen im Randbereich. Die Hänge des Maarkessels sind mit Grün und Wald bewachsen, so dass sich ein Rundweg um das 5,5 ha große Gewässer lohnt. Zu empfehlen ist auch ein Abstecher hinauf zur mittelalterlichen Burgruine. Nördlich vom Ulmener Maar liegt der Jungferweiher. Dieses vormals verlandete, ältere Trockenmaar wurde 1942 durch Aufstauen des Nollenbaches wieder geflutet. Das Wasser fließt seither in das Ulmener Maar ab und dient der Trinkwassergewinnung. *www.stadt-ulmen.de und www.eifel.info*

## 8 Bad Bertrich

Im idylllischen Üßbachtal zwischen Vulkaneifel und Mosel liegt das Staatsbad Bad Bertrich. Aus über 2300 m Tiefe sprudelt hier die einzige Glaubersalzthermalquelle Deutschlands mit 32° C aus einer vulkanischen Bruchspalte an die Oberfläche. Die wohltuende Wirkung des Wassers erkannten vor rund 2000 Jahren bereits die Römer. Sie fassten die Quelle so fachmännisch ein, dass das unterirdische Mauerwerk bis heute erhalten ist. Dem Heilwasser werden besonders bei Stoffwechelserkrankungen Heilkräfte zugeschrieben. *www.bad-bertrich.de*

## 9 Immerather Maar

Mit einer Uferlänge von 800 m ist es das kleinste und mit einer durchschnittlichen Wassertiefe von 1,50 m auch das flachste der Eifelmaare. Entstanden sind die Maare durch Vulkanausbrüche, als glutflüssige Lava auf wasserführende Schichten im Erdreich traf. Das Wasser verdampfte schlagartig durch enorme Verpuffungen, Erdschichten wurden ausgesprengt. An der Oberfläche entstanden von herausgeschleudertem Material umgebene »Riesentrichter«, die sich teils mit Wasser füllten. In der Vulkaneifel wurden bisher 350 Ausbruchszentren gezählt, davon 270 aus der jüngeren Phase. Nicht alle wurden zu Maaren. Manche Eruption erscheint an der Oberfläche als Vulkankegel. *www.eifel.info*

## 10 Daun

Der Kneipp-Kurort und Heilklimatische Kurort Daun ist mehr als 1250 Jahre alt und war Stammsitz der Dauner Grafen. In den zahlreichen Heil- und Mineralquellen des Kurortes lässt es sich wunderbar entspannen. Sehenswert ist auch das das Eifel-Vulkanmuseum. *www.stadt-daun.de.*

## 11 Vulkangarten Steffeln

Im Vulkangarten Steffeln können Besucher tief in den Krater eines Vulkans hineinschauen, der nach dem Abbau der Schlacken im letzten Jahrhundert nun eindrucksvoll sein Innenleben preisgibt. Ein Rundgang durch die Anlage führt an 15 Info-Stationen vorbei. Es gibt auch Führungen von April bis Oktober, immer mittwochs ab 14 Uhr, Treffpunkt ist die Pfarrkirche. *www.gerolsteiner-land.de*

Schnell ist das Wohnmboil geparkt und eine Einkehrmöglichkeit an Ottweilers hübschem Marktplatz gesucht.

19

# BAROCKSTRASSE SAARPFALZ: IN DER DEUTSCH-FRANZÖSISCHEN GRENZREGION

*Auf der Fahrt entlang der BarockStraße SaarPfalz lassen sich so manche verborgenen Schätze in der Grenzregion zwischen Deutschland und Frankreich entdecken. Die Route verbindet die einst prunkvollen Residenzen der Fürsten von Nassau-Saarbrücken, der Herzöge von Pfalz-Zweibrücken und der Grafen von der Leyen, weitläufige Jagdreviere und blühende Gartenanlagen.*

Ottweiler
Saarbrücken
133 km
ca. 3 Std.,
2,5 Tage

GPX-Download

ETAPPE 1

## VON OTTWEILER NACH HOMBURG

⟷ 32 km ⏱ 40 Min., ½ Tag

Wir starten die Fahrt auf der Themenroute BarockStraße SaarPfalz in der kleinen Residenzstadt ① **Ottweiler**, wo sich das schöne, historische Stadtbild aus dem Mittelalter erhalten hat. Am Wingertsweiher am Stadtrand befindet sich ein *Wohnmobilstellplatz*, von dem man das Zentrum gut erreicht. Auf der B 420 fahren wir danach über Land und biegen kurz vor Dörrenbach auf die L 121 ab, danach geht es durch **Fürth** und weiter nach **Lautenbach**. Hier biegen wir rechts ab auf die L 290 und erreichen erst Münchwies und dann Frankenholz, wo wir die Straße nach **Höchen** nehmen und uns die kleine Glanquelle anschauen. Dann folgen wir der Straße im Bogen zwischen Wald und Wiesen über Websweiler und Altbreitenfelderhof. Wir halten uns rechts und erreichen inmitten ausgedehnter Waldungen **Jägersburg**, wo wir uns in der Nähe des Sees einen Parkplatz suchen. Die Region war bei den Herzögen von Zweibrücken beliebt für die Jagd. Und so bauten sie die Reste der alten staufischen Wasserburg des Ortes zum Jagdschloss Gustavsburg um. Hier befindet sich heute das Burg- und Schlossmuseum. Daneben erbaute Mitte des 18. Jh. Christian IV. das prächtige Schloss Jägersburg mit weitläufigen Parkanlagen. Dieses wurde allerdings schon vor der Fertigstellung 1793 von Bauern und Franzosen komplett zerstört. Nur die Pläne erinnern noch an den einstigen Glanz. Über Erbach und Sanddorf, wo wir uns vom Parkplatz Karlsberger Hof aus bei einer kleinen Wanderung die Ruinen der einst prächtigen Schlossanlagen von Schloss Karlsberg *(www.schloss-karlsberg.de)* anschauen, folgen wir der BarockStraße nach ② **Homburg**. Am KOI-Bad finden wir *Wohnmobilstellplätze* und erkunden die Stadt.

**ZU FUSS**
Am Dorfplatz Fürth startet der Wanderweg **Mühlenpfad**. Dieser führt auf 11 km abwechslungsreich durch ehemalige Mühlengräben und Wald entlang der Oster – gutes Schuhwerk empfohlen.

Ein Meer aus Blumen schmückt den Rosengarten in Zweibrücken.

ETAPPE 2

## VON HOMBURG NACH ZWEIBRÜCKEN

⟷ 15 km ⏱ 25 Min., ½ Tag

Bei der Weiterfahrt erreichen wir kurz darauf den Ortsteil **Schwarzenacker** und begeben uns im Römermuseum *(www.roemermuseum-schwarzenacker.de)* auf Zeitreise. Hier befand sich eine wichtige, unter Kaiser Augustus gegründete Handelssiedlung, die im Freilichtmuseum lebendig wird. Freigelegte und teilweise wieder aufgebaute Gebäude geben einen Einblick in das damalige Alltagsleben. Im barocken Edelhaus sind die Fundstücke der Ausgrabungen zu besichtigen. Sehenswert ist auch der angrenzende Barockgarten. Voller Eindrücke erreichen wir nach kurzer Fahrt auch schon ③ **Zweibrücken**. Idealer Ausgangspunkt für die Besichtigung ist der zentral gelegene *Wohnmobilstellplatz* am Freizeitgelände.

ETAPPE 3

## VON ZWEIBRÜCKEN NACH BLIESKASTEL

⟷ 44 km ⏱ 60 Min., ½ Tag

In Schleifen geht es über die L 480 weiter. Im kleinen **Hornbach** *(www.klosterstadt-hornbach.de)* zeugen mächtige Mauern von der einstigen Bedeutung. Der Missionar und Bischof Pirminius gründete hier 742 ein Kloster. Der Heilige wurde auch hier begraben, was zu Wallfahrten und Reichtum führte. Später entstand eine riesige, dreischiffige Pfeilerbasilika, von der noch Reste erhalten sind. Nicht weit von der Altstadt befindet sich der gut ausgestattete Wohnmobilstellplatz des Ortes, auf dem man sehr gerne ein wenig länger bleibt. Über Altheim, wo wir zum mitten im UNESCO-Biosphärenreservat **Bliesgau** gelegenen Camping Walsheim abbiegen könnten, und weiter über Böckweiler folgen wir der Route nach Mimbach und sind danach in ④ **Blieskastel** angelangt. Ein *Wohnmobilstellplatz* befindet sich nicht weit weg von den Sehenswürdigkeiten am Freizeitzentrum.

**NATUR ERLEBEN**
Streuobstwiesen, Buchenwälder und Auenlandschaften, aber auch Städte prägen das **UNESCO-Biosphärenreservat Bliesgau**. Hier gedeiht im Frühsommer fast die Hälfte aller bundesweit vorkommenden Orchideenarten. Und auch der vom Aussterben bedrohte Steinkauz lebt hier.

## ETAPPE 4
## VON BLIESKASTEL NACH SAARBRÜCKEN

⟷ 42 km ⏱ 60 Min., ½ Tag

Bei der Weiterfahrt kommen wir in der Nähe des *Wohnmobilstellplatzes Würzbacher Weiher* vorbei. Hier stehen Camper ruhig und idyllisch direkt am See. Danach fahren wir durch hügelige Landschaft mit Wald und Feldern und erreichen das von früher Industrialisierung geprägte **St. Ingbert**. Kohleförderung, Eisenverarbeitung und Glasindustrie spielten eine wichtige Rolle. Diese sind fast vollständig verschwunden. Mit dem Rischbachstollen kann ein Teil der ehemaligen Steinkohlengrube St. Ingbert besichtigt werden. Über die L 244 fahren wir danach weiter nach ⑤ **Sulzbach/Saar**. In Dudweiler biegen wir rechts ab und erreichen über die Straße Am Neuhauser Weg den Netzbachweiher am Rand des **Waldschutzgebietes Steinbachtal/Netzbachtal**. Hier bieten sich verschiedene Wanderungen an. Wir aber machen vom See aus einen Abstecher zum Parkplatz Urwaldtafeltour. In dieses Stück des Saarkohlenwaldes wird von Menschenhand nicht mehr eingegriffen. So führt die Wanderung durch ein abenteuerliches Terrain und vorbei an entwurzelten Bäumen und Sumpflandschaften. Auch mit dem Wohnmobil fährt man auf der L 127 durch dichten Wald weiter nach ⑥ **Saarbrücken**, wo die Tour endet.

**ZU FUSS**
Nach **St. Arnual**, einem der ältesten Stadtteile Saarbrückens, sind es vom Zentrum rund 30 Minuten Fußweg – eine Strecke, die sich lohnt. Schöne Häuser aus dem späten Mittelalter stehen um den idyllischen Marktplatz mit der gotischen Stiftskirche.

Das Biotop Beeden ist ein Ausflugsziel vor den Toren Homburgs.

### EMPFOHLENE PLÄTZE

**Camping Walsheim** ★★★★☆

❶ Schön gelegener Campingplatz neben einem Freibad mitten im UNESCO-Biosphärenreservat Bliesgau.
▸ Heuweg 3, 66453 Walsheim, Tel. 068 43/80 01 80, GPS: 49.159051, 7.243738
■ www.pincamp.de/sr1300

**Wohnmobilstellplatz Hornbach**

❷ Beliebter Wohnmobilstellplatz mit allen Annehmlichkeiten am Ortsrand, auch eine Grillhütte und Sitzbänke sind vorhanden.
▸ An der Pirminiushalle, Bahnhofstrasse, 66500 Hornbach, Tel. 063 38/80 91 53, www.klosterstadt-hornbach.de/wohnmobilstellplatz, GPS: 49.184096, 7.365875

### WEITERE GENANNTE PLÄTZE

**Reisemobilstellplatz Wingertsweiher**, Am Wingertsbach, 66564 Ottweiler
**Wohnmobilstellplatz am KOI-Bad**, Kaiserslauterer Str. 19a, 66424 Homburg
**Wohnmobilstellplatz Freizeitpark Schließ**, Geschwister-Scholl-Allee 13, 66482 Zweibrücken
**Stellplatz am Freizeitzentrum**, Bliesaue 1, 66440 Blieskastel
**Wohnmobilstellplatz Würzbacher Weiher**, Zweibrücker Str. 1, 66440 Blieskastel

Noch mehr tolle Plätze auf pincamp.de

## ENTLANG DER ROUTE

### 1 Ottweiler

Die Herren von Nassau-Saarbrücken unterhielten hier eine Barockresidenz. Sehenswertes Fachwerk, historische Gebäude aus verschiedenen Epochen und schöne Plätze prägen das Bild der historischen Altstadt rund um den Markplatz. Im barocken Rosengarten steht der Ottweiler Pavillon, im Palais kann man das seltene Ottweiler Porzellan bestaunen. *www.ottweiler.de*

### 2 Homburg

Neben einem Spaziergang durch die historische Altstadt ist ein Besuch der Schlossberghöhlen ein unbedingtes Muss für Homburg-Besucher. Es handelt sich um die größten Buntsandsteinhöhlen Europas. Im Kulturpark Homburg begibt man sich danach auf die Spuren der ehemaligen, mächtigen Vauban-Festung. *www.homburg.de*

### 3 Zweibrücken

Pferde, Rosen und Barock prägen die Stadt im äußersten Südwesten Deutschlands. Das Residenzschloss erinnert an die herzoglichen Zeiten. Dazu kommt die barocke Herzogsvorstadt von Christian IV., der auch das Landgestüt Zweibrücken gründete. Nebenan präsentiert der Rosengarten 45 000 edle Gewächse. *www.zweibruecken.de*

Blick über die Alte Brücke auf die Altstadt von Saarbrücken

### 4 Blieskastel

Das bezaubernde Residenzstädtchen gilt als besterhaltenes Ensemble des Barocks in Südwestdeutschland. Von der prunkvollen Schlossanlage sind Orangerie, Barockgarten und die außergewöhnliche Schlosskirche erhalten. Voller Eindrücke ist auch der Bummel durch die verwinkelten Gassen der Altstadt mit einer Vielzahl barocker Bauten. Wahrzeichen der Stadt ist der Gollenstein, ein fast 7 m hoher und rund 5000 Jahre alter Menhir. *www.blieskastel.de*

### 5 Sulzbach/Saar

In Sulzbach/Saar drehte sich in der Vergangenheit alles um das »weiße Gold«. Im 18. Jh. entstanden zahlreiche Gebäude rund um den Salzabbau. Erhalten sind das Salzbrunnenhaus und das Salzherrenhaus. Die fortschreitende Industrialisierung sorgte im 19. Jh. für weiteren wirtschaftlichen Aufschwung und Wohlstand. So entstanden prächtige Häuser mit liebevoll restaurierten Fassaden, wie das denkmalgeschützte historistische Ensemble in der Sulzbachstraße oder am Ravenusaplatz. *www.stadt-sulzbach.de*

### 6 Saarbrücken

Ganz verschieden sind die Stadtteile, die sich in der saarländischen Landeshauptstadt zu beiden Seiten der Saar erstrecken. Mitte des 18. Jh. drückte der Hof-Architekt der Fürsten von Nassau-Saarbrücken, Friedrich-Joachim Stengel, den mittelalterlichen Stadtanlagen den barocken Stempel auf. Unter anderem entstand das prächtige Residenzschloss. Ein Kleinod ist die Ludwigskirche. Sie gehört mit dem Hamburger Michel und der Dresdner Frauenkirche zu den bedeutendsten deutschen Barockbauten. *www.saarbruecken.de*

Unterwegs auf der Deutschen Weinstraße gibt es zahlreiche Möglichkeiten zur genussvollen Einkehr.

20

# DEUTSCHE WEINSTRASSE: ZWISCHEN PFÄLZERWALD UND REBENMEER

*Wir folgen der Deutschen Weinstraße durch die Pfalz. Entlang der Strecke dreht sich alles um Wein, Wandern und Genuss. Die Route führt an malerischen Ortschaften, trutzigen Burgen, bunten Weinbergen und dem verwunschenen Pfälzerwald vorbei. Highlights sind herrliche Ausblicke, leckeres Essen und hervorragender Wein – zumindest für den Beifahrer.*

Schweigen
Bockenheim
82 km
ca. 2,5 Std.,
2–3 Tage

GPX-Download

## ETAPPE 1
## VON SCHWEIGEN NACH KLINGENMÜNSTER

⟷ 14 km ⏱ 15 Min., ½ Tag

Der Wein hat die Landschaft, die wir bereisen, viele Hundert Jahre geprägt. Über 300 Einzellagen sorgen für ein breites Spektrum an Sorten und Geschmäckern. Wir starten am Deutschen Weintor, einem denkmalgeschützten Torbau und Eingangspforte der Deutschen Weinstraße. In **Schweigen** wurde nämlich 1935 die Idee zur Touristenstraße geboren. Die Weinwirtschaft sollte damit angekurbelt werden. Die Straße schlängelt sich durch Oberotterbach, und wir erreichen ① **Bad Bergzabern**. Dort stellen wir das Wohnmobil auf dem *Stellplatz* in der Weinbergstraße ab und bummeln durch die verwinkelte Altstadt mit prächtigen Patrizierhäusern. Nach Pleisweiler-Oberhofen fahren wir auf die B 48 und parken auf dem *Wohnmobilstellplatz* unterhalb von **Gleiszellen**. Wir erkunden die malerischen Kopfsteinpflastergassen und alten Winzerhöfe und bekommen den letzten Platz im Muskatellerhof *(www.muskatellerhof.de)*. Zu typischen Pfälzer Spezialitäten mundet der köstliche Muskateller, der hier angebaut wird – doch wieder nur für den Nicht-Fahrer. Kurz danach erreichen wir **Klingenmünster**, wo bereits im 7. Jh. die Abtei gleichen Namens gegründet wurde. Es soll das älteste der Urklöster Deutschlands gewesen sein. Rund zwei Stunden folgen wir dem historischen Rundgang, der am Rathaus beginnt. Den Tipp und den Flyer dazu gibt es im Tourismusbüro. Oberhalb des Ortes erhebt sich die Ruine der 1200 gebauten Burg Landeck *(www.landeck-burg.de)*. Die Mühen des Aufstiegs werden mit einem herrlichen Weitblick über die Rheinebene belohnt.

**WISSENSWERT**

Typische Rebsorte an der Deutschen Weinstraße ist der **Riesling**, angebaut in verschiedensten Varianten. In der Region Südliche Weinstraße werden hingegen die Burgundersorten Weiß-, Grau- und Spätburgunder bevorzugt.

Rings um den Winzerort Burrweiler: Wein, so weit das Auge reicht

## ETAPPE 2
## VON KLINGENMÜNSTER NACH RHODT UNTER RIETBURG

⟷ 20 km ⏱ 30 Min., ½ Tag

Nach ein paar Kurven fahren wir auf der L 508 weiter und kommen nach **Eschbach**. Wegen des Spitznamens für die Dorfbewohner ist Eschbach buchstäblich auf den Esel gekommen. So findet man im ganzen Dorf bunt gestaltete Eselfiguren. Oberhalb steht die Burgruine **Madenburg**, eine der größten Burganlagen in der Pfalz. Weiter geht die Fahrt durch die Weinberge nach Leinsweiler. Immer wieder gibt es während der Fahrt weite Ausblicke. Der nächste Ort auf unserer Tour ist Ranschbach. Und dann sind wir auch schon in Birkweiler. Wir passieren die B 10 und erreichen die malerischen Weindörfer Siebeldingen und Frankweiler. Dann geht es auf der L 507 weiter. Der kleine Erholungsort **Gleisweiler** wird wegen des hier herrschenden milden Klimas als »pfälzisches Nizza« bezeichnet. Im Park des Sanatoriums oberhalb des Ortes wachsen Mammut- und Zitronenbäume. Im historischen Ortskern stehen alte Winzerhäuser. Nächste Station ist der zauberhafte Weinort **Burrweiler**. Wir suchen uns einen Parkplatz außerhalb des Ortskerns und gehen spazieren. Zur romanischen Kirche kommen barocke Torbögen und prächtige Renaissancebauten. In Winzerhöfen, Vinotheken und Weinstuben dreht sich alles um die hier angebauten Weine. Das Weingut Eberle am Ortsrand bietet einen *Wohnmobilstellplatz* mitten im Grünen und mit Aussicht. Im schmucken Weindorf **Hainfeld** wechseln wir auf die L 512. Bevor wir abbiegen, fällt uns der Hinweis »Wann's Licht brennt isch uff!« ins Auge. Dahinter verbirgt sich ein Weinpavillon. Auch wir wollen probieren und nutzen den Stellplatz der Gemeinde auf dem *Parkplatz Am Dorfplatz*. Wir erreichen

**ZU FUSS**
Sehr gut kann man die Region auf markierten **Wanderwegen** erkunden. Fast an jedem Parkplatz findet man dafür Vorschläge und folgt dann einem bestimmten Symbol. Auch der Wanderweg Deutsche Weinstraße, der Pfälzer Weinsteig oder der Pfälzer Mandelpfad sind sehr abwechslungsreich.

② **Rhodt unter Rietburg**, einen der schönsten Orte der Südlichen Weinstraße. Im idyllischen Weindorf stehen 80 Prozent der Häuser unter Denkmalschutz. So genießen wir den Bummel über die breite gepflasterte Theresienstraße, die von alten Torbögen und typischen Höfe gesäumt ist.

Dorfplatz und Kirche St. Laurentius in Seebach bei Bad Dürkheim

## ETAPPE 3
## VON RHODT UNTER RIETBURG NACH NEUSTADT AN DER WEINSTRASSE

⟷ 13 km ⏱ 30 Min., ½ Tag

Keine 3 km weiter sind wir in ③ **Edenkoben** angekommen. Die Weinstraße führt vorbei an Fachwerkbauten und Weingütern. Beim Spaziergang begegnen wir überall Spuren von König Ludwig I. von Bayern, der sich öfter hier aufhielt. Sehenswert ist auch seine Sommerresidenz Villa Ludwigshöhe *(www.schloss-villa-ludwigshoehe.de)* oberhalb der Stadt. Gleich daneben können wir mit der Sesselbahn hinauf zur Rietburg fahren und die Aussicht genießen. Zwei unterhaltsame Stunden verbringen wir im Museum für Weinbau und Stadtgeschichte, bevor wir weiterfahren. Nach dem Ortsausgang kann man auf dem *Weingut Edel-Brauch* mitten in den Weinbergen das Wohnmobil abstellen. Wir folgen weiter der L 512 und können bald schon **Maikammer** sehen. Im Dorf gibt es viele Weingüter und dazu prächtige Fassaden aus der Renaissance- und Barockzeit. Oberhalb der Ortschaft sehen wir die höchste Erhebung im Pfälzerwald, die Kalmit. Leider ist die direkte Zufahrt inzwischen auf Fahrzeuge mit 2,8 t Maximalgewicht begrenzt. Aber auch die Wanderung nach oben lohnt sich. Auf der L 512 erreichen wir innerhalb weniger Minuten **Hambach**. Der Winzerort ist von Reben und Kastanienwäldern umgeben. Die Weinstuben und Winzerhöfe sehen sehr verlockend aus. Und schon geht es weiter, und wir kommen nach ④ **Neustadt an der Weinstraße**. Wir spazieren über den Marktplatz und bewundern die prächtigen Fachwerkhäuser, bevor wir in einer der Weinstuben einkehren. Vom *Wohnmobilstellplatz* der Gemeinde kann man ins Zentrum laufen.

**WISSENSWERT**
Das **Hambacher Schloss** oberhalb des gleichnamigen Dorfes ist die Wiege der deutschen Demokratiebewegung. Die Ausstellung dazu ist sehenswert. Der Blick von der bewirtschafteten Terrasse auf die Rheinebene geht weit bis in den Oden- und Schwarzwald.

## ETAPPE 4
## VON NEUSTADT AN DER WEINSTRASSE NACH BAD DÜRKHEIM

⟷ 15 km ⏱ 30 Min., ½ Tag

Bei der Weiterfahrt nach Mußbach lassen wir **Gimmeldingen** links liegen, denn die Ortsdurchfahrt ist äußerst eng und nicht für Wohnmobile geeignet. In ⑤ **Deidesheim** wird bereits seit dem 8. Jh. Wein angebaut. Wir schlendern an prächtigen barocken Höfen vorbei und werfen einen Blick in die gotische Kirche. Und natürlich probieren wir Wein in einer der Vinotheken – sofern wir für den heutigen Tag unsere Fahrt schon beendet haben. Nur 1 km weiter schlendern wir in **Forst** über malerisches Kopfsteinpflaster. Die Lagen Kirchenstück, Ungeheuer und Jesuitengarten genießen Welt-

**NATUR ERLEBEN**
Besonders schön ist es an der Weinstraße zur **Mandelblüte** im Frühling – ein Traum in Rosa und Weiß. Ab März taucht die Mandelblüte den Weinort Gimmeldingen in ein Blütenmeer, ein einmaliges Erlebnis. Das dann stattfindende Mandelblütenfest ist das früheste Weinfest der Region.

ruf. Also kaufen wir noch ein paar Flaschen Wein für zu Hause ein. Auf der Weinstraße fahren wir als Nächstes nach ⑥ **Wachenheim**. Links und rechts stehen historische Gebäude und reiche Weingüter. Beim Spaziergang besichtigen wir den Schlosshof der Sektkellerei Schloss Wachenheim. Nach kurzer Fahrt parken wir in ⑦ **Bad Dürkheim** auf dem großen Parkplatz vor dem Riesenfass und kehren nach einer Runde durch den Kurpark und entlang der Saline im dortigen Restaurant ein. Ein paar Schritte weiter liegt der schöne *Wohnmobilstellplatz* der Stadt direkt zwischen den Weinbergen. Zum beliebten KNAUS Campingpark Bad Dürkheim am See sind es nur ein paar Kilometer.

## ETAPPE 5
## VON BAD DÜRKHEIM NACH BOCKENHEIM

⟷ 20 km ⏱ 30 Min., ½ Tag

Auf der B 271 erreichen wir erst Ungstein und dann Kallstadt, wo man auf dem *Weingut Henninger* mit dem Wohnmobil übernachten kann. Von **Herxheim am Berg**, einem Ort mit 1000-jähriger Weinbautradition, hat man einen weiten Blick über die Rheinebene. Besonders genießen kann man diesen vom *Panorama-Stellplatz* an der Weinstraße. Unsere Route führt nun durch ⑧ **Kirchheim an der Weinstraße**. Mitten im Ort hat sich der Sternekoch Manfred Schwarz mit einem Gourmet- und einem À-la-Carte-Restaurant angesiedelt *(www.schwarz-restaurant.de)*. Er bekochte schon den ehemaligen Kanzler Helmut Kohl und seine Gäste. Am Ortsrand gibt es direkt am Wingert (Weinberg) einen *Wohnwagen- und Wohnmobilstellplatz* beim Weingut Rogenwieser. Wir passieren die Autobahn und erreichen **Grünstadt**. In der ehemaligen Residenz der Leininger Grafen sind die Leininger Schlösser, der Oberhof und Unterhof sowie das Stadthaus sehenswert. In **Bockenheim**, wo sich die Weinbauregionen Rheinhessen und Pfalz begegnen, sind wir am 1995 gebauten Haus der Deutschen Weinstraße am Ziel unserer Tour angelangt.

**ABSTECHER**

Das historische Winzerdorf **Freinsheim** östlich von Herxheim am Berg ist einen Besuch wert. Wegen seines liebevoll restaurierten Ortskerns mit kopfsteingepflasterten Gassen und romantischen Winkeln wird es auch als »pfälzisches Rothenburg« bezeichnet.

### EMPFOHLENE PLÄTZE

**Camping im Klingbachtal** ★★★★

1 Der freundliche und nicht zu große kommunale Campingplatz bietet Zugang zum Freibad nebenan.
▶ Klingener Str. 52, 76831 Billigheim-Ingenheim, Tel. 06349/6145, GPS: 49.135966, 8.072216
■ www.pincamp.de/rp9800

**KNAUS Campingpark Bad Dürkheim** ★★★½

2 Der Campingplatz liegt umgeben von Weinbergen nicht weit von der Deutschen Weinstraße entfernt.
▶ In den Almen 1, 67098 Bad Dürkheim, Tel. 06322/61356, GPS: 49.473866, 8.192033
■ www.pincamp.de/rp9400

**Wohnmobil-Stellplatz unter der Rietburg**

3 Der Stellplatz für 20 Mobile liegt am Ortsrand.
▶ Theresienstraße, 76835 Rhodt unter Rietburg, GPS: 49.274687, 8.099197

### WEITERE GENANNTE PLÄTZE

**Wohnmobilstellplatz an den Schlossgärten**, Weinbergstraße, 76887 Bad Bergzabern
**Wohnmobilstellplatz Gleiszellen**, an der B 48, 76889 Gleiszellen-Gleishorbach
**Wohnmobilstellplatz am Weingut Eberle**, Böchinger Str. 3, 76835 Burrweiler
**Wohnmobilstellplatz der Gemeinde Hainfeld**, Am Dorfplatz, 76835 Hainfeld
**Wohnmobilstellplatz am Weingut Edel-Brauch**, St. Martiner Str. 30, 67480 Edenkobe
**Wohnmobilstellplatz Martin-Luther-Kirche**, Martin-Luther-Straße, 67433 Neustadt an der Weinstraße
**Wohnmobilstellplatz In der Silz**, In der Silz, 67098 Bad Dürkheim
**Wohnmobilstellplatz am Weingut Walter Henninger**, Weinstr. 2, 67169 Kallstadt
**Wohnmobilstellplatz Herxheimer Himmelreich**, An der Weinstr. 80, 67273 Herxheim am Berg
**Wohnmobilstellplatz Weingut Rogenwieser**, Am Grünborn 7, 67281 Kirchheim an der Weinstraße

**Noch mehr tolle Plätze auf pincamp.de**

Schweigen
14 km
Klingenmünster
20 km
Rhodt unter Rietburg
13 km
Neustadt an der Weinstraße
15 km
Bad Dürkheim
20 km
Bockenheim

Bockenheim
8 Kirchheim an der Weinstraße
2
7 Bad Dürkheim
Wachenheim 6
Deidesheim 5
Neustadt an der Weinstraße 4
3 Edenkoben
Villa Ludwigshöhe
3
2 Rhodt unter Rietburg
Klingenmünster
1
1 Bad Bergzabern
Schweigen

# ENTLANG DER ROUTE

## 1 Bad Bergzabern

In der liebenswerten Kurstadt stehen geschichtlich bedeutende Gebäude rund um ein ehemaliges Burgschloss. Das Wahrzeichen der Stadt wurde sorgsam saniert. Hier residierten einst die Herzöge von Pfalz-Zweibrücken. Das historische Gasthaus Zum Engel beherbergt das Stadtmuseum. Es gilt als einer der schönsten Renaissancebauten im Südwesten. Von Ostern bis Oktober starten immer sonntags öffentliche Stadtführungen ab der Südpfalztherme. Dabei kann man auch einen Blick in die barocke Bergkirche werfen. In Bad Bergzabern wird in langer Tradition Wein angebaut. Einer der Produzenten mit Tradition ist das Weingut Augspurger, das sich in einer ehemaligen Getreidemühle befindet. *www.bad-bergzabern.de*

## 2 Rhodt unter Rietburg

Wein spielte in dem malerischen Winzerdorf bereits seit den Römern eine wichtige Rolle. Sogar der älteste aktive Weinberg der Welt soll sich hier befinden. Obwohl bereits 400 Jahre alt, liefert der Rhodter Rosengarten immer noch Wein. Der Überlieferung nach gab es den »Wingert« bereits vor dem Dreißigjährigen Krieg. Und auch sonst werden in Rhodt edle Weine angebaut. Vinotheken, Straußwirtschaften und Weinstuben laden zur Einkehr ein. Besonders romantisch ist die Theresienstraße mit historischen Winzerhöfen, die unter Denkmalschutz stehen, und mächtigen Rosskastanienbäumen. Besonders zum Weinfest und rund um die Weinlese ist der Besuch ein Erlebnis. *www.rhodt.de*

## 3 Edenkoben

Über 1200 Jahre wird in Edenkoben bereits Wein angebaut. Ein wichtiger Gönner des Ortes war König Ludwig I. von Bayern. Die Villa Ludwigshöhe oberhalb des Stadtkerns war seine Sommerresidenz. Das Innere kann besichtigt werden. Sehenswert ist auch die ständige Ausstellung des Impressionisten Max Slevogt. Ein Besuch im gut gemachten Museum für Weinbau und Stadtgeschichte am Ortsrand informiert zur Ortsgeschichte und über den Weinbau in der Region. Die Fahrt mit der Rietburgbahn, einer alten, offenen Sesselbahn oberhalb des Ortes, ist ebenfalls ein Erlebnis. Am Ziel warten die Rietburg mit Biergarten, ein schöner Blick über die Region und viele Wanderwege. *www.edenkoben.de*

## 4 Neustadt an der Weinstraße

Das große regionale Zentrum der Pfalz erhielt bereits im frühen 13. Jh. Stadtrechte. In der historischen Altstadt befindet sich der größte Bestand an Fachwerkhäusern der Pfalz. Das Zentrum bildet der Marktplatzt mit gotischer Stiftskirche, Rathaus und Scheffelhaus. Dazu gibt es eine Vielzahl an interessanten Geschäften, typische Weinschenken und gute Restaurants. Besonders idyllisch geht es in der Mittelgasse und Hintergasse zu. Wo früher die Handwerker der Stadt lebten und arbeiteten, gibt es heute liebevoll restaurierte Fachwerkhäuser, hübsche Innenhöfe, die älteste Weinstube der Stadt, kleine Geschäfte und Galerien. In Neustadt spielt der Wein eine wichtige Rolle. In der Stadt findet jährlich die Wahl zur deutschen Weinkönigin statt. Und natürlich wird auch gerne gefeiert. *www.neustadt.eu*

## 5 Deidesheim

Bereits seit dem 8. Jh. wird auf dem Gebiet von Deidesheim Wein angebaut. Anfang des 19. Jh. begannen die Weingüter mit dem Qualitätsweinbau. Der Stadtkern war einst von einer Stadtbefestigung umschlossen. Besonders schön sind die prächtigen Winzerhöfe im Ort, der auch für seine Gastronomie bekannt ist. Der ehemalige Bundeskanzler Helmut Kohl brachte hierher über viele Jahre wichtige Staatsgäste in sein Lieblingsrestaurant zum Essen mit. Dabei wurde der bekannte Saumagen aufgetischt, ein mit Kartoffeln, Gemüse und Schweinefleisch gestopfter Schweinemagen. Das typische pfälzische Gericht schmeckt viel besser, als es klingt. Sehenswert ist auch die spätgotische Spitalkapelle. Die Deidesheimer Pfarrkirche stammt ebenfalls aus dem mittleren 15. Jh. und ist der einzige größere Kirchenbau aus dieser Zeit in der Region. Bemerkenswert: Der 70 m hohe Turm ist schief. *www.deidesheim.de*

## 6 Wachenheim

Schon früh siedelten Menschen an dieser Stelle. Zeugnis vergangener Zeiten ist die hier gefundene große römische Villa. Im 14. Jh. entstand die Stadtmauer, von der noch große Teile erhalten sind. Links und rechts der Weinstraße stehen historische Gebäude und reiche Weingüter. Darunter sind barocke Häuser, klassizistische Gebäude und Bauten aus der Gründerzeit. Den Mittelpunkt der kleinen Stadt bildet der Marktplatz mit der St. Georgskirche, die lange Jahre als Simultankirche von Protestanten und Katholiken gemeinsam genutzt wurde. Über allem thront die Burgruine Wachtenburg. Die Sektkellerei Schloss Wachenheim ist in einer geschlossenen Hofanlage mit barocken Adelshaus untergebracht. *www.wachenheim.de*

**Die Pfalz ist das größte Rieslinganbaugebiet der Welt.**

## 7 Bad Dürkheim

Die Kurstadt ist für ihre Saline, den Weinbau und das beliebte Volksfest »Dürkheimer Wurstmarkt« bekannt. Hier gibt es das größte Weinfass der Welt mit einem Fassungsvermögen von 1,7 Mio. Liter. Es beherbergt heute ein Restaurant. Auch der Spaziergang durch den Kurpark macht echte Freude. Das nach einem Brand wieder aufgebaute Gradierwerk gilt als längstes berieseltes Gradierwerk Deutschlands. Im Park und im Ort gibt es viele Cafés und Restaurants für einen Etappenstopp. Oberhalb von Bad Dürkheim ragt die imposante Klosterruine Limburg aus dem 11. Jh. auf. *www.bad-duerkheim.de*

## 8 Kirchheim an der Weinstraße

Bereits in der Bronzezeit soll an dieser Stelle gesiedelt worden sein. Die Römer waren sicherlich hier. Bereits seit mehr als 1200 Jahren wird in Kirchheim Wein angebaut, und es gibt viele Möglichkeiten, Wein oder Sekt zu kaufen. Entlang der Weinstraße stehen lang gestreckte barocke Bauernhäuser und prächtige Winzerhäuser. Sehenswert ist die spätgotische protestantische Andreaskirche mit einem um 1500 entstandenen gotischen Altar, der die hl. Maria und die hl. Anna zeigt. In Kirchheim kann man sehr gut essen oder auch aktiv werden, um die Kalorien wieder loszuwerden. Der Eckbach-Mühlenwanderweg führt durch Weinberge und Streuobstwiesen und später an zahlreichen historischen Mühlen vorbei. *www.kirchheim-weinstrasse.de*

Die Alte Mainbrücke führt, von zwölf Heiligenstatuen flankiert, in die Würzburger Altstadt.

21

# AUF DER ROMANTISCHEN STRASSE ZU IDYLLISCHEN MITTELALTERSTÄDTEN

*Wir folgen der Romantischen Straße durch altes Kulturland entlang von Main und Tauber bis zum Nördlinger Ries. An der historischen Handelsroute liegen sehenswerte, mittelalterliche Städte, prächtige Schlösser, mächtige Burgen und lauschige Gärten. Es ist eine magische Fahrt durch Weinberge, Ackerland, Wälder und Wiesen zu Geschichte, Kunst und Kultur.*

Würzburg
Nördlingen
210 km
ca. 5 Std.,
3–4 Tage

GPX-Download

## ETAPPE 1
## VON WÜRZBURG NACH WERTHEIM

⟷ 43 km ⏱ 60 Min., ½ Tag

Wir starten unsere Tour entlang der Romantischen Straße in ① **Würzburg**. Die Stadt am Main ist ein besonderes Schmuckstück. Die ehemalige Fürstbischöfliche Residenz *(www.residenz-wuerzburg.de)* gehört zum UNESCO-Weltkulturerbe. Der *Wohnmobilstellplatz an der Friedensbrücke*, den wir angesteuert haben, liegt ideal für den Stadtbesuch. Wieder im Wohnmobil und aus Würzburg heraus, wechseln wir auf der B 8 von Bayern nach Baden-Württemberg. Dann folgen wir dem Main und kommen zum mit viel Liebe restaurierten Schlösschen im Hofgarten *(www.schloesschen-wertheim.de)*. Der kleine Garten lädt zum Verweilen ein. Nur ein kurzes Stück weiter und wir haben ② **Wertheim** erreicht, wo wir gemütlich durch die von Tauber und Main umflossene Altstadt zur Burg bummeln. Der Ausblick ist herrlich. Wieder zurück, besichtigen wir das Glasmuseum und haben das Glück, eine Glasbläservorführung zu sehen *(www.glasmuseum-wertheim.de)*. Der Wohnmobilplatz von Wertheim liegt unter einer stark befahrenen Straße. Viel schöner und mit Blick auf Stadt und Burg steht man auf dem *Stellplatz* auf der anderen Flussseite in Kreuzwertheim.

## ETAPPE 2
## VON WERTHEIM NACH BAD MERGENTHEIM

⟷ 46 km ⏱ 60 Min., ½ Tag

Ab jetzt folgen wir der Tauber, die sich nach Süden windet. Rund 10 km sind es bis zum zauberhaften Kloster Bronnbach *(www.kloster-bronnbach.de)*. Das ehemalige Zisterzienserkloster wurde im 12. Jh. gegründet und vereint Romanik und Gotik. Nicht weit weg liegt auf der anderen Flussseite Burg Gamburg *(www.burg-gamburg.de)*. Im Rittersaal sind die Barbarossa-Fresken, die ältesten weltlichen Wandmalereien nördlich der Alpen, zu sehen. Im idyllischen Burggarten wird hervorragender Kuchen serviert. Wohnmobile sollten für die Zufahrt den Burgweg wählen. Wir fahren einige Kilometer weiter und kommen nach ③ **Tauberbischofsheim**. Hier führt unser Weg in die schöne Altstadt. Der Marktplatz ist mit prächtigen Fachwerk- und Barockbauten umgeben. Wie gut, dass man auch übernachten kann. Am Freibad liegt der offizielle *Wohnmobilstellplatz* der Stadt (Vitryallee). Als nächste Station folgt **Gerlachsheim**, wo wir uns das ehemalige Prämonstratenser-Kloster näher ansehen. Die dazugehörige Klosterkirche ist prächtig und einen Blick wert. Ein Stück weiter sind wir in ④ **Bad Mergentheim**.

**EINKEHREN**
Gut isst und trinkt man im Vorort von Tauberbischofsheim im **Distelhäuser Brauhaus**. Hier wird seit 200 Jahren aus regionalen Produkten hervorragendes Bier gebraut. *Grünsfelder Str. 3, 97941 Tauberbischofsheim, Tel. 09341/8050, www.distelhaeuser-brauhaus.de*

## ETAPPE 3
## VON BAD MERGENTHEIM NACH ROTHENBURG OB DER TAUBER

⟷ 43 km ⏱ 60 Min., 1 Tag

Im Kurort Bad Mergentheim gilt unser erster Gang dem markanten Deutschordensschloss *(www.schloss-mergentheim.de)* mit fürstlichen Wohnräumen aus Barock, Rokoko und Klassizismus. Nach so viel Kultur sitzen wir am Marktplatz im Schatten alter Fachwerkhäuser. Der *Wohnmobilstellplatz* von Bad Mergentheim liegt direkt am Kurzentrum an der Solymar Therme. Weiter geht die

Postkartenidyll Rothenburg ob der Tauber

Tour über die B 19 und die L 2251 durch grüne Weinberge. Und schon ist **Weikersheim** mit dem herrlichen Schloss und Schlossgarten erreicht *(www.schloss-weikersheim.de)*. Die Gartenanlagen mit formenreichem Barockgarten erinnern an Versailles. Und im Renaissanceschloss können Besucher die nahezu vollständige Inneneinrichtung bewundern. Direkt neben dem Ensemble liegt der historische Marktplatz mit Cafés und Gasthäusern. Umgeben von Hügeln und Weinbergen liegt **Röttingen an der Tauber**. Auf einem 2 km langen Rundweg innerhalb und außerhalb der mittelalterlichen Stadtmauer kommen wir an 25 verschiedenartigen Sonnenuhren vorbei. Dabei werfen wir noch einen Blick in den Hof von Burg Brattenstein. Auf dem Festplatz direkt an der Tauber gibt es einen Wohnmobilstellplatz. Und auch der Winzerhof Bach verfügt über einen *Stellplatz* und eine Heckenwirtschaft. Immer an der Tauber entlang fahren wir zum schön gelegenen mittelalterlichen Städtchen **Creglingen**. In der gotischen Herrgottskirche steht der berühmte Marienaltar von Tilman Riemenschneider. Beim Besuch der historischen Altstadt bummeln wir ausgiebig durch die malerischen Gassen und sehen uns auch das hervorragend gemachte Jüdische Museum *(www.stiftung-jmc.de)* an. Auf dem *Parkplatz am Sportplatz* und auf dem kleinen *Stellplatz* am Taubertorplatz darf man das Wohnmobil abstellen und auch übernachten. Wir folgen der Romantischen Straße weiter durch das liebliche Taubertal und erreichen nach kurzer Fahrt ⑤ **Rothenburg ob der Tauber.**

**AUFS RAD**

Bei Creglingen verlaufen der bekannte Radweg **Liebliches Taubertal** (hier identisch mit dem Fernradweg Romantische Straße) und der **Gaubahn-Radweg** zum Maintal. Landschaftlich sehr reizvoll ist eine Radtour durch die Creglinger Seitentäler der Tauber.

Die herrliche Landschaft lädt dazu ein, aufs Rad zu wechseln.

ETAPPE 4

## VON ROTHENBURG OB DER TAUBER NACH DINKELSBÜHL

↔ 45 km ⏱ 60 Min., 1 Tag

Begeistert betreten wir durch eines der Rothenburger Stadttore die mit prächtigen Fachwerkhäusern umgebenen Kopfsteinpflastergassen. Überall gibt es etwas zu sehen und zu entdecken. Einen noch besseren Blick haben wir von der Aussichtsplattform auf dem Rathaus, 220 Stufen sind es bis nach oben. Pünktlich zum Glockenspiel zur vollen Stunde sind wir dann wieder auf dem Marktplatz. Nach einem Spaziergang über die auf 2 km begehbare Stadtmauer probieren wir die typischen Rothenburger Schneeballen, die verlockend in den Schaufenstern ausgestellt sind. Wer auf den Wohnmobilstellplätzen außerhalb der Mauern oder auf dem Campingplatz übernachtet, kann die Stadt zu verschiedenen Tageszeiten erleben. Bei der anschließenden Fahrt nach Süden wird die Landschaft immer hügeliger, und wir erreichen die Frankenhöhe. In Diebach verlassen wir die Tauber und folgen der Romantischen Straße bis **Schillingsfürst**. Hauptsehenswürdigkeit ist das Barockschloss auf einem Bergsporn mit Barockmuseum und Fürstlichem Greifenhof *(www.schloss-schillingsfuerst.de)*. Von der Terrasse des Schlosscafés hat man einen herrlichen Panoramablick über Hohenlohe. Auf der Weiterfahrt in Richtung Süden erreichen wir nach 20 Minuten ⑥ **Feuchtwangen**. Rund um den Marktplatz reihen sich liebevoll restaurierte Fachwerkhäuser auf. Am Freibad befindet sich der sympathische *Wohnmobilstellplatz* zum Parken und Übernachten. Nicht viel weiter erreichen wir die zauberhafte mittelalterliche Stadt ⑦ **Dinkelsbühl**.

**SEHENSWERT**

Im **Kriminalmuseum** *(www.kriminalmuseum.eu)* in der ehemaligen Rothenburger Johanniterkomturei dreht sich alles um Verbrechen, Folter und Hexenprozesse. 50 000 Exponate formen einen spannenden und schaurigen Rundgang durch menschliche Abgründe.

Nördlingens Stadtmauer hat einen rundum begehbaren Wehrgang.

ETAPPE 5

## VON DINKELSBÜHL NACH NÖRDLINGEN

⟷ 33 km ⏱ 45 Min., ½ Tag

Das Mittelalter ist in Dinkelsbühl allgegenwärtig. Lange streifen wir vorbei an prächtigen Gebäuden durch die Kopfsteinpflasterstraßen. Vom Turm des gotischen Münsters haben wir einen herrlichen Blick aus der Vogelperspektive. Interessante Geschäfte und wunderschöne Gärten liegen ein wenig ab der Hauptachsen. Fern vom Trubel umrunden wir an Wassergräben vorbei und durch Parks die Stadtmauer – Dinkelsbühl, wie es nicht jeder kennt. Wie gut, dass wir länger hier bleiben. Wenn die Abendsonne die Dächer in warmes Licht taucht, entfaltet sich eine magische Stimmung. In Dinkelbühl gibt es vier Wohnmobilstellplätze, ein *Stellplatz* liegt direkt am Nördlinger Tor (Mönchsrother Straße). An Wiesen vorbei erreichen wir das **Nördlinger Ries** und den hübschen Ort **Wallerstein**. Seit 1598 werden im Fürst Wallerstein Brauhaus *(www.fuerstwallerstein-brauhaus.de)* auf dem Schlossberg hochwertige Bierspezialitäten gebraut. Probieren kann man in den umliegenden Biergärten. Das letzte Stück der Fahrt geht durch den Einschlagkrater, der hier vor rund 15 Mio. Jahren entstanden ist. Und dann haben wir unser Ziel erreicht: (8) **Nördlingen**. Wirklich einmalig ist der Spaziergang über die Stadtmauer der kleinen, mittelalterlichen Stadt. Sie ist vollständig erhalten. Etwa 2,7 km sind wir dafür unterwegs. Wenige Minuten von der Innenstadt gibt es auf der Kaiserwiese (Innerer Ring) einen *Wohnmobilstellplatz*.

**WISSENSWERT**

Vor rund 15 Mio. Jahren entstand durch die Kollision der Erde mit einem riesigen Asteroiden ein kreisrunder Krater mit einem Durchmesser von 25 km. Darin hat sich eine einzigartige Landschaft entwickelt. Mehr erzählt das **RiesKraterMuseum** in Nördlingen *(www.rieskrater-museum.de)*.

### EMPFOHLENE PLÄTZE

**Camping Schwabenmühle** ★★★½

(1) Der naturnahe, sehr schön gelegene Campingplatz ist nicht weit weg von der Romantischen Straße.

▶ Weikersheimer Str. 21, 97990 Weikersheim-Laudenbach, Tel. 079 34/99 22 23, GPS: 49.457616, 9.926283

■ www.pincamp.de/wn3400

**Camping Rothenburg Tauber-Idyll** ★★½

(2) Der kleine Platz direkt an der Tauber ist ein idealer Ausganspunkt zur Erkundung der Region.

▶ Detwang 28, 91541 Rothenburg ob der Tauber, Tel. 09 86/131 77, GPS: 49.388066, 10.166516

■ www.pincamp.de/nb3400

**Wohnmobilstellplatz an der Tauber**

(3) Gut ausgestatteter Stellplatz auf einem Parkplatz, am Wasser und in direkter Nähe zu Röttingen. Neubronner Straße, 97285 Röttingen

▶ GPS: 49.507417, 9.970033

### WEITERE GENANNTE PLÄTZE

**Wohnmobilstellplatz an der Friedensbrücke**, Dreikronenstr. 2, 97082 Würzburg

**Stellplatz am Mainufer**, Fahrgasse, 97892 Kreuzwertheim

**Stellplatz am Freibad**, Vitryallee 7, 97941 Tauberbischofsheim

**Stellplatz an der Solymar Therme**, Arkau 1, 97980 Bad Mergentheim

**Wohnmobilstellplatz am Winzerhof Bach**, Klingenerstr. 1, 97285 Röttingen

**Stellplatz Creglingen**, Rothenburger Straße, 97993 Creglingen

**Stellplatz Taubertor**, Kieselallee, 97993 Creglingen

**Wohnmobilstellplatz am Freibad**, Dinkelsbühler Str. 36, 91555 Feuchtwangen

**Wohnmobilstellplatz P2a**, Mönchsrother Str. 8, 91550 Dinkelsbühl

**Wohnmobilstellplatz Nördlingen**, Innerer Ring, 86720 Nördlingen

Noch mehr tolle Plätze auf pincamp.de

# ENTLANG DER ROUTE

## 1 Würzburg

In der Stadt am Main treffen Kultur und Genuss aufeinander. Herausragend sind die Gebäude, die im Barock- und Rokokostil errichtet sind, vor allem die prächtige Residenz. Sie gehört zum Weltkulturerbe der UNESCO. Balthasar Neumann zierte das Schloss mit dem bekannten und architektonisch herausragenden Treppenhaus. Giovanni Battista Tiepolo schuf dafür das größte zusammenhängende Fresko der Welt. Der Dom St. Kilian ist Deutschlands viertgrößte romanische Kirche. Die angebaute Schönbornkapelle wird als eines der bedeutendsten Werke Balthasar Neumanns eingeordnet. Doch Würzburg ist noch mehr als seine Gebäude. Hier kann man herrlich einkaufen und gemütlich einkehren. Oberhalb der Stadt thront auf der anderen Mainseite die Festung Marienberg mit großartigen Gartenanlagen. Und die rund um die Stadt angebauten Weine gehören zur Spitzenklasse. *www.wuerzburg.de*

## 2 Wertheim

Ein Spaziergang durch die Stadt am Zusammenfluss von Main und Tauber ist voller Eindrücke. Kopfsteingepflasterte schmale Gassen, kleine Plätze und viele verzierte Fachwerkhäuser prägen das Stadtbild. Im Zentrum liegt der historische Marktplatz, und über allem wacht eine mächtige Burg. Die im 12. Jh. gebaute Burg Wertheim wurde 500 Jahre lang stark erweitert und im Dreißigjährigen Krieg fast völlig zerstört. Geblieben ist eine mächtige Ruine mit Mauern und Türmen. Der Blick auf Stadt und Land ist herrlich. Im Ort lohnt der Besuch im Glasmuseum mit Glasbläservorführungen. Modebewusste steuern das beliebte Designer-Outlet Shopping Wertheim Village an. *www.wertheim.de*

## 3 Tauberbischofsheim

Mitten im lieblichen Taubertal liegt die Stadt, die bis ins 19. Jh. Bischofsheim hieß. Schmale Gassen, reiche Fachwerkbauten, Kapellen und Kirchen lassen sich in der Altstadt rund um den Marktplatz entdecken. Hier steht auch das außergewöhnliche, neugotische Rathaus. In der Nähe haben sich Reste der Stadtmauer erhalten. Das Kurmainzische Schloss mit Fachwerk und Türmersturm entwickelte sich aus einem Königshof und einer späteren Wasserburg. Reste aus dem 13. Jh. sind erhalten. In dem historischen Gebäude ist das Tauberfränkische Landesmuseum untergebracht. *www.tauberbischofsheim.de*

## 4 Bad Mergentheim

Die beliebte Kurstadt hat eine malerische Altstadt mit Fachwerkhäusern und historischen Gebäuden. Mitten im Stadtzentrum liegt das schöne Residenzschloss. Hoch- und Deutschmeister des Deutschen Ordens hatten hier mehrere Jahrhunderte ihren Sitz. In dieser Zeit wurde es vom Wasser- zum prächtigen Barockschloss umgebaut. Der Wildpark Bad Mergentheim mit dem wohl größten Wolfsrudel in Europa, vielen anderen Tierarten und naturnahen Spielplätzen ist nicht nur für Familien ein beliebtes Ausflugsziel. *www.bad-mergentheim.de*

## 5 Rothenburg ob der Tauber

Rothenburg verkörpert mit seiner über 1000 Jahre alten wechselhaften Geschichte für viele ausländische Gäste das Deutschlandklischee schlechthin. Hier findet jeder seinen Lieblingsplatz: Die Stadtmauer umschließt die Altstadt aus dem Mittelalter komplett und ist begehbar, dazu kommen Türme, Patrizierhäuser, Kirchen, versteckte Gärten und windschiefe Fachwerkhäuser. 220 Stufen sind es bis zum Aussichtspunkt auf dem Rathausturm. Von oben gibt es einen eindrucksvollen Ausblick auf die mittelalterliche Altstadt. Ein Highlight ist auch das Glockenspiel am Marktplatz. Nicht weit entfernt steht die Kirche St. Jakob aus dem 15. Jh. Hier befindet sich der Heilig-Blut-Altar von Tilman Riemenschneider. Skurril und einen Besuch wert ist auch das Kriminalmuseum. *www.rothenburg-tourismus.de*

## 6 Feuchtwangen

Im Mittelpunkt der Altstadt befindet sich der Marktplatz mit prachtvollen Fachwerksbauten und Bürgerhäusern. Über eine Treppe erreicht man den romanischen Kreuzgang. Es sind Reste des Benediktinerklosters, um das die ehemalige freie Reichstadt gebaut wurde. Die Klosterkirche und heutige Stiftskirche vereint Romanik und Gotik – unbedingt auch den Marienaltar aus dem 15. Jh. genauer ansehen. Er wird Michael Wohlgemuth, dem Lehrer Albrecht Dürers, zugeschrieben und ist nicht der einzige kulturelle Schatz in der Stadt: In der Johanniskirche haben sich Malereien aus der Zeit um 1400 erhalten. *www.feuchtwangen.de*

## 7 Dinkelsbühl

Ein Besuch in Dinkelsbühl ist wie das Eintauchen in eine andere Zeit. Die Lage an einer wichtigen Pilger- und Handelsstraße war mit Einfluss und Reichtum verbunden. Davon zeugt die Bebauung mit breiten Kopfsteinpflasterstraßen, aufwendigem Fachwerk und bunten Patrizierhäusern. Bereits im Frühmittelalter entstand die erste Bebauung. Später wuchs nach und nach die mit Mauern und mächtigen Türmen befestigte Stadt. Im 14. Jh. entstand die heutige Stadtmauer, der Mauerring mit Zwingern und Türmen ist erhalten. Im 15. Jh wurde das gotische Münster St. Georg gebaut, das als eine der schönsten gotischen Hallenkirchen Süddeutschlands gilt. Der Turm kann bestiegen werden, die Aussicht auf die Dächer der Stadt ist herrlich. Viele Ecken kommen uns bekannt vor, denn Carl Spitzweg malte hier einige seiner Lieblingsszenen. *www.dinkelsbuehl.de*

Ein Wahrzeichen von Dinkelsbühl: der Bäuerlinsturm (16. Jh.)

## 8 Nördlingen

Aus der Luft ist äußerst eindrucksvoll das fast perfekte Rund der mittelalterlichen Stadt zu erkennen. Nicht verpassen sollte man deshalb den Gang über die komplett erhaltene Stadtmauer mit Bastionen und mächtigen Türmen. Der Mauerring entstand unter Ludwig dem Bayer im 14. Jh. Wie im Mittelalter ruft jeden Abend der Türmer vom 90 m hohen Turm (»Daniel«) der spätgotischen Hallenkirche St. Georg. Mehrere liebevoll restaurierte, mittelalterliche Speicher zeugen von der Wichtigkeit Nördlingens als Handelsplatz. Von 1453 stammen die Seelhäuser neben der St.-Salvator-Kirche, eine spätmittelalterliche »Sozialsiedlung«, die von einer Stiftung für arme Leute getragen wurde (und sogar älter ist als die Fuggerei in Augsburg). Im RiesKraterMuseum erfährt man mehr über das Entstehen der Landschaft und den Asteroiden, der dafür verantwortlich ist. *www.noerdlingen.de*

Das tschechische Loket präsentiert sich als besonderes Schmuckstück. Die gesamte Altstadt steht unter Denkmalschutz.

22

# WEISSES GOLD UND BÄDERKULTUR: DURCHS FICHTELGEBIRGE NACH BÖHMEN

*Unterwegs auf der Porzellanstraße kommen wir zu idyllischen Orten und durch herrliche Landschaften in Nordostbayern und Westtschechien. In der Region spielte Porzellan über Jahrhunderte hinweg eine zentrale Rolle, gab es hier doch die nötigen Rohstoffe. Museen, Produktionsstätten und Werksverkäufe liegen ebenso auf dem Weg wie historische Kurorte.*

Weiden i. d. OPf.
Karlovy Vary
242 km
ca. 4,5 Std., 4 Tage

GPX-Download

## ETAPPE 1
## VON WEIDEN I.D. OBERPFALZ NACH TIRSCHENREUTH

⟷ 55 km ⏱ 60 Min., ½ Tag

Vom großen Marktplatz bummeln wir begeistert durch die Innenstadt von ① **Weiden in der Oberpfalz**. Auch die prächtigen Jugendstilbauten wollen wir nicht verpassen. Die Kirche St. Josef ist ebenfalls im Jugendstil gestaltet – ein echtes Schmuckstück. Dann begeben wir uns im Internationalen Keramik-Museum Weiden *(www.dnstdm.de/ikmw)* auf Zeitreise und stimmen uns auf unsere Tour ein. Gleich zwei Werksverkäufe großer Porzellanfabriken – Seltmann Weiden und Bauscher Porzellan – bieten Einkaufsmöglichkeiten. Hinter der Weidener Thermenwelt befindet sich der *Stellplatz* der Stadt. Wir folgen der Porzellanstraße nach Vohenstrauß und biegen dort nach Norden ab. Über Waldthurn erreichen wir **Floß**. Für eine zünftige Pause bietet sich das Brauhaus an *(www.brauhaus-floss.de)*. Weiter geht es an Feldern, Wäldern und Teichen vorbei nach ② **Tirschenreuth**. Ein echtes Highlight ist unser Spaziergang durch den Fischhofpark. Auch die Altstadt mit Plätzen, Gassen und historischen Gebäuden gefällt uns gut. Tirschenreuth ist international für das hier hergestellte Porzellan bekannt. Im Museums-Quartier erfahren wir mehr darüber und auch über die in der Region betriebene Teichwirtschaft. Am Fischhofpark gibt es einen *Wohnmobilstellplatz*, ideal für einen Besuch.

Hingucker: die bunt bemalten Häuserfassaden in Weiden

## ETAPPE 2
## VON TIRSCHENREUTH NACH WUNSIEDEL

⟷ 53 km ⏱ 60 Min., ½ Tag

Von der 20 m hohen **Himmelsleiter**, einem imposanten Aussichtsbau, den wir vom Wanderparkplatz nördlich von Tirschenreuth erreichen, haben wir einen herrlichen Blick über die Teiche, für die die Region bekannt ist. Hier schlängelt sich die Waldnaab durch eine der schönsten und ökologisch bedeutendsten Teichlandschaften Europas. Über Hohenwald, Falkenberg und Wiesau erreichen wir **Mitterteich**, wo wir parken und einen kleinen Spaziergang machen. In dem sympathischen Ort im Herzen des Stiftslands wird noch untergäriges, ungefiltertes Bier althergebracht im Kommunbrauhaus gebraut. In Mitterteich wurde ebenfalls Porzellan hergestellt. Das Erbe lebt auf dem Areal der einstigen Porzellanfabrik im Museum mit Café und Porzellan-Werksverkauf weiter. Nächste Station ist **Marktredwitz**, wo inzwischen technische Keramik hergestellt wird. Im Egerland-Kulturhaus erfahren wir mehr zur Geschichte der Egerländer *(www.egerland-museum.de)*. Auf der B 303 erreichen wir das romantische Mineral- und Moorheilbad **Bad Alexandersbad**, wo sich im 18. und 19. Jh. die vornehme Welt traf. Wir fahren durchs Fichtelgebirge nach ③ **Wunsiedel**.

**ABSTECHER**

2 km südwestlich von Bad Alexandersbad befindet sich das **Felsenlabyrinth Luisenburg**. Das durch Verwitterung und Erosion entstandene Granitsteinmeer mit riesigen Felsen, Höhlen und Schluchten wurde nach Königin Luise von Preußen benannt. Durch das Labyrinth führt ein wildromantischer Rundweg.

## ETAPPE 3
## VON WUNSIEDEL NACH CHEB

⟷ 54 km ⏱ 60 Min., ½ Tag

Über 100 Jahre wurde in Wunsiedel Porzellan hergestellt. Im Fichtelgebirgsmuseum *(www.fichtelgebirgsmuseum.de)* lernen wir mehr über das Leben der Menschen in der Region. Der *Wohnmobilstellplatz* am westlichen Ortsrand ist der ideale Ausgangspunkt für einen Wunsiedel-Besuch. Etwa 20 Minuten dauert die Weiterfahrt über Thiersheim nach **Arzberg**, der zweitgrößten Porzellanstadt

Deutschlands. Auf der Jakobsburg befindet sich der Werksverkauf der Arzberg GmbH. In ④ **Waldsassen**, das wir als Nächstes erreichen, steuern wir die prächtige barocke Stiftsbasilika an und bestaunen die reich geschmückten Reliquien der Katakombenheiligen im Hauptschiff. Parallel zur tschechischen Grenze fahren wir nach **Schirnding**, wo ebenfalls über 100 Jahre Porzellan hergestellt wurde. Ein kurzer Abstecher nach **Hohenberg an der Eger** wäre möglich, bevor wir uns nach Osten wenden. Wir nehmen nun einen Teil der tschechischen Porzellanstraße unter die Räder und fahren über die B 303 und die Route 606 nach ⑤ **Cheb (Eger)**.

**SEHENSWERT**
Im **Porzellanikon** in Hohenberg an der Eger *(www.porzellanikon.org)* wird die deutsche Porzellangeschichte seit Gründung der Meissener Porzellanmanufaktur bis zur Wende 1989 dargestellt. Das Museum ist in der ehemaligen Direktorenvilla des Familienunternehmens C. M. Hutschenreuther untergebracht.

Ebenfalls einen Abstecher wert: der Kurort Franzensbad

## ETAPPE 4
## VON CHEB NACH SOKOLOV

⟷ 30 km ⏱ 25 Min., ½ Tag

Wir schlendern durch die Gassen und Straßen von Cheb, bewundern die prächtigen historischen Gebäude und steuern am unteren Marktplatz das Museum Cheb *(www.muzeumcheb.cz)* im Pachelbelhaus an. Im Haus des ehemaligen Stadtkommandanten wurde 1634 der berühmte Feldherr Wallenstein ermordet. Der kostenpflichtige bewachte Parkplatz Svatopluka Čecha ist nicht weit von den Sehenswürdigkeiten entfernt. Der Campingplatz Václav am Stausee Jesenice liegt landschaftlich schön und bietet sich für einen längeren Aufenthalt an. Über die E 48 und E 49 erreichen wir durch hügeliges Gelände Falkenau an der Eger, das heutige ⑥ **Sokolov**. Unser Spaziergang bringt uns zum Schloss, das aus einer mächtigen Burg entstanden ist. Im hier untergebrachten Museum erfahren wir mehr zum Bergbau, der die Stadt und die Region seit dem 19. Jh. geprägt hat, und zur Porzellanproduktion *(www.muzeum-sokolov.cz)*. Danach bewundern wir die schönen Sakralbauten der Stadt. Am Naturschwimmbad befindet sich der kleine *Campingplatz Kemp Michal* 🚐.

**CAMPING IN TSCHECHIEN**
Da die Tschechen sehr gerne campen, gibt es viele **Campingplätze**. Diese sind meist nicht sehr groß und viele noch naturbelassen. Wildcampen ist in Tschechien nicht gestattet, und Stellplätze gibt es auch nur wenige *(www.czech-tourist.de/wohnmobil-camper.htm)*.

## ETAPPE 5
## VON SOKOLOV NACH LOKET

⟷ 30 km ⏱ 40 Min., 1 Tag

Über die Route 210 fahren wir nach Süden durch den Kaiserwald und erreichen die Jeroným Mine (Dùl Jeroným). Das Zinnbergwerk kann zwischen Anfang Mai und Mitte Oktober besichtig werden, und auch wir machen uns auf den Weg ins Erdinnere. Für den Besuch muss man gut zu Fuß sein, denn es ist teilweise sehr steil und eng. Danach biegen wir auf die Route 208 und 209 ab. Ein Stück weiter lockt ein Abstecher zum Bergbaumuseum Schönfeld (Hornické muzeum Krásno) mit einer sehr gut gemachten und spannenden Sammlung. Zurück auf der 209 erreichen wir in einem Talkessel **Horní Slavkov (Schlaggenwald)**, eine seit dem Mittelalter wichtige Minenstadt. In der Nähe gelang bereits 1789 die Herstellung des ersten böhmischen Porzellans, worauf im Ort die erste Porzellanfabrik Böhmens entstand. Leider wurde ein Großteil der historischen Gebäude aus der Renaissance abgerissen. Dafür entstand für die Bergarbeiter ein neuer Stadtteil im Stil des spätstalinistischen Städtebaus. Sehenswert sind die spätgotische Wehrkirche, das »Pflug-Haus«, die barocke Spitalkirche und das Museum Horní Slavkov *(www.horni-slavkov.cz)*. Auf der 209 erreichen wir ⑦ **Loket (Elbogen)**.

ETAPPE 6

## VON LOKET NACH KARLOVY VARY

⟷ 20 km ⏱ 25 Min., 1 Tag

Der Ort Loket liegt malerisch auf einem Felsen, der auf drei Seiten von der Eger umflossen wird. Der Besuch ist wie eine Zeitreise. Wir schlendern durch die Altstadt unter der mächtigen Burg. Schon Johann Wolfgang von Goethe schwärmte vom »böhmischen Rothenburg«. Keramikläden, ein Outlet Store und schöne Geschäfte laden zum Shoppen ein. In Nové Sedlo u Lokte (Neusattl), das wir als nächstes erreichen, steuern wir die Porzellanmanufaktur Rudolf Kämpf im Ortsteil Louèky an *(www.rudolfkampf.cz)*. Sehenswert sind das originelle Fabriktor mit keramischen Elementen und die Verkaufsausstellung. Auf der Route 209 und 222 erreichen wir über Chodov (Chodau) das Ziel unserer Reise, ⑧ **Karlovy Vary (Karlsbad)**. Begeistert besichtigen wir das Juwel des böhmischen Bäderdreiecks. Typisch sind die Kolonnaden mit den Säulengängen. Bis zu zwölf Meter hoch schießt die Fontäne des Geysirs in der modernen Sprudelkolonnade empor, die wir uns anschauen und dann noch eine Führung durch die unterirdischen Anlagen des alten Sprudelkellergeschosses mitmachen. Nicht weit weg werfen wir einen Blick in die barocke Marien-Magdalenenkirche und gehen weiter zur größten russisch-orthodoxen Kirche des Landes. Für Wohnmobile geeignete Parkplätze sind Kouzelné mìsteèko und Poštovní dvùr. Ein guter Ausgangspunkt für den Stadtbesuch ist der Wohnmobilstellplatz auf der Pferderennbahn der Stadt.

**WISSENSWERT**

Das **westböhmische Bäderdreieck** zwischen Erzgebirge, Böhmerwald und Elstergebirge ist weltberühmt. Die Blütezeit der drei Kurorte Karlsbad (Karlovy Vary), Franzensbad (Františkovy Lázǹ) und Marienbad (Mariánské Lázǹ) war im 18. und 19. Jh.

Der Campingplatz Großbüchlberg bietet 30 Wohnmobilstandplätze.

### EMPFOHLENE PLÄTZE

**Campingplatz Großbüchlberg** ★★★★

1 Der freundliche und gut ausgestattete Campingplatz bietet Pool und Panoramablick über das Stiftland.
▶ Großbüchlberg 32, 95666 Mitterteich,
Tel. 096 33/40 06 73, GPS: 49.972066, 12.225366
■ www.pincamp.de/nb8600

**Camping am See Václav** ★★★★½

2 Die gut ausgestattete und gepflegte Anlage liegt reizvoll am Westufer des Jesenice-Stausees.
▶ Všebořská ulice 51, 35002 Cheb-Podhrad,
Tel. +420/354/43 56 53, GPS: 50.049933, 12.4119
■ www.pincamp.de/cz0070

**Wohnmobilstellplatz Hipodrom Holoubek**

3 Der Stellplatz mit Strom und Ver- und Entsorgung befindet sich mitten auf einer Pferderennbahn.
▶ Závodní 19, 36006 Karlovy Vary, Tel. +420/702/01 98 61, www.stellplatzholoubek.cz,
GPS: 50.224020, 12.833772

### WEITERE GENANNTE PLÄTZE

**Wohnmobilstellplatz Weidener Thermenwelt**, Raiffeisenstr. 7, 92637 Weiden
**Wohnmobilstellplatz am Fischhofpark**, Am Fischhof, 95643 Tirschenreuth
**Wohnmobilstellplatz Wunsiedel**, Rot-Kreuz-Straße/Ludwigstraße, 95632 Wunsiedel
**Kemp Michal**, Jednoty 1628, 356 01 Sokolov

Noch mehr tolle Plätze auf pincamp.de

## ENTLANG DER ROUTE

### 1 Weiden in der Oberpfalz

Max Reger, der berühmte Komponist der Neuzeit, wurde in Weiden geboren. Und die Weidener sind stolz auf ihn: In der malerischen Altstadt findet man immer wieder Hinweise auf den Musiker. Der große Marktplatz erstreckt sich zwischen Oberem und Unterem Tor und ist gesäumt von prächtigen Bürgerhäusern, die aus der Renaissance stammen. In der Mitte steht das historische Alte Rathaus. Die Wende vom 19. zum 20. Jh. bedeutete durch die Industrialisierung und die Porzellanproduktion Wachstum und Wohlstand für die Stadt. Ein Großteil der damit verbundenen Neubauten wurden im Jugendstil errichtet. Das macht Weiden zur Stadt des Jugendstils. *www.weiden.de*

### 2 Tirschenreuth

Über 3500 Teiche gibt es in der »Tirschenreuther Teichpfanne«. Mehr zu ihrer Entstehung und Nutzung erfährt man im Oberpfälzer Fischereimuseum. Außerdem gibt es Informationen zur Stadtgeschichte und zum Porzellan, das seit 1830 im Ort produziert und für das Tirschenreuth international bekannt wurde. Im Fischhofpark liegt der Stadtteich mit der aufwendig sanierten, barocken Fischhofbrücke. Auf der Insel befindet sich der Fischhof, der ehemalige Sommersitz der Äbte von Waldsassen. Über eine einzigartige moderne Spannbandbrücke erreicht man die schöne Altstadt mit Plätzen, Gassen und historischen Gebäuden. *www.stadt-tirschenreuth.de*

### 3 Wunsiedel

Das oberfränkische Städtchen ist zentraler Hauptort des Fichtelgebirges. In der Altstadt wandelt man auf den Spuren des deutschen Dichters Jean Paul und kann im Fichtelgebirgsmuseum, dem größten bayerischen Regionalmuseum, eine umfangreiche Sammlung zum Leben der Menschen der Region bewundern. Der Katharinenberg ist Bayerns ältester Bürgerpark. Sehenswert sind die historische Gartenanlagen, die Rotwildgehege, der Greifvogelpark mit Falknerei und die Umweltstation. *www.wunsiedel.de*

### 4 Waldsassen

Ganz im Norden Bayerns und nicht weit von der Grenze nach Tschechien wird Waldsassen dominiert vom prächtigen Zisterzienserinnenkloster aus dem Jahr 1133. Besonders sehenswert sind die barocke Basilika mit den Katakombenheiligen, zehn bekleideten Ganzkörperreliquien unbekannter frühchristlicher Märtyrer, und die Stiftsbibliothek mit kostbar ausgestatteten Lesesälen. *www.waldsassen.de*

### 5 Cheb (Eger)

Die Egerer Burg auf einer Landzunge des gleichnamigen Flusses geht auf eine Burganlage der Staufer zurück. Kaiser Friedrich Barbarossa ließ hier eine repräsentative Kaiserpfalz errichten. Die zweistöckige Burgkapelle ist perfekt erhalten. Prachtvolle Kirchen, bunte Fassaden und herrliche historische Gebäude dominieren die Altstadt und zeugen von der wichtigen Rolle der Stadt im Mittelalter. Ein silbernes Band durchzieht die Fußgängerzone, auf dem Daten zur historischen Stadtentwicklung ab 1061 verzeichnet sind. Das Egerer Museum ist im gotischen Pachelbelhaus am großen Marktplatz untergebracht. In diesem Haus soll General Wallenstein ermordet worden sein. Eine andere mit Cheb (Eger) verbundene Persönlichkeit ist Johann Balthasar Neumann, der hier 1687 geboren wurde. *www.tic.cheb.cz*

Karlovy Vary
Sokolov
Loket
Cheb
Wunsiedel
Waldsassen
Tirschenreuth
Weiden in der Oberpfalz

Weiden
55 km
Tirschenreuth
53 km
Wunsiedel
54 km
Cheb
30 km
Sokolov
30 km
Loket
20 km
Karlovy Vary

Das traditionsreiche Karlsbad wurde 2021 zum UNESCO-Welterbe der bedeutendsten Kurstädte Europas (Great Spas of Europe) gekürt.

## 6 Sokolov (Falkenau an der Eger)

Ursprung der Stadt ist eine Burg. An deren Stelle steht heute das Falkenberger Schloss, seit einem grundlegenden Umbau im 19. Jh. klassizistisch gestaltet. Darin ist das Bezirksmuseum untergebracht, das sich neben dem Bergbau auch der Porzellanproduktion widmet. Eine Reihe von historischen Gebäuden steht rund um den Alten Platz. Das historische Rathaus stammt aus der Renaissance. Im Dreißigjährigen Krieg wurde die Stadt mehrfach beschossen, wobei alle Häuser vor der Stadt zerstört wurden. An wichtigen Gebäuden entstanden im 17. Jh. das inzwischen abgerissene Hospital, das Kapuzinerkloster und die Kirche St. Jakob. Weitere Zerstörungen durch Stadtbrände bedeuteten Neubauten im 18. und 19. Jh. Region und Stadt sind stark durch den hier betriebenen Braunkohleabbau geprägt. Das reiche Vorkommen des Rohstoffs war einer der wesentlichsten Wirtschaftsfaktoren ab der Mitte des 19. Jh.

## 7 Loket (Elbogen)

Strategisch günstig liegt Loket, das wegen der schönen, historischen Bausubstanz auch als »böhmisches Rothenburg« bezeichnet wird, auf einem von der Eger umflossenen Felsen. Nach vorheriger Nutzung durch die Slawen entstand an der höchsten Stelle im dritten Viertel des 12. Jh. eine Burg, die hoch über der Stadt thront. Teile der romanischen Bausubstanz sind erhalten. Das darin beheimatete Porzellanmuseum wirft einen Blick auf die einst lebendige Porzellanindustrie des Ortes, u. a. wurde in Elbogen 1815 die Wiener Porzellanfabrik gegründet. Die renovierten Stadtmauern und Bastionen verdeutlichen die einstige Größe und strategische Bedeutung der Stadt. Der historische Stadtkern steht unter Denkmalschutz. Am Marktplatz befinden sich das Rathaus im Frühbarockstil und der Outlet Store von G. Benedikt, eine gute Adresse für diejenigen, die Porzellan kaufen wollen. *www.loket.cz*

## 8 Karlovy Vary (Karlsbad)

Im 14. Jh. wurde Karlsbad von Karl IV. zur Königsstadt erhoben. Insgesamt zwölf heiße Quellen treten hier zutage. Bereits 200 Jahre später war der Ort beim Adel beliebt, und zu den Bädern wurden Trinkkuren genutzt. Heute gehört Karlsbad zu den berühmtesten und traditionsreichsten Kurorten der Welt. Wegen Zerstörungen durch Brände, Plünderungen und Überschwemmungen stammen die prächtigen Gebäude der beliebten Kurstadt allerdings aus dem 18. und 19. Jh. Bekannt sind die historischen Kolonnaden. Der russische Zar Peter I. besuchte die Stadt und legte beim Bau des Hauses Zum Pfau (U páva) selbst Hand an. Gemeinsam mit zehn weiteren europäischen Kurstädten wurde Karlsbad ins Welterbe der UNESCO aufgenommen. *www.karlovyvary.cz*

Wie schon im Mittelalter: Das Ellinger Tor gewährt von Norden her Einlass in die Stadt Weißenburg.

23

# ANTIKE RESTE UND NATURSCHÄTZE: AUF DEN SPUREN DER ALTEN RÖMER

*Auf der Deutschen Limes-Straße folgen wir von Gunzenhausen bis Regensburg spannenden Stationen der römischen Geschichte vor der Kulisse faszinierender Landschaften. Die Relikte, denen wir begegnen – Kastelle, Wachtürme, Badeanlagen und Spuren der alten Grenzbefestigung, die sich quer durch Deutschland zieht – gehören zum UNESCO-Weltkulturerbe.*

Gunzenhausen
Regensburg
175 km
ca. 3 Std.,
3–4 Tage

GPX-Download

### ETAPPE 1
## VON GUNZENHAUSEN NACH WEISSENBURG

⟷ 24 km ⏱ 25 Min., ½ Tag

Nach einer Runde um den Altmühlsee mit dem Fahrrad gehen wir in ① **Gunzenhausen** gemütlich essen und starten dann unsere Tour auf den Spuren der Römer. Wer vorher ein paar Tage in der Region verbringen möchte, Camping- und Wohnmobilstellplätze rund um den Altmühlsee laden zum Aufenthalt ein. Wir verlassen Gunzenhausen und fahren parallel zum ehemaligen Limesverlauf auf der B 13 bis **Theilenhofen**. Vom früheren Kastell sind die Mauern des Kastellbads erhalten. Danach laufen wir noch ein Stück auf dem zwölf Kilometer langen Rundweg »Limes-Römerbad«, der zu den Standorten ehemaliger Wachtürme führt. Dabei bewundern wir immer wieder, wie der ehemalige Grenzverlauf an die Landschaft angepasst wurde. Rund zehn Minuten später haben wir **Ellingen** erreicht. Die barocke Residenz des Deutschen Ordens kann bei einer Führung besichtigt werden. Sehenswert sind die Schlosskirche, der Schlosshof und der Schlosspark, in dem Ende März ein Meer von Blausternchen blüht. Prächtige Gebäude im Stadtbild haben Ellingen den Namen »Perle des fränkischen Barocks« eingebracht. Kastell Sablonetum, an der Straße von Ellingen nach Höttingen, lag hinter dem Limes und ist teilweise rekonstruiert. Wir klettern auf die Mauern und bewundern die Aussicht auf die herrliche Landschaft. Wir biegen nun Richtung Süden ab und erreichen kurz danach ② **Weißenburg**.

**Ein Stück Stadtgeschichte erzählt das Alte Rathaus in Weißenburg.**

### ETAPPE 2
## VON WEISSENBURG NACH EICHSTÄTT

⟷ 37 km ⏱ 35 Min., ½ Tag

Nach dem Besuch des großen Kastells am Ortsrand von Weißenburg, von dem noch Mauern erhalten sind, und der Ruinen der riesigen, römischen Thermen steuern wir die von Mauern umgebene Altstadt an. Beim Bummel vorbei an prächtigen Häusern der alten Reichsstadt und attraktiven Geschäften verbringen wir ein paar abwechslungsreiche Stunden. Sehr beeindruckt sind wir von der Qualität des im RömerMuseum ausgestellten Hortfundes mit vielen kleinen Bronzestatuetten. Der *Wohnmobilstellplatz* von Weißenburg befindet sich am Limesbad. Bei der Weiterfahrt auf der B 13 geht unser Weg noch hoch zur Wülzburg. Der Innenhof der alten Hohenzollernfestung ist frei zugänglich und der Blick herrlich. Zwischen Oberhochstadt und Burgsalach ist der Limes, der hier auch Teufelsmauer genannt wird, als Damm in der Landschaft erhalten. Dann lockt uns der Römererlebnispfad Burgsalach. Neben vielen Informationen und Spielstationen gibt es den Nachbau eines hölzernen Limesturms, ein seltenes Kleinkastell (das wahrscheinlich keines ist) und andere Römerreste.

**ZU FUSS**
Auf dem **Römererlebnispfad Burgsalach** erwandert man ein Stück des Limes und kommt an einem rekonstruierten Holzwachturm und dem ehemaligen Burgus in der Harlach vorbei. Startpunkt ist neben dem Sportplatz Burgsalach.

Auch vor **Erkertshofen** ist der Limes wieder in der Landschaft zu sehen. Hier steht ebenfalls der Nachbau eines steinernen Limesturms. Reste der Limesmauer ziehen sich durch Wiesen. Wer daran entlangwandert, erreicht das Kleinkastell Biebig bei Hegelohe. Wir biegen nach Süden ab und fahren hinunter nach ③ **Eichstätt**.

### ETAPPE 3
## VON EICHSTÄTT NACH KIPFENBERG

⟷ 23 km ⏱ 25 Min., ½ Tag

Im Museum auf der Willibaldsburg oberhalb von Eichstätt sind neben seltenen Fossilien auch sehenswerte römische Funde ausgestellt. Danach besichtigen wir die Altstadt der hübschen Barockstadt mit Residenz und Dom. An der Altmühl befindet sich der *Wohnmobilstellplatz*

**SEHENSWERT**
In Möckenlohe, rund 9 km südlich von Eichstätt, kann man das rekonstruierte Hauptgebäude eines **römischen Gutshofs** (Villa Rustica) aus dem 1. Jh. besichtigen. Bauweise, Gebrauchs- und Luxusgegenstände sind Zeugnis des Lebens und Wohlstands an der Grenze *(www.roemervilla-moeckenlohe.de)*.

von Eichstätt. Jetzt folgen wir der Altmühl. Bei **Pfünz** erwartet uns auf dem Kirchberg das römische Kohortenkastell Castra Vetoniana. Teile sind rekonstruiert und vermitteln einen guten Eindruck von der einstigen Größe. Beeindruckend sind vor allem auch die in den Felsen geschlagenen Reste des Doppelspitzgrabens. Wir fahren weiter durch herrliche Landschaft mit kleinen Orten, Felsen und attraktiven Landgasthöfen am Wegesrand bis ④ **Kipfenberg**.

## ETAPPE 4
## VON KIPFENBERG NACH BAD GÖGGING

⟷ 47 km ⏱ 50 Min., ½ Tag

In Kipfenberg steht der Rundweg »Auf den Spuren der Römer« auf unserem Programm, wo sich alles um den Limes dreht. Rund zwei Stunden folgen wir dem mit Kunstwerken gestalteten Verlauf des Grenzwalls bis zu einem Limeswachturm. Gestartet wird auf Burg Kipfenberg am Römer und Bajuwaren Museum, das wir ebenfalls besichtigen *(www.bajuwaren-kipfenberg.de)*. Idyllisch und direkt am Fluss können Camper auf dem *AZUR Camping Altmühltal* übernachten. Wir verlassen nun die Altmühl und passieren Denkendorf, Dörndorf und Winden. In **Pondorf** wechseln wir auf die B 299 und kreuzen bei **Sandersdorf** in der Nähe des Barockschlosses erneut den Limes. Wir legen einen Stopp in Altmannstein mit der romantischen Burgruine ein und fahren parallel zum Limes weiter nach Hagenhill und Hienheim, wo wir südwärts in Richtung **Pförring** abbiegen. Auf der B 299 überqueren wir die Donau und fahren nach ⑤ **Bad Gögging**.

**Mit weitem Blick über das Land: Burg Kipfenberg**

**ABSTECHER**
In Pförring wurde zur Sicherung der Grenze und des Donauübergangs ein Kastell, **Kastell Celeusum**, gebaut. Eines der Tore ist als begehbare Stahlkonstruktion rekonstruiert.

## ETAPPE 5
## VON BAD GÖGGING NACH KELHEIM

⟷ 18 km ⏱ 20 Min., ½ Tag

In Bad Gögging finden Camper auf dem *Wohnmobilstellplatz* der Limes-Therme Standplätze in direkter Nachbarschaft der Therme. Bis zum Eingang sind es nur wenige Schritte – ideal für ein paar Stunden Wellness. Wir nutzen die Gelegenheit zunächst für eine Fahrradtour ins benachbarte **Abensberg** zur Weissbierbrauerei Kuchlbauer mit dem Hundertwasser-Turm *(www.kuchlbauer.de)* und einen Saunagang in der Therme. Entspannt setzen wir unsere Fahrt fort und erreichen über eine kleine Straße bei Eining das **Kastell Abusina**, ein römisches Kohortenkastell, dessen Besatzung den Limes und wichtige Verkehrswege überwachte. Im weiteren Verlauf bildete die Donau die Verteidigungslinie. Nur ein Stück weiter erreichen wir **Weltenburg** mit dem berühmten Kloster Weltenburg. Dieses steht an exponierter Stelle an der Donau in der Nähe des Donaudurchbruchs. Wir legen eine Pause ein und kehren im gemütlichen Biergarten der Klosterschenke *(www.klosterschenke-weltenburg.de)* ein – die Beifahrer dürfen auch das berühmte Weltenburger Bier probieren. Ein Blick in die barocke Klosterkirche rundet den Zwischenstopp ab. Und dann sind wir schon in ⑥ **Kelheim** und machen einen Spaziergang durch die kopfsteingepflasterten Straßen der Altstadt.

**WELLNESS**
Das Thermal-Mineralwasser der **Limes-Therme** in Bad Gögging *(www.limes-therme.de)* kommt aus 498 m Tiefe hat eine Temperatur zwischen 28 und 36° C. Dazu kommt ein Wellness- und Therapiebereich und die große Römer-Sauna.

Die Steinerne Brücke führt über die Donau nach Regensburg hinein.

ETAPPE 6

## VON KELHEIM NACH REGENSBURG

⟷ 26 km ⏱ 30 Min., 1 Tag

Im archäologischen Museum in Kehlheim, untergebracht in einem spätgotischen Getreidespeicher, erfahren wir alles zur Geschichte der Region – von den Neandertalern bis ins frühe Mittelalter. Beim Bau des Rhein-Main-Donau-Kanals kamen außergewöhnliche Funde aus mehreren Jahrtausenden zutage, die in verschiedenen kleinen Inseln präsentiert werden. Auch die Weißbierbrauerei Schneider, bekannt für die Schneider Weisse, ist in Kelheim zu Hause. Im gemütlichen Biergarten neben der Brauerei kann zumindest der Beifahrer das hier gebraute Bier in zünftiger Atmosphäre genießen *(www.weisses-brauhaus-kelheim.de)*. Ein Höhepunkt des Kehlheimbesuchs sind die Fahrt zur Befreiungshalle mit der Ludwigsbahn und die Besichtigung – wer Fahrt und Eintritt kombiniert, spart Geld. König Ludwig I. von Bayern ließ den eindrucksvollen Rundbau, der in hellem Gelb schimmert, in Erinnerung an die siegreichen Schlachten gegen Napoleon und als Mahnung für die Einheit Deutschlands errichten. Der *Wohnmobilstellplatz* in Kelheim liegt ideal für einen Stadtbummel. Wer nur ein paar Stunden bleiben möchte, findet direkt nebenan einen riesigen öffentlichen Parkplatz. Kurz vor **Bad Abbach** überqueren wir die Donau und fahren weiter auf der B16. Aus der Römerzeit sind in der Nähe des Bauhofs die Überreste einer Villa Rustica erhalten. Ein Denkmal mitten im Ort erinnert an Kaiser Heinrich II., der wahrscheinlich in Bad Abbach geboren wurde. An der Kaiser-Therme gibt es einen *Wohnmobilstellplatz*. Rund 10 km weiter haben wir das Ziel unserer Fahrt, ⑦ **Regensburg**, erreicht, wo wir uns viel Zeit für den Besuch der Altstadt nehmen, die zum Welterbe der UNESCO gehört. Bereits im 2. Jh. n. Chr. errichteten die Römer hier ein Legionslager. Teile sind im Stadtbild erhalten. Im Kornweg sind Reste einer römischen Brauerei zu sehen. Wenn keine Veranstaltungen stattfinden, ist das Parken auf dem Dultplatz möglich.

### AUFS WASSER

Mit dem Ausflugsschiff geht es von Kelheim in ruhiger Fahrt zum Kloster Weltenburg durch die Weltenburger Enge mit dem **Donaudurchbruch** *(www.schifffahrt-kelheim.de)*. Man kann auch eine Wanderung mit der Schifffahrt kombinieren.

### EMPFOHLENE PLÄTZE

**Altmühlsee-Camping Herzog** ★★★★

① Der gut ausgestattete, sympathische Campingplatz liegt in der Nähe des Altmühlsees mit Badestrand.

▸ Seestr. 12, 91710 Schlungenhof, Tel. 098 31/90 33, GPS: 49.127133, 10.743466

■ www.pincamp.de/nb6150

**Campingplatz Felbermühle** ★★★

② Der kleine Campingplatz liegt sehr idyllisch auf einer Insel zwischen zwei Armen eines Flüsschens.

▸ Felbermühle 1, 93333 Neustadt a. d. Donau, Tel. 094 45/516, GPS: 48.816916, 11.770566

■ www.pincamp.de/sb0060

**Wohnmobilstellplatz Am Pflegerspitz**

③ Gut gelegener und beliebter Stellplatz auf einer Landzunge zwischen Donau und Main-Donau-Kanal.

▸ Am Pflegerspitz 1, 93309 Kelheim, Tel. 094 41/70 12 34, www.kelheim.de, GPS: 48.914835, 11.876691

### WEITERE GENANNTE PLÄTZE

**Wohnmobilstellplatz am Limesbad Weißenburg**, Badstr. 5, 91781 Weißenburg

**Wohnmobilstellplatz an der Altmühl**, Schottenwiese/Pirkheimer Str., 85072 Eichstätt

**AZUR Campingpark Altmühltal**, Campingstr. 1, 85110 Kipfenberg

**Wohnmobil-Stellplatz Limes-Therme**, Am Brunnenforum 1, 93333 Bad Gögging

**Wohnmobilstellplatz an der Kaiser-Therme**, Kurallee 4, 93077 Bad Abbach

Noch mehr tolle Plätze auf pincamp.de

## ENTLANG DER ROUTE

### 1 Gunzenhausen

Der Ort ist ein wichtiges Versorgungszentrum für die Region, doch auch Geschichte ist allgegenwärtig. Der Limes führte direkt durch Gunzenhausen. Immer wieder finden sich beim Stadtbummel entsprechende Hinweisschilder. Im Burgstallwald am Ortsrand kann man sich auf gekennzeichneten Spazierwegen ebenfalls auf die Spuren der Römer begeben. Zu sehen sind Reste von zwei Wachtürmen und eines Kastells. Das heutige Stadtbild wird geprägt durch Fachwerk, Barockbauten und moderne Gebäude. Touristen kommen vor allem wegen des nahegelegenen Altmühlsees in den Ort. Dieser bietet großartige Möglichkeiten zum Baden, Surfen, Segeln und Tauchen. *www.gunzenhausen.de*

### 2 Weißenburg

In der Altstadt von Weißenburg zeugen gotische Fassaden, Fachwerkhäuser aus dem späten Mittelalter und barocke Bürgerhäuser vom Reichtum der ehemals Freien Reichsstadt. Die Stadtmauer mit 38 Türmen ist noch fast komplett erhalten. Weißenburg spielte aber bereits viel früher eine wichtige Rolle. Aus der Römerzeit sind das in Teilen rekonstruierte Kastell Biriciana und Reste der römischen Thermen erhalten. Dazu kommt der größte in Deutschland entdeckte römische Schatzfund, der im Römermuseum ausgestellt ist. Im Erdgeschoss informiert das Bayerische Limes-Informationszentrum über Themen rund um Kastelle und die Besatzung des Welterbes. Oberhalb von Weißenburg thront die Hohenzollernfestung Wülzburg. Aus Verteidigungsgründen wurde sie in einem Fünfeck angelegt. Der Innenhof ist frei zugänglich. *www.weissenburg.de*

### 3 Eichstätt

Direkt an der Altmühl ist die Barock- und Bischofsstadt ein attraktives Reiseziel. Der Eichstätter Dom ist ein Meisterwerk der Hoch- und Spätgotik und wurde barock erweitert. Das berühmteste Kunstwerk im Dom ist der elf Meter hohe, figurenreiche Pappenheimer Altar aus dem 15. Jh. Auch die hier verwahrten Gebeine des hl. Willibald ziehen Besucher an. Dazu haben die fürstbischöflichen Baumeister eine Fülle von prächtigen Bauwerken und Plätzen hinterlassen. Darunter sind barocke Kirchen, Bürgerhäuser, Domherrenhöfe und die fürstbischöfliche Residenz. Aber auch die Universität sorgt für das besondere Flair der Stadt. Über alles wacht die Willibaldsburg mit Bastionsgarten und verschiedenen Museen. Zu sehen sind herausragende Fossilien der Solnhofener Plattenkalke mit Raub- und Flugsauriern und beeindruckende römische Funde. *www.eichstaett.de*

### 4 Kipfenberg

Am geografischen Mittelpunkt Bayerns kommt man dem Limes ganz nahe, denn er verläuft mitten durch Kipfenberg. Der Rundweg »Auf den Spuren der Römer« mit verschiedensten Kunstwerken folgt dem Verlauf. Neben zahlreichen Resten der Römer ist die Altstadt rund um den malerischen Marktplatz und die Kirche Mariä Himmelfahrt mit einer Pietà aus der Zeit um 1400 sehenswert. Auch typische Jurahäuser gibt es zu sehen. Auf einem Felssporn östlich des Orts thront Burg Kipfenberg aus dem 12. Jh., das heute das Römer und Bajuwaren Museum birgt. *www.kipfenberg.de*

Kloster Weltenburg, das mit ausgewogener, klarer Architektur beeindruckt, liegt oberhalb des Donaudurchbruchs in einer Flussschleife.

## 5 Bad Gögging

Wegen der wechselhaften Geschichte sucht man hier leider vergebens eine schöne Altstadt. Das Ortsbild wird geprägt von Kurkliniken und Hotels. Bereits vor 2000 Jahren kamen die Menschen nach Bad Gögging zum Kuren. Vermutet wird hier eines der größten römischen Heilbäder nördlich der Alpen. Genutzt wurde damals das an dieser Stelle austretende Schwefelwasser. Die Quellen dienten zur Erholung und Genesung der Soldaten der Limesbesatzung aus der weiteren Umgebung. Beim Bau der neuen Kirche im Ortskern von Bad Gögging wurden Überreste dieser großen Thermenanlagen gefunden. Im letzten Jahrhundert startete dann wieder der Kurbetrieb im Ort. Heute kommen die Naturheilmittel Schwefelwasser, Mineral-Thermalwasser und Naturmoor zum Einsatz. Die Tradition der Römer wird u. a. in der Limes-Therme fortgesetzt, und das Kurhaus des Ortes ist im Stil eines römischen Landsitzes mit offenem Atrium und Wandelgang gebaut. Daran schließt ein kleiner Kurpark an. *www.bad-goegging.de*

## 6 Kelheim

In Kelheim mündet die hier zum Kanal umgebaute Altmühl in die Donau. Bereits in früher Zeit haben hier Menschen gesiedelt, wie Fundspuren zeigen. In der alten Wittelsbacherstadt fallen besonders die bunten Häuser ins Auge. Dazu kommt eine ganze Reihe netter Cafés, Restaurants und kleiner Geschäfte. Das Zentrum bildet der Ludwigsplatz mit den beiden historischen Rathäusern. In der Touristeninformation (Ludwigsplatz 1) gibt es einen kleinen Flyer zum »Kelheimer Stadtrundgang« und viele weitere Tipps. Ein Teil der alten Stadtmauer umschließt den Ort, und mehrere der ehemaligen Stadttore sind erhalten, wobei das Donautor, Mittertor und Altmühltor noch als echte Tore fungieren. Über der Stadt thront weithin sichtbar auf dem Michelsberg die Befreiungshalle. *www.kelheim.de*

## 7 Regensburg

Schon bei der Anfahrt und den ersten Blicken auf das Panorama steigt die Vorfreude auf den Besuch. 2000 Jahre Stadtgeschichte haben ihre Spuren hinterlassen. Die Regensburger Altstadt gehört als besterhaltene mittelalterliche Großstadt zum Welterbe der UNESCO. Die Türme des prächtigen, gotischen Doms ragen hoch in den Himmel und sind bereits von Weitem sichtbar. Das mittelalterliche Zentrum, das ihn umschließt, ist von prächtigen Bürgerhäusern geprägt. Den besten Blick auf das Ensemble gibt es von der mittelalterlichen, steinernen Brücke über die Donau. Der Goldene Turm mitten in der Altstadt ist der höchste Geschlechterturm nördlich der Alpen. Schloss St. Emmeram der Familie Thurn und Taxis am Südrand der Altstadt war früher ein Kloster und ist die größte noch bewohnte Schlossanlage in Deutschland. Die schönsten Biergärten finden sich auf den Donauinseln. In der Umgebung kann die mittelalterliche Burg Wolfsegg besucht werden. Auch ein Ausflug zur Walhalla oder zum Donaudurchbruch lohnen sich. *www.regensburg.de*

Eingebettet in die Westhänge des Schwarzwalds verteilen sich die Häuser und Höfe der Ortschaft Sasbachwalden auf verschiedene Höhenlagen.

24

# RUNDTOUR ZU DEN SCHÖNSTEN ECKEN DES SCHWARZWALDS

*Unsere Rundfahrt über die Schwarzwaldhochstraße, den Schwarzwaldrand entlang und durch das Kinzigtal ist ein Genuss und führt über kurvenreiche Straßen durch beeindruckende Landschaften. Immer wieder bieten sich vom Wohnmobil traumhafte Blicke auf satte Wiesen und dichte Wälder. Dazu kommen romantische Städte und verträumte Ortschaften.*

Freudenstadt
Freudenstadt
197 km
ca. 5 Std.,
3 Tage

GPX-Download

## ETAPPE 1
## VON FREUDENSTADT ZUM RUHESTEIN

⟷ 27 km ⏱ 40 Min., ½ Tag

Wir starten unsere Tour durch den Schwarzwald in ① **Freudenstadt**. Beim Bummel unter den Arkaden um den Marktplatz landen die ersten Reiseandenken in unserem Rucksack. Der *Wohnmobilstellplatz am Panorama-Bad* ist einfach, aber von hier ist man schnell zu Fuß in der Stadt oder im Grünen. Wir verlassen Freudenstadt auf der B 28 und passieren schon bald danach den Campingplatz Langenwald. Das erste Stück unserer Tour verläuft über die Schwarzwaldhochstraße, eine der schönsten Panoramastraßen in Deutschland. Immer wieder gibt es jetzt herrliche Blicke. In **Kniebis** tanken wir an der nostalgischen AVIA-Tankstelle. Sie ist im Stil der Sixties gestaltet und außen und innen ein Hingucker. Weit kommen wir danach nicht, denn kurz nach dem Ortsausgang bietet die Kniebishütte *(www.kniebishuette.de)* regionale Spezialitäten inklusive uriger Atmosphäre und einer Panoramaterrasse.

**NATUR ERLEBEN**

Orkan Lothar hat 1999 eine tiefe Schneise durch den Wald auf den Gipfeln des nördlichen Schwarzwalds geschlagen, an der entlang der **Lotharpfad** zu einer Aussichtsplattform führt. Dabei erhält man einen guten Eindruck, wie sich die Natur entwickelt hat. Los geht es am Parkplatz Lotharpfad an der B 500.

Wie ein Wald neu entsteht, zeigt eindrücklich der Lotharpfad.

Bald darauf wechseln wir auf die B 500. Weiter geht die Route durch geschwungene Kurven. Immer wieder tauchen am Straßenrand Parkplätze auf, wo man anhalten, den Blick genießen oder zu einer Wanderung aufbrechen kann. Mit spektakulärem Panoramablick führt die Strecke über den Höhenzug des **Schliffkopfes** auf 900 m und zum **Ruhestein**. Hier steht das futuristisch gestaltete Nationalparkzentrum, in dem wir einige Zeit verbringen und uns die Ausstellung ansehen. Ganz in der Nähe liegt das Naturschutzgebiet **Wilder See-Hornisgrinde** mit dem ältesten Bannwald in Baden-Württemberg und einem eiszeitlichen Karsee. Sehr gern holen wir für den Besuch die Wanderschuhe heraus.

## ETAPPE 2
## VOM RUHESTEIN NACH BADEN-BADEN

⟷ 36 km ⏱ 60 Min., ½ Tag

Vor der Weiterfahrt lohnt ein Abstecher zur malerischen **Klosterruine Allerheiligen** und den darunter liegenden Wasserfällen. Sie sind auf einem Rundwanderweg über Holzbrücken und Treppen erreichbar. Mit herrlichen Ausblicken führt die Panoramastraße danach zum ② **Mummelsee**. Zwischen PKW- und Busparkplatz gibt es Parkbuchten, in denen Wohnmobile Platz finden. Buden und Verkaufsstände bieten eine gute Gelegenheit, sich mit Schinken, Honig und anderen Schwarzwald-Spezialitäten einzudecken. Für das nächste Picknick kaufen wir noch frisches Schwarzwälder Holzofenbrot. Der Duft ist herrlich. Dann schnüren wir die Wanderschuhe für eine Wanderung um den See und hinauf zur **Hornisgrinde**, dem höchsten Berg im Nordschwarzwald. Zurück im Wohnmobil, führt die Straße, vorbei an Unterstmatt und Bühlertal, auf über 1000 m zum **Mehliskopf**. Nicht nur Familien haben Spaß an einer rasanten Fahrt mit der Sommerrodelbahn am Hang. Im Winter ist hier ein beliebtes Skigebiet. Wir genießen noch einmal die herrliche Aussicht, dann führt die Straße

**WISSENSWERT**

Am Fuße steiler Berghänge liegen die stillen Karseen, einer von ihnen ist der **Mummelsee**. Sie sind Reste der letzten Eiszeit. Huminstoffe sorgen für eine braune Färbung des Wassers. Wegen ihrer geheimnisvollen Stimmung sind sie häufig mit Sagen und Mythen verbunden.

Das Kurhaus in Baden-Baden mit Kurgarten und Casino (rechts)

in Kurven und Serpentinen hinunter ins Tal. Und schon haben wir die mondäne Kurstadt ③ **Baden-Baden** erreicht. Der *Wohnmobilstellplatz* etwas außerhalb in der Hubertusstraße eignet sich gut für den Stadtbesuch.

## ETAPPE 3
## BADEN-BADEN BIS SASBACHWALDEN

⟷ 24 km ⏱ 30 Min., ½ Tag

Wir verlassen Baden-Baden und erreichen durch Wald, Weinberge und kleine Orte das Weindorf **Steinbach**. Auf der L 84 (Achtung, nicht auf die B 3 auffahren) geht es vorbei an Weinbergen und immer geradeaus durch Bühl und Ottersweier. Dabei haben wir den Schwarzwald, an dessen Ausläufern wir entlangfahren, immer im Blick. In **Sasbach** biegen wir links ab und folgen der Straße vorbei an Obersasbach nach ④ **Sasbachwalden**. Wohnmobilfahrer sind in dem idyllischen Weinort mit den herrlichen Fachwerkhäusern äußerst willkommen. Am Ortsrand liegt der sehr gut ausgestattete *Wohnmobilstellplatz*. Hier stellen wir unser Fahrzeug ab und nutzen die Gelegenheit für einen langen Spaziergang rund um den Ort und eine Einkehr.

**EINKEHREN**
Einen modernen Gasthof, hervorragendes Essen und einen liebevoll gestalteten Biergarten gibt es beim **Ochsen in Sasbach**. *Hauptstraße 1, 77880 Sasbach, Tel. 078 41/259 95, www.der-ochsen.com*

## ETAPPE 4
## VON SASBACHWALDEN BIS OFFENBURG

⟷ 31 km ⏱ 45 Min., ½ Tag

Über die kurvige Straße L 86a geht unsere Fahrt weiter zum Weinbauort **Kappelrodeck** im Achertal und von dort nach ⑤ **Oberkirch**. Besonders die historische Altstadt gefällt uns gut. Campern ist Oberkirch ans Herz gewachsen. So ist der nur fünf Minuten vom Altstadtkern entfernte Wohnmobilstellplatz am Renchtalstadion immer gut belegt. Zwischen Weinbergen hindurch führt die weitere Route nach **Durbach**, wo Schwarzwald und Badische Weinstraße aufeinandertreffen. Beliebt ist der Ort inmitten von Reben bei Wanderern und Weinliebhabern. Und auch wir machen sehr gerne Halt. Schöne Fachwerkhäuser und Rebenhöfe tragen zur Idylle bei. Von der Schlossterrasse haben wir einen zauberhaften Blick über Weinberge, Schwarzwald und Rheinebene. Rund um den Ort laden traditionelle Weingüter zur Weinprobe ein. Da fällt die Auswahl schwer. Der *Wohnmobilstellplatz* auf dem Festplatz am Ortsrand liegt mitten in den Weinbergen. So wird Durbach schnell zu einem Lieblingsziel, und wir bleiben länger als ursprünglich geplant. Kurz danach sind wir in ⑥ **Offenburg**, wo wir uns Zeit zum Bummeln und Einkaufen nehmen.

## ETAPPE 5
## VON OFFENBURG BIS SCHILTACH

⟷ 52 km ⏱ 75 Min., ½ Tag

Auf der B 33 fahren wir anschließend entlang der Kinzig nach ⑦ **Gengenbach**. Nach dem Besuch des reizvollen Ortes folgen wir dem Fluss auf der B 33 weiter durch das grüne Kinzigtal und passieren Biberach und Steinach. Auf Haslach im Kinzigtal folgt Hausach. Kurz danach zweigt das **Gutachtal** ab, eine beliebte Fahrstrecke durch den Schwarzwald. Wir aber fahren weiter nach **Wolfach**, wo die Dorotheenhütte *(www.dorotheenhuette.info)*, die letzte Kristallglashütte im Schwarzwald, steht.

**SEHENSWERT**
WIe die Menschen in den letzten 600 Jahren lebten und arbeiteten, wird im **Schwarzwälder Freilichtmuseum Vogtsbauernhof** in Gutach, ein kleines Stück das Gutachtal hinein, in historischen Gebäuden anschaulich dargestellt *(www.vogtsbauernhof.de)*.

Die Kristallglasproduktion kann täglich besichtigt werden. Begeistert versuchen wir uns im Blasen einer eigenen Glasvase, natürlich unter Anleitung. Auf der weiteren Strecke säumen kleine Bauernhöfe und dichte Wälder den Weg. Ein echter Höhepunkt ist auch der Besuch in ⑧ **Schiltach** mit einer malerischen Altstadt voller prächtiger Fachwerkhäuser. Am Ortsrand gibt es *Wohnmobilstandplätze* auf einem Parkplatz an der Kinzig. Die Zufahrt ist allerdings sehr eng.

## ETAPPE 6
## VON SCHILTACH NACH FREUDENSTADT

⟷ 27 km ⏱ 40 Min., ½ Tag

Von Schiltach verläuft die Route weiter auf der B 294. Immer mal wieder ist die Kinzig sichtbar, die sich links und rechts der Straße schlängelt. Dann erreichen wir den kleinen Ort **Alpirsbach**, der wegen des hier gebrauten Klosterbiers überregional bekannt ist. Probieren können zumindest die Beifahrer im Rahmen einer Führung durch die historische Brauerei. Beeindruckend sind die riesige romanische Kirche und die ursprünglich benediktinische Klosteranlage *(www.kloster-alpirsbach.de)*. Wir fahren auf der Kinzigtalstraße weiter. Gehöfte, Waldstücke und hübsche Dörfer wechseln sich ab. Voller Eindrücke erreichen wir wieder unseren Ausgangspunkt, Freudenstadt.

Komfortcamping im Ferienparadies Schwarzwälder Hof

### EMPFOHLENE PLÄTZE

**Campingplatz Langenwald** ★★★★½

1 Der gut ausgestattete Campingplatz im Wald ist ein ideales Quartier für einen Schwarzwaldbesuch.

▶ Straßburger Str. 167, 72250 Freudenstadt, Tel. 074 41/28 62, GPS: 48.459083, 8.372966

■ www.pincamp.de/wb5250

**Ferienparadies Schwarzwälder Hof** ★★★★★

2 Der schön gelegene Campingplatz befindet sich an einem Hotel mit weitem Blick und einzigartigem SPA-Bereich. 1,5 Stunden Sauna am Tag sind inklusive.

▶ Tretenhofstr. 76, 77960 Seelbach, Tel. 07 82/ 396 09 50, GPS: 48.29995, 7.9438333

■ www.pincamp.de/wb0550

**Wohnmobilstellplatz am Renchtalstadion**

3 Der ruhig gelegene, einfache Stellplatz befindet sich an einem Sportgelände und einem kleinem Flusslauf. Die Altstadt ist von hier gut zu Fuß zu erreichen.

▶ Renchallee, 77704 Oberkirch, GPS: 48.529066, 8.072599

### WEITERE GENANNTE PLÄTZE

**Wohnmobilstellplatz am Panorama-Bad**, Eugen-Nägele-Straße, 72250 Freudenstadt

**Wohnmobilstellplatz Baden-Baden**, Hubertusstr. 2, 76530 Baden-Baden

**Wohnmobilstellplatz Sasbachwalden**, Talstr. 2, 77887 Sasbachwalden

**Wohnmobilstellplatz Festplatz Durbach**, Almstraße, 77770 Durbach

**Wohnmobilstellplatz Lehwiese**, An der Häberlesbrücke, 77761 Schiltach

**Noch mehr tolle Plätze auf pincamp.de**

## ENTLANG DER ROUTE

### 1 Freudenstadt

Im Zentrum der Stadt beginnt der Besuch am Marktplatz, der, italienischem Vorbildern gleich, von Arkaden und Geschäften umgeben ist. Dazu kommen schöne Cafés und Restaurants. Während der Öffnungszeiten des Rathauses kann der Turm bestiegen werden. Den Schlüssel gibt es beim Bürgerservice. Der Blick von oben auf die Stadt lohnt sich. Mit einer Größe von 219 x 216 m hat Freudenstadt den größten umbauten Marktplatz in Deutschland. Eigentlich sollte nämlich an dieser Stelle ein riesiges Residenzschloss gebaut werden. Rund einen Kilometer kann man unter den historischen Arkaden zurücklegen. *www.freudenstadt.de*

### 2 Mummelsee und Hornisgrinde

Der mystische Karsee liegt umgeben von Hochmoor und Nadelwäldern direkt an der Schwarzwaldhochstraße auf über 1000 m. Er ist zu jeder Jahreszeit schön und ein beliebtes Ausflugsziel. Der See kann auf naturbelassenen Wanderwegen umrundet werden, oder man gönnt sich eine Bootsfahrt. Eine Empfehlung ist auch der Mummelsee-Hornisgrinden-Rundweg. Nach einem nicht zu schweren Aufstieg, der mit schönen Blicken auf den Mummelsee belohnt, erreicht man die 1164 m hohe Hornisgrinde, den höchsten Berg im Nordschwarzwald. *www.mummelsee.de*

### 3 Baden-Baden

Am Fuß des Schwarzwaldes wird bereits seit 2000 Jahren gekurt. Schon die Römer nutzten die Thermalquellen. Ende des 19. Jh. war die Stadt dann mondäner Kurort, in dem sich Politik, Künstler und der Adel trafen. Prächtige Bäderarchitektur entstand, die heute zum Welterbe der UNESCO gehört. Das Festspielhaus, eine der schönsten Spielbanken in Europa, Kurhaus, Friedrichsbad, Trinkhalle, Theater und die Ruinen der römischen Bäder sind neben der Museumsmeile die wichtigsten Sehenswürdigkeiten. Außergewöhnlich ist das Museum Frieder Burda. Dazu kommen zahlreiche Villen, Kirchen und Parks. Geschäfte, Cafés und Restaurants locken in die Altstadt. *www.baden-baden.de*

### 4 Sasbachwalden

Der Ort mit dem denkmalgeschützten Ortskern liegt eingebettet in die Westhänge des Schwarzwaldes. Dazu kommt ein wunderbarer Blick auf die Rheinebene. Die ältesten der liebevoll restaurierten Fachwerkhäuser stammen aus dem 17. Jh. Dabei sollte man den Spaziergang etwas ausdehnen, um alles zu sehen. Im Ortskern stehen eher kleine Stadthäuser. Auf der Höhe gibt es große Gehöfte. In der Berg- und der Talstraße fällt zusätzlich der üppige Blumenschmuck ins Auge. In vielen der historischen Gebäude laden gute Restaurants und Cafés zur Einkehr ein. *www.sasbachwalden.de*

### 5 Oberkirch

Am Rand des Renchtals liegt Oberkirch umgeben von Grün und inmitten von Obst- und Reblandschaft. In der Weinbaugemeinde dreht sich alles um den guten Tropfen. Oberhalb steht die malerische Ruine Schauenburg. Ein Schmuckstück ist die historische Altstadt mit malerischen Gassen und einem schönen Ensemble aus Barock- und Fachwerkhäusern.

**Vom sonnenbeschienenen Bergrücken der Hornigsrinde fällt der Blick hinunter auf den im dunklen Talgrund liegenden Mummelsee.**

Die neu gestaltete Fußgängerzone ist sehr ansprechend. In diesem Ambiente freut man sich, nachmittags Kaffee oder am Abend ein Glas Wein zu genießen. *www.oberkirch.de*

## 6 Offenburg

Zwischen Reben und Obstbäumen liegt die angenehme Einkaufsstadt. Beim Bummel durch den historischen Stadtkern kommt man an sehenswerten Gebäuden verschiedener Baustile vorbei. Das alte Kapuzinerkloster hat den Stadtbrand überstanden. Der Rest wurde im 17. und 18. Jh. wieder aufgebaut. Sehenswert sind das barocke Rathaus, die Hauptstraße und der ehemalige Königshof. Auch das Jüdische Ritualbad kann besichtigt werden. In der Fußgängerzone mit mediterranem Flair geht man gerne einkaufen oder verbringt die Zeit in einem der schönen Straßencafés. Dazu laden Weinlokale zu einer Pause ein. *www.offenburg.de*

## 7 Gengenbach

Zauberhaft ist das Wort, das einem beim Betreten des Marktplatzes und während des Stadtbummels immer wieder einfällt. Türme, Tore, schöne Fachwerkhäuser, Kopfsteinpflaster und prunkvolle Renaissancebauten bilden ein stimmungsvolles Bild. Am Marktplatz steht gegenüber dem Rathaus das Kauf- und Kornhaus mit einem prächtigen Renaissanceportal. Liebenswert sind die versteckten Winkel, die es überall zu entdecken gibt. Besonders idyllisch geht es in der kleinen, von Fachwerkhäusern gesäumten Engelgasse zu, die zum Teil an der Rückseite der Stadtmauer verläuft. *www.stadt-gengenbach.de*

## 8 Schiltach

Am Zusammenfluss von Schiltach und Kinzig liegt mitten in der schönen Natur des Schwarzwaldes ein echtes Kleinod. Der Spaziergang zum nach einem verheerenden Stadtbrand im 16. Jh.neu gestalteten Marktplatz ist wie ein Eintauchen in die Vergangenheit. In der idyllischen Altstadt mit verwinkelten Gassen, zahlreichen, malerischen Fachwerkhäusern und kleinen Plätzen herrscht mittelalterliches Flair. Zusätzlich empfehlen wir einen Besuch im Gerberviertel bei der Firma Trautwein – in der letzten Gerberei im Schwarzwald. Nach Voranmeldung kann diese besichtigt werden. *www.schiltach.de*

Der Herbst überzieht die dichten Laubwälder auf der Schwäbischen Alb mit warmen Gelb- und Rottönen.

25

# AUF DER HOHENZOLLERN-STRASSE DURCH DIE HEIMAT DER DEUTSCHEN KAISER

*Auf reizvoller Strecke entdecken wir die ursprüngliche Landschaft der Schwäbischen Alb. Es ist geht durch liebliche grüne Täler und über herbe Höhenlagen mit immer wechselnden Eindrücken. Bedeutende Adelsgeschlechter haben eine Vielzahl von Burgen und Schlössern hinterlassen. Hier sollte man genügend Zeit für die Besichtigung der Sehenswürdigkeiten am Wegesrand und abwechslungsreiche Wanderungen einplanen.*

Sulz-Glatt
Sigmaringen
131 km
ca. 2,5 Std.,
3–4 Tage

GPX-Download

## ETAPPE 1
## VON SULZ-GLATT BIS HECHINGEN

⟷ 35 km ⏱ 40 Min., ½ Tag

Die Hohenzollern und ihre Hinterlassenschaften bestimmen das Thema unserer Wohnmobiltour durch die abwechslungsreiche Landschaft der Schwäbischen Alb. Wir starten unsere Fahrt am oberen Neckar in **Glatt**, einem Stadtteil von **Sulz am Neckar**. Hier am Rand des Schwarzwalds steht das von Ritter Reinhard von Neuneck erbaute Wasserschloss *(www.schloss-glatt.de)*. Bei dem trutzigen Gemäuer handelt es sich um eine der besterhaltenen Schlossanlagen in Baden-Württemberg. Im Renaissanceschloss sind vier interessante Museen untergebracht. Einzigartig ist auch das Café im ehrwürdigen Ambiente. Serviert werden vorzügliche Kuchen und Torten *(www.schlosscafeglatt.de)*. In Sulz finden Camper in der Nähe des Neckars am Stadtpark Wöhrd einen *Wohnmobilstellplatz*. Er ist gut für eine Übernachtung geeignet. Danach kreuzen wir den Neckar und fahren über Neckarhausen und Empfingen auf die B 463, der wir ein Stück durch Wald, Wiesen und Felder folgen. Nach einem Wanderparkplatz biegen wir links nach ① **Haigerloch** ab. Neben dem Familienfreibad befindet sich zentrumsnah der Wohnmobilstellplatz der Stadt. Nach dem ausgiebigen Stadtbesuch nehmen wir die L 420 und fahren weiter nach **Rangendingen**, wo wir einen Blick in die Klosterkirche zum Heiligen Kreuz werfen. Das barocke Kleinod verfügt noch über eine fast vollständige Ausstattung mit aufwendigen Holzarbeiten aus der Erbauungszeit Mitte des 18. Jh. Bei der Weiterfahrt kommen wir am römischen Freilichtmuseum Hechingen-Stein *(www.villa-rustica.de)* vorbei und stellen das Wohnmobil auf dem großen Parkplatz ab. Hier wurde eine luxuriöse, römische Villa rekonstruiert. Es handelt sich um die besterhaltene und größte römische Gutsanlage im deutschen Südwesten, die sogar über einen Tempelbezirk verfügte. Eindrucksvoll ist auch die Lage auf einer Anhöhe, mit Blick auf Albtrauf und die Burg Hohenzollern. Kurz danach sind wir in ② **Hechingen** angekommen.

**SEHENSWERT**
Im **Hohenzollerischen Landesmuseum** in Hechingen *(www.hzl-museum.de)* sehen Besucher eine bedeutende Sammlung von der Steinzeit bis zur Gegenwart. Höhepunkte sind das bronzezeitliche Doppelgrab aus Gammertingen und die Ausstellung zur Geschichte der Hohenzollern.

## ETAPPE 2
## VON HECHINGEN BIS ONSTMETTINGEN

⟷ 23 km ⏱ 35 Min., 1 Tag

③ **Burg Hohenzollern** liegt auf einem Vorberg der Schwäbischen Alb und dominiert bereits von Weitem die Landschaft. Mit Schwung fahren wir den 855 m hohen Zollerberg hinauf. Für Wohnmobile sind auf dem oberen Pkw-Parkplatz (P1) *Standplätze* vorhanden. Die Übernachtung für Camper ist gegen Gebühr möglich und muss im Vorfeld online zum Ticket des Burgbesuchs dazugebucht werden *(www.burg-hohenzollern.com)*. Zu Fuß geht es dann steil nach oben, alternativ nimmt man den kleinen Shuttlebus zum Burg-Eingangstor. Wer lieber den Camper in Hechingen stehen lassen will, fährt mit dem Linienbus vom Bahnhof zum Burg-Parkplatz. Beim Burgbesuch genießen wir die dargebotene Pracht. Immer wieder gibt es

Eindrucksvolles Schauspiel: Burg Hohenzollern bei Sonnenuntergang

**Unterwegs auf dem Höhlenrundweg zu fünf Schauhöhlen bei Veringenstadt werden Wanderer zu Entdeckern.**

auch herrliche Blicke in die Umgebung. Voller Eindrücke rollen wir danach hinunter und fahren durch Wessingen nach **Bisingen**. Der kleine Ort stellt sich konsequent einer dunklen Vergangenheit. Ende des Zweiten Weltkriegs gab es den Versuch, aus dem örtlichen Gestein Öl zu gewinnen. Die in den Industrieanlagen nötigen Arbeitskräfte lebten unter unbeschreiblichen Bedingungen in Konzentrationslagern. Eine Gedenkstätte, ein Geschichtslehrpfad und ein Museum erinnern daran *(www.museum-bisingen.de)*. Über Thanheim und die L 360 setzen wir unsere Fahrt fort und passieren dabei den »Stich« genannten Albaufstieg. Achtung, unbedingt auf die Straße achten und auch einmal anhalten – der Albabbruch (Albtrauf) ist beeindruckend. Oben angelangt, parken wir in **Onstmettingen** am Skilift und schnüren die Wanderschuhe für eine Wanderung auf dem Traufgang Zollernburg-Panorama (alternativ wäre auch ein Start am Stich möglich). Der Premium-Wanderweg kombiniert auf 15,5 km wunderbare Fernsichten auf die Burg Hohenzollern, den Schwarzwald und bei gutem Wetter bis zu den Alpen. Dabei geht es abwechslungsreich durch Wälder, entlang der dramatischen Traufkante und über die sanfte Albhochfläche mit Wachholderheide und Wiesen. Wem die Strecke zu lang ist, der kann abkürzen.

**NATUR ERLEBEN**

Rund um Albstadt bieten mehrere **Premiumwanderwege** *(www.traufgaenge.de)* die Möglichkeit, die außergewöhnliche Natur der Alb, reizvolle Plätze am Traufabbruch und andere sehenswerte Naturphänomene zu entdecken, herrliche Aussichten inklusive.

## ETAPPE 3
## VON ONSTMETTINGEN BIS TROCHTELFINGEN

⟷ 32 km ⏱ 35 Min., ½ Tag

Die Weiterfahrt geht erst über die Albhöhe und dann auf Kehren hinunter nach Hausen im Killertal, wo wir wenige Kilometer der B 32 bis Killer folgen und dann rechts nach Ringingen abbiegen. Am fast kreisrunden Zeugenberg Kornbühl vorbei erreichen wir Salmendingen und kurz darauf das schöne Dorf **Melchingen**. Wir durchqueren eine grüne Landschaft mit satten Wiesen und mächtigen Laubbäumen, die auf vielen verschiedenen Wanderwegen erkundet werden kann. Weiter geht es auf der L 385 durch ein Tal nach **Stetten unter Holstein** an der oberen Lauchert, das von Burg Hölnstein (Ruine Holstein) überragt wird. Danach erreichen wir das Naturschutzgebiet »Bei der Mühle«, ein seltenes Feuchtgebiet auf der eher wasserarmen Schwäbischen Alb. Wir halten an der historischen Walzmühle (Albmühle) an, die durch den Dokumentarfilm »Der Hergott weiß, was mit uns geschieht« bekannt wurde. Bis 2009 war sie in Betrieb. Hier scheint die Zeit stehen geblieben zu sein. Die Mühle ist in Privatbesitz und kann nach Voranmeldung besichtigt werden. Kurz danach biegen wir in Hörschwag links ab und folgen der Route entlang von sanften Tälern und Hügeln nach ④ **Trochtelfingen** auf der »Kuppenalb«. Der *Wohnmobilstellplatz* der kleinen, sympathischen Stadt liegt auf einem Parkplatz an der Eberhard-von-Werdenberg-Halle in der Nähe der Altstadt.

ETAPPE 4

## VON TROCHTELFINGEN BIS GAMMERTINGEN

⟷ 17 km ⏱ 20 Min., ½ Tag

Wir nehmen die Bundesstraße (B 313) und passieren **Mägerkingen**, wo wir rechts abbiegen. Hier am **Lauchertsee** machen wir gerne Pause. Direkt am See bietet ein kleines Lokal *(www.lauchertsee-eins.de)* ausgewählte Gerichte und erlesene Kuchen mit traumhaftem Blick aufs Wasser. Frisch gestärkt fahren wir danach wieder ein Stück durch das fruchtbare Laucherttal und biegen dann links nach Gauselfingen ab. Im Ort geht es wieder links, und wir folgen der sich windenden Fehla nach Süden, erreichen Neufra und nach einer kurvigen Strecke und mehreren Spitzkehren ⑤ **Gammertingen**.

ETAPPE 5

## VON GAMMERTINGEN BIS SIGMARINGEN

⟷ 24 km ⏱ 25 Min., ½ Tag

Nach dem Stadtbesuch in Gammertingen folgen wir auf der B 313 der Lauchert in Richtung Süden. Zwischen Gammertingen und Hettingen ragt am Wegesrand das **Teufelstor** auf, ein außergewöhnlicher Jurafelsen mit torartigem Durchbruch. Der Weg führt auf einer Leiter direkt durch das Naturdenkmal. Die Anstrengungen des Aufstiegs werden mit einer herrlichen Aussicht belohnt. Wir kommen nach Hettingen, Hermentingen und **Veringenstadt**. Hier machen wir einen Bummel durchs Zentrum und folgen später dem gut ausgeschilderten Höhlenrundweg zu fünf großen Schauhöhlen im Jurafelsen *(www.veringenstadt.de, mit Flyer zum Download)*. Diese bieten einen tiefen Blick in die Vergangenheit der Schwäbischen Alb. Neandertaler und Höhlenbären sollen in ihnen gelebt haben. Rund drei Stunden sind wir unterwegs. Immer wieder gibt es Ausblicke auf die Stadt und ins Laucherttal. Nicht weit vom Zentrum kommen Wohnmobile direkt am Fluss auf einem ruhigen *Stellplatz* 🚐 in der Deutstetter Straße unter. Da bleibt man gerne eine Nacht stehen. Weiter geht es danach nach **Veringendorf**, wo wir uns den größten Wasserfall der Schwäbischen Alb ansehen. Kurz danach sind wir in ⑥ **Sigmaringen** und an der Donau angekommen. In der Hohenzollerstadt sollte man die köstliche Hohenzollern-Torte oder in einem der Biergärten an der Donau das einheimische Bier probieren. Eine schöne Möglichkeit, die Region zu entdecken, ist auch ein Tag auf der Donau mit einem gemieteten Kanu.

**ABSTECHER**

Ein Erlebnis ist die Fahrt von Sigmaringen aus auf der Landstraße entlang der Donau nach Westen in Richtung **Beuron** mit dem bekannten, barocken Kloster. Dabei geht es durch die abwechslungsreiche Landschaft des Donaudurchbruchtals.

### EMPFOHLENE PLÄTZE

**Zollernalbcamping** ★★½

① Der schön gelegene, naturnahe Campingplatz bietet einen herrlichen Blick auf die Burg Hohenzollern.
▸ Niederhechinger Str. 41, 72379 Hechingen, Tel. 074 71/989 79 80, GPS: 48.359633, 8.958833
■ www.pincamp.de/wb6100

**Campingplatz Sigmaringen** ★★★★

② Hier campt man direkt am Fluss und dennoch stadtnah. Dazu kommt der herrliche Blick.
▸ Georg-Zimmerer-Str. 6, 72488 Sigmaringen, Tel. 075 71/504 11, GPS: 48.08395, 9.208199
■ www.pincamp.de/wb7050

**Wohnmobilstellplatz am Freibad**

③ Der kostenfreie Stellplatz befindet sich auf dem Parkplatz des Freibades mit Ver- und Entsorgung.
▸ Weildorfer Kreuz 1, 72401 Haigerloch, Tel. 074 74/697 27, www.haigerloch.de, GPS: 48.368739, 8.794170

### 🚐 WEITERE GENANNTE PLÄTZE

**Wohnmobilstellplatz Wöhrd**, Ludwigstraße, 72172 Sulz am Neckar
**Wohnmobilstellplatz Burg Hohenzollern**, an der K7110, 72379 Burg Hohenzollern
**Stellplatz Eberhad-von-Werdenberg-Halle**, Siemensstr. 4, 72818 Trochtelfingen
**Wohnmobilstellplatz an der Lauchert**, Deutstetter Straße, 72519 Veringenstadt

**Noch mehr tolle Plätze auf pincamp.de**

## ENTLANG DER ROUTE

### 1 Haigerloch

Die kleine Stadt im Eyachtal gilt als barockes Kleinod. In der historischen Altstadt stehen liebevoll restaurierte Fachwerkhäuser und andere sehenswerte Bauten. Im prächtigen Renaissance-Schloss, das am Platz einer mittelalterlichen Burg gebaut wurde, befinden sich heute ein Tagungshotel und Restaurant. Die prächtige Schlosskirche steht auf einem Felsvorsprung hoch über dem Städtchen. Hier sollte die Grablege der neu gegründeten Linie des Hohenzollernhauses entstehen. Mit Erhebung der Stadt zur Residenz wurde sie barock umgebaut. Sehenswert ist auch direkt darunter im Felsen das Atomkeller-Museum am Standort des ersten Atomreaktors der Welt. Im Zweiten Weltkrieg nutzen nämlich bekannte Wissenschaftler aus Berlin den ehemaligen Bierkeller des ortsansässigen Schwanenwirtes als Laboratorium. *www.haigerloch.de*

### 2 Hechingen

Mittelpunkt der Zollernstadt ist der Marktplatz mit schönen, historischen Gebäuden und Fachwerkhäusern. Die Klosterkirche St. Luzen zeugt von der wichtigen Rolle, die Hechingen bereits Ende des Mittelalters innehatte. Sie wurde im 16. Jh. zu einer der bedeutendsten Kirchen Süddeutschlands ausgebaut und ist ein echtes Schmuckstück. Das Kloster selbst ist eine Mischung aus Spätrenaissance, Manierismus und spätbarocken Elementen. Im Stadtschloss Villa Eugenia residierten die letzten regierenden Fürsten von Hohenzollern-Hechingen. Der Fürstengarten, ein Landschaftspark im englischen Stil, ist frei zugänglich. Im Zylinderviertel rund um die im 19. Jh. erbaute, evangelische Johanneskirche stehen die Villen der damaligen Oberschicht. Beim Kirchenbau kamen der gleiche Architekt, Baustil und Stein zum Einsatz wie beim Bau von Burg Hohenzollern hoch über der Stadt. Im Alten Schloss befindet sich das Hohenzollerische Landesmuseum mit interessanter Ausstellung. *www.hechingen-tourismus.de*

Bedeutender Sakralbau des Klassizismus: St. Jakob in Hechingen

## 3 Burg Hohenzollern

Schon von Weitem grüßt Burg Hohenzollern auf dem kegelförmigen Zollerberg, der 360 m über der Stadt Hechingen aufragt. Sie wurde in der heutigen Form im 19. Jh. errichtet, nachdem die Zollerburg in sehr schlechtem Zustand war. 1000 Jahre Familiengeschichte deutscher Kaiser, preußischer Könige und schwäbischer Fürsten beeindrucken beim Besuch der prächtigen Räume und der Schatzkammer. Zu sehen sind u. a. die preußische Königskrone und Erinnerungsstücke an Friedrich den Großen oder Königin Luise. Vom Stammsitz der Hohenzollern-Dynastie hat man außerdem einen herrlichen Blick auf die Schwäbische Alb und das Albvorland. *www.burg-hohenzollern.com*

## 4 Trochtelfingen

Trochtelfingen wurde von vielen bedeutenden Adelshäusern geprägt: Zuerst haben die Grafen von Gammertingen, dann die Pfalzgrafen von Tübingen ihre Spuren hinterlassen. Es folgten die Grafen von Hohenberg und die mächtigen Württemberger. Danach herrschten die Grafen Werdenberg-Trochtelfingen-Sigmaringen und die Fürsten zu Fürstenberg, bevor Trochtelfingen ans Fürstentum Hohenzollern-Sigmaringen fiel. Der Kern der kleinen Stadt auf der »Kuppenalb« steht unter Denkmalschutz. Dabei fällt das geschlossene Ensemble aus Fachwerk, Schloss und Befestigung ins Auge, von dem noch viel erhalten ist. Vertreten ist fränkisches und alemannisches Fachwerk. Die meisten der liebevoll restaurierten Fachwerkgebäude entstanden nach dem großen Stadtbrand von 1726. Viele Häuser sind zusätzlich mit kunstvollen Holzschnitzereien ausgestattet. Von der einstigen Befestigung – die Stadt war als Festung dreifach ummauert – zeugt der mächtige Hohe Turm. Weitere sehenswerte Bauten sind das Schloss der Grafen von Werdenberg aus dem 15. Jh., die gotische Kirche St. Martin mit wertvollen, mittelalterlichen Fresken und mehrere Kapellen. *www.trochtelfingen.de*

## 5 Gammertingen

Westlich der Lauchert wurde auf einem vor Hochwasser geschützten Gelände im 12. und 13. Jh. die mittelalterliche Stadt gebaut und mit einer Stadtmauer umgeben. Spuren davon sind noch im Straßenbild erkennbar. Heute prägen neben moderner Architektur auch zahlreiche historische Gebäude das Stadtbild. Im klassizistischen Speth'schen Stadtschloss aus dem 18. Jh. befindet sich inzwischen das Rathaus. Der gleiche französische Architekt, der das Schloss erbaute, hat auch die katholische Pfarrkirche entworfen. Im prächtigen Barockbau des ehemaligen Preußisch-Hohenzollerischen Oberamtes sind nach aufwendigen Renovierungsarbeiten die Sozialstation und das städtische Museum untergebracht. Sehenswert ist auch die mittelalterliche Adelskirche St. Michael. *www.gammertingen.de*

## 6 Sigmaringen

Die Hohenzollernstadt an der Donau ist rund 1000 Jahre alt. Das heutige Gesicht bekam sie im 16. Jh. mit dem Aufstieg zur Residenz. Dabei wurde auch die mittelalterliche Burg zum Residenzschloss ausgebaut und Sitz der Fürsten von Hohenzollern-Sigmaringen. Das Wahrzeichen der Stadt mit prunkvollen Räumen und herrlichen Wandbehängen, Möbeln und Gemälden kann besichtigt werden. Die lebendige Altstadt liegt darunter. Einladende Geschäfte, enge Straßen, wunderschöne Fachwerkhäuser und andere prächtige Gebäude liegen dicht an dicht. Die 800 Jahre alte Stadtkirche St. Johann wurde von bedeutenden Künstlern barock gestaltet. Auch andere historische Gebäude stammen aus dieser Zeit. Ein weiterer Bauboom im 19. Jh. brachte den Prinzenbau und das Hoftheater hervor. *www.sigmaringen.de*

Blühende Obstbäume überziehen die Landschaft zwischen Schwarzwald und Vogesen im Frühjahr mit ihrer Blütenpracht.

26

# AUF DER GRÜNEN STRASSE ZWISCHEN SCHWARZWALD UND VOGESEN

*Als Zeichen der deutsch-französischen Freundschaft ins Leben gerufen, folgen wir der Grünen Straße vom Schwarzwald durch die Rheinebene bis in die Vogesen. Zwei herrliche Seen liegen am Anfang und am Ende der Strecke, die in Deutschland beginnt und in Frankreich endet. Höhepunkte sind kurvige Bergstraßen, Natur, Weinbau, mächtige Festungen und malerische, historische Städte.*

Titisee-Neustadt
Gérardmer
143 km
ca. 3 Std.,
3–4 Tage

GPX-Download

## ETAPPE 1
## VON TITISEE-NEUSTADT NACH FREIBURG

⟷ 38 km ⏱ 45 Min., 1 Tag

Bevor wir starten, sitzen wir in ① **Titisee-Neustadt** entspannt im Biergarten und blicken auf den See. Die Aussicht ist einzigartig. Noch ein Sprung ins tiefblaue Wasser, und es geht los. Wegen der guten Luft, der Natur und des außergewöhnlichen Wandergebiets bleibt man aber vielleicht auch gerne etwas länger. Camper können dafür aus vier Campingplätzen wählen. Dazu kommen mehrere Wohnmobilstellplätze. Bei der Weiterfahrt genießen wir die Schönheit der Landschaft, die sich mit dichten Wäldern, weiten Wiesen und einem Hochmoor präsentiert. Und schon können wir nach ② **Hinterzarten** abbiegen. Wir parken am Bahnhof und spazieren vorbei an alten Schwarzwaldhäusern, Hotels und Restaurants. In dem bekannten Wintersportort dreht sich alles um den Sport. Athleten aus der ganzen Welt trainieren hier. Im Schwarzwälder Skimuseum und bei den verschiedenen Sprungschanzen erfahren wir mehr darüber. Auf dem *Parkplatz am Bahnhof* darf man im Wohnmobil auch übernachten. Beim Verlassen von Hinterzarten wählen wir die viel befahrene B 31 in Richtung Freiburg. Wir befinden uns auf einer der wichtigsten Ost-West-Verbindungen durch den Schwarzwald. Die Fahrt ist ein Erlebnis. Steil geht es ins **Höllental** hinunter. Achtung, Wohnmobilfahrer sollten nicht zu schnell fahren. Eine 180-Grad-Haarnadelkurve fordert höchste Aufmerksamkeit. Rechts und links ragen die Berge hoch in den Himmel. Dann erreichen wir das einladende Dreisamtal und fahren durch kleine Dörfer weiter bis **Kirchzarten**, wo wir eine Pause einlegen. Wir gehen durch die attraktive Fußgängerzone, die von Läden, Cafés und Restaurants gesäumt wird, bis zum Marktplatz. Ein Stück Schwarzwälder Kirschtorte probieren wir natürlich auch. Auf dem *Camping Kirchzarten* haben all diejenigen, die noch bleiben möchten, die Möglichkeit, ein wenig länger im Südschwarzwald zu verweilen. Die anderen fahren weiter und sind kurz danach in ③ **Freiburg im Breisgau**.

**ABSTECHER**

Nach dem Verlassen von Hinterzarten zweigt von der B 31 der Oberhöllsteig ab, der zur sehenswerten **Ravennaschlucht** mit Ravennabrücke und Wasserfällen führt.

## ETAPPE 2
## VON FREIBURG NACH BREISACH

⟷ 27 km ⏱ 25 Min., ½ Tag

Wir nehmen uns viel Zeit für den Besuch in der Freiburger Altstadt und schwelgen im Charme der »Bächle« und »Gässle«. Vom Münsterturm genießen wir die Aussicht in Richtung Schwarzwald, woher wir kommen, und zu den Vogesen, wohin wir wollen. Aber auch die Plätze mit attraktiven Cafés und das von Wasser durchflossene Klein Venedig gefallen uns gut. Auf dem *Wohnmobilstellplatz Freiburg* am neuen SC-Stadion haben 80 Wohnmobile Platz. Das Zentrum ist von hier rund 3 km entfernt. Ebenfalls nicht weit weg steht man auf dem *Hirzberg Camping* inmitten von Wiesen am Rande des Schwarzwalds. Das nächste Stück der Route führt durch die Rhein-

**AUSSICHTSPUNKT**

Hinauf auf Freiburgs Hausberg **Schauinsland** geht es mit der Schauinslandbahn (*www.schauinslandbahn.de*). Es ist die längste Umlaufseilbahn Deutschlands. An schönen Tagen bietet sich ein herrlicher Panoramablick auf Feldberg, Alpen und Vogesen.

Durchs Martinstor geht es hinein in Freiburgs charmante Innenstadt.

ebene. Über St. Georgen, unterhalb der mit Weinreben bepflanzten Hänge des Schönbergs, fahren wir auf der B 31 weiter. Wir wählen nicht die Autobahn, sondern die Straße nach Tiengen. Hier biegen wir links ab und nehmen die Landstraße, die uns am Tuniberg entlang durch Weinberge nach **Munzingen** führt, wo hervorragender Wein und Spargel angebaut werden. Dann geht es am Golfplatz vorbei nach **Oberrimsingen**. Wir erreichen wieder die B 31 und fahren parallel zum Rhein an verschiedenen Baggerseen vorbei. Ideal für eine Pause unterwegs ist der Landhof Rothaus *(www.landhof-rothaus.de)* mit Biomarkt, Bäckerei und Café. Kurz danach sind wir in ④ **Breisach am Rhein**.

## ETAPPE 3
## VON BREISACH NACH COLMAR

⟷ 24 km ⏱ 35 Min., ½ Tag

In Breisach bummeln wir ausgiebig durch die Ober- und Unterstadt und werfen auch einen Blick in das herrliche Münster mit den mittelalterlichen Malereien. Im prächtigen Rheintor, das als Triumphpforte von Vauban geplant wurde, erfahren wir mehr über den Ausbau der Stadt zur bedeutendsten Festung Europas. Sehr beliebt ist der große Wohnmobilstellplatz von Breisach am Rheinufer. Da können wir uns vorstellen, noch etwas länger zu bleiben. Wenn wir uns dann doch zur Weiterfahrt entscheiden, passieren wir den Rhein und sind in Frankreich. Auch Neuf-Brisach, das wir als Nächstes erreichen, ist als Festung angelegt. Es wurde Anfang des 18. Jh. als Achteck vom Festungsbauer Vauban errichtet. Nach der Besichtigung fahren wir durch den Wald und erreichen ⑤ **Colmar**.

## ETAPPE 4
## VON COLMAR NACH MUNSTER

⟷ 21 km ⏱ 40 Min., 1 Tag

Wir genießen einen Bummel durch Colmars Fußgängerzone und die malerische Altstadt mit ihren bunten Fachwerkhäusern. Dann suchen wir uns eine gute Weinstube und probieren typischen Elsässer Flammkuchen direkt aus dem Holzfeuerofen und dazu sehr guten Wein aus der Region – für den Beifahrer. Ein außergewöhnliches Kunstwerk ist der im Museum

**SEHENSWERT**

Auf einem Kreisel am Ortseingang von Colmar (Route de Strasbourg) steht eine Kopie der **Freiheitsstatue**. Die 12 m hohe Figur aus Kunstharz wurde zum 100. Todestag von Auguste Bartholdi aufgestellt. Der Erfinder der Freiheitsstatue stammt aus Colmar.

Lieblingsfotomotiv in Colmar: Petite Venise, das kleine Viertel an der Lauch, blumengeschmückt und gesäumt von alten Fachwerkbauten

Das Breisacher Münster ist weit über die Stadtgrenze hinaus sichtbar.

Unterlinden ausgestellte Isenheimer Altar. Am Yachthafen von Colmar gibt es einen *Wohnmobilstellplatz* (Area Camper Colmar). In ⑥ **Turckheim** befinden wir uns an der elsässischen Weinstraße. Am besten nicht mit dem Wohnmobil in das enge Zentrum innerhalb der Stadtmauern fahren, denn dabei sind Kratzer vorprogrammiert. Wir parken vor dem großen Stadttor und spazieren über die malerischen Kopfsteinpflastergassen durch den Ort. Mehrere Restaurants und Weinprobierstuben laden zur Einkehr ein. Nach ein paar entspannten Stunden nehmen wir die D 417 durch das bewaldete Münstertal und gelangen nach ⑦ **Munster**. Hier liegt der *Wohnmobilstellplatz* in der Nähe des Zentrums (Rue du Dr Heid).

ETAPPE 5

## VON MUNSTER NACH GÉRARDMER

⟷ 33 km ⏱ 45 Min., ½ Tag

In der Region sollte man unbedingt Münsterkäse kaufen, die bekannteste regionale Spezialität des Elsasses. Gelegenheit dazu gibt es auf verschiedenen Bauernhöfen, auf dem Markt in Munster und auch im Supermarkt. Wald- und kurvenreich geht es hoch zum **Col de la Schlucht** auf 1139 m. Am Pass gibt es mehrere Parkplätze und Infrastruktur für Skifahrer und Wanderer. Wir kreuzen die Vogesenkammstraße **Route des Crêtes** und fahren dann in sanften Kurven wieder hinunter zum Lac de Longemer, wo es auch Campingplätze gibt. Nicht viel weiter und wir sind am Ziel angelangt. ⑧ **Gérardmer** mit dem gleichnamigen See gilt als die »Perle der Vogesen«. Hierher kommen viele Urlaubsgäste, es gibt viele Hotels und eine gute touristische Infrastruktur, zahlreiche Camper finden ebenfalls den Weg hierher. Und auch wir genießen das Panorama und die Seepromenade.

ABSTECHER

Die **Route des Crêtes** wurde im Ersten Weltkrieg von der französischen Armee zur Versorgung der Truppen knapp unterhalb des Vogesenkamms gebaut. Auf 1200 m Höhe geht es entlang an Gipfeln, Hochweiden, Mischwäldern und über mehrere Pässe.

### EMPFOHLENE PLÄTZE

**Terrassencamping Sandbank** ★★★★☆

1 Direkt am schönen Titisee liegt der terrassierte Platz mitten in einem Waldgebiet.

▶ Seerundweg 9, 79822 Titisee-Neustadt, Tel. 076 51/972 48 48, GPS: 47.886933, 8.137766

■ www.pincamp.de/wb2590

**Camping de l'Ill – Colmar** ★★★☆☆

2 Der Campingplatz befindet sich direkt am Flussufer der Ill und nicht weit vom Zentrum entfernt.

▶ 1, allée du Camping, 68180 Colmar, Tel. +33/3/89 41 15 94, GPS: 48.07942, 7.38665

■ www.pincamp.de/gt8470

**Wohnmobilstellplatz am Rheinufer**

3 Der beliebte Stellplatz am Ortsrand von Breisach ist direkt am Flussufer gelegen.

▶ Josef-Bueb-Straße, 79206 Breisach/Rhein, Tel. 07667/940155, GPS: 48.029512, 7.576158

### WEITERE GENANNTE PLÄTZE

**Parkplatz am Bahnhof**, 79856 Hinterzarten
**Camping Kirchzarten**, Dietenbacher Str. 17, 79199 Kirchzarten
**Wohnmobilstellplatz Freiburg**, Suwonallee 1, 79108 Freiburg
**Hirzberg Camping**, Kartäuserstr. 99, 79104 Freiburg
**Area Camper Colmar**, 6, Rue du Canal, 68000 Colmar
**Area Campers Munster**, Rue du Dr Heid, 68140 Munster

Noch mehr tolle Plätze auf pincamp.de

## ENTLANG DER ROUTE

### 1 Titisee-Neustadt

Tiefblau liegt mitten im Hochschwarzwald der von dichtem Wald umgebene, klare Titisee mit dem gleichnamigen Ort. Besonders gut lässt er sich auch von der Seestraße, der beliebten Flaniermeile mit einer Vielzahl von Souvenirgeschäften und Restaurants, genießen. Das kühle, samtweiche Wasser lädt zum Schwimmen ein. Für eine Bootsfahrt mit herrlichem Panorama liegt eine Flotte von Mietbooten bereit. An diesem wunderschönen Ort sollten auch unbedingt die Wanderschuhe zum Einsatz kommen. Die Umrundung des Sees dauert etwa zwei Stunden. Im Ortsteil Neustadt steht die größte Naturschanze Deutschlands. Vom Hochfirstturm hat man einen herrlichen Blick auf Berge, Wälder und See. *www.titisee-neustadt.de*

### 2 Hinterzarten

Besucher kommen in den schönen, kleinen Luftkurort vor allem wegen der umliegenden Naturlandschaft. In 895 m Höhe hat sich das Zentrum von Hinterzarten mit gepflegten Schwarzwaldhäusern seinen Charakter bewahrt. Hinterzarten ist außerdem einer der bekanntesten Wintersportorte Deutschlands. Im historischen Hugenhof geht es im Schwarzwälder Skimuseum um die Geschichte des Skilaufens und die berühmten Skisportler aus dem Ort. Zur richtigen Jahreszeit lohnt sich auch ein Besuch des Adler-Skistadions mit vier Sprungschanzen. In der Nähe lockt die Ravennaschlucht, ein schmales und steiles Seitental des Höllentals mit Wasserfällen und Kaskaden. *www.gemeinde-hinterzarten.de*

### 3 Freiburg im Breisgau

Die sonnigste Großstadt Deutschlands ist vor allem für ihre »Bächle«, kleine Wasserstraßen, die sich durch die Gassen ziehen, bekannt. Diese versorgten früher die Bewohner mit Trink- oder Löschwasser. Wahrzeichen der Stadt und herausragendes Meisterwerk der deutschen Gotik ist das Freiburger Münster mit seinem 116 m hohen Turm. Rundherum herrscht reges Leben, und bei der Auswahl von Restaurants und Cafés bleibt kein Wunsch offen. Das von Wasser durchflossene Viertel zwischen Martins- und Schwabentor wird liebevoll Klein Venedig genannt. Hier lebten und arbeiteten einst Handwerker verschiedener Zünfte. Zum Stadtgebiet gehört der 1284 m hoch aufragende Hausberg Schauinsland. *www.freiburg.de*

### 4 Breisach am Rhein

In direkter Nachbarschaft zum Elsass liegt der schöne Ort am Rhein mit Ober- und Unterstadt. Das imposante Stephansmünster auf dem von Stadtmauern umgebenen Münsterberg ist schon von Weitem sichtbar. Die beeindruckende Kirche wurde vom 12. bis 15. Jh. im romanischen und gotischen Mix erbaut. Im Inneren sind Wandmalereien von Martin Schongauer aus Colmar zu sehen. Im 17. Jh. wandelte sich das Stadtbild, als Österreicher und Franzosen die Stadt befestigten, um den Rheinübergang zu sichern. Später baute Festungsarchitekt Sébastien le Prestre Marquis de Vauban im Auftrag des französischen Königs die Anlage weiter aus. Die bedeutendste Festung Europas musste zum Ende des Pfälzischen Erbfolgekrieges abgetragen werden. Im mächtigem Rheintor befindet sich das Museum für Stadtgeschichte. *www.breisach.de*

**Rauf aufs Rad: Das Elsass bietet ein dichtes Radwegenetz.**

### 5 Colmar

Prächtige, historische Häuser, lauschige Kanäle, üppiger Blumenschmuck und malerische Kopfsteinpflastergassen prägen das Stadtbild der drittgrößten Stadt im Elsass. Bekannt ist Colmar für das architektonische Erbe aus sechs Jahrhunderten und für den in der Region angebauten hervorragenden Wein. Besonders gut lässt sich die Vielfältigkeit der Stadt bei einem Bummel durch die Fußgängerzone und die denkmalgeschützte Altstadt entdecken. 900 Lichtquellen setzen die Gebäude am Wochenende stimmungsvoll in Szene. Die Abteikirche St. Martin ist ein prachtvolles, gotisches Bauwerk. Dazu kommen malerische Fachwerkhäuser in verschiedenen Farben. Das älteste Haus (Haus Adolf) stammt aus dem 14. Jh. Im deutschen Renaissancestil errichtet, verzaubert das Kopfhaus (Maison des Têtes) aus dem 17. Jh. Die Fassade ist mit einem dreistöckigen Erker und 111 Masken verziert. Auch aus dem französischen Klassizismus stammen außergewöhnliche Gebäude. Besonders malerisch ist das von Wasser durchzogene frühere Fischerviertel Klein-Venedig. Ein besonderes Schmuckstück im Unterlinden-Museum, das in einem Dominikanerinnen-Kloster aus dem 13. Jh. untergebracht ist, ist der berühmte Isenheimer Altar. *www.tourisme-colmar.com*

### 6 Turckheim (Türkheim)

Die kleine Stadt in der Nähe von Colmar liegt am Rand der Rheinebene an der elsässischen Weinstraße und am Eingang des Munstertals. Drei Stadttore und Reste der Stadtmauer sind erhalten. Die mächtige Kirche St. Anne hat einen romanischen Kirchturm. Viele Jahre lag der heute so schöne, historische Ortskern mit herrlichen Fachwerkbauten in verschiedenen Farben in Schutt und Asche. Zu Beginn des 18. Jh. wurde die zerstörte Stadt von Immigranten aus der Schweiz wieder aufgebaut und der rings um den Ort angebaute Wein nach Deutschland, Straßburg und in die Schweiz gehandelt. Im 19. Jh. wurden die Mühlen entlang des Mühlbach-Kanals zu Fabriken umgewandelt, in denen Papier, Textilien und Schmiermittel hergestellt wurden. Inzwischen spielt neben dem Wein der Tourismus eine wichtige Rolle. *www.turckheim.com*

### 7 Munster (Münster)

Im Münstertal ist der gleichnamige Ort gelegen, der auf ein Kloster aus dem 7. Jh. zurückgeht. Mit der Lage an einer wichtigen Verkehrsader durch die Vogesen ist eine wechselhafte Geschichte verbunden. Unter anderem gehörte Munster (Münster) immer mal wieder zu Deutschland und ein anderes Mal zu Frankreich. Auch in den Kriegen im 19. und 20. Jh. war Munster Schauplatz von Auseinandersetzungen und wurde fast komplett zerstört. So ist die heutige Bausubstanz eher neueren Datums. Auffällig im Stadtbild sind Störche und ihre Nester. In der Region wird der gleichnamige Käse hergestellt. *www.munster.alsace*

### 8 Gérardmer (Gerdsee)

Die Stadt liegt direkt am Ufer des Lac de Gérardmer, dem größten Natursee in den Vogesen, mitten im Naturpark Ballons des Vosges. Gérardmer wurde 1285 gegründet und blickt auf eine wechselhafte Geschichte zurück. Starkes Wachstum gab es ab dem 18. Jh. durch Industrialisierung, Anschluss an die Eisenbahn und die Annexion von Elsass-Lothringen durch Deutschland. Das erste Tourismusbüro in Frankreich wurde 1875 in Gérardmer eingerichtet. Die Kombination aus See und Bergen zog vor allem Urlaubsgäste aus Paris an, die die neue Eisenbahn nutzten. Seit dieser Zeit bezeichnet sich der Ort auf 660 m Höhe als »Perle der Vogesen«. Zum historischen Zentrum kommen eine Seepromenade, Hotels und eine gute Infrastruktur für Urlauber. Der klare Gerbirgssee ist beliebt zum Baden und für Wassersport. Vom Aussichtsturm Merelle oberhalb der Stadt, der bei einer Wanderung erreicht wird, gibt es einen beeindruckenden Blick auf den See, die Stadt und die Berge. Attraktiv ist die waldreiche Region der südwestlichen Vogesen auch für Skifahrer und Wanderer. *www.mairie-gerardmer.fr*

Barocke Pracht präsentiert das Kloster Ottobeuren. Die Klosterkirche ist auch innen opulent ausgeschmückt.

27

# SCHWÄBISCHE BÄDERSTRASSE: THERMEN UND TRAUMLANDSCHAFT

*Auf der Schwäbischen Bäderstraße steht neben Gesundheit und Wohlbefinden die reizvolle Landschaft im Mittelpunkt. Wir starten im Allgäu und fahren durch Oberschwaben zum Bodensee. Bei gutem Wetter sind auch die Alpen zu sehen. Dabei erleben wir ausgewählte Kurorte und Heilbäder – immer mit der Möglichkeit, direkt vom Wohnmobil in die Therme zu wechseln.*

Bad Wörishofen
Überlingen
171 km
ca. 3 Std.,
3 Tage

GPX-Download

## ETAPPE 1
# VON BAD WÖRISHOFEN NACH BAD GRÖNENBACH

⟷ 44 km ⏱ 50 Min., ½ Tag

Wir starten unsere Fahrt entlang der Schwäbischen Bäderstraße in ① **Bad Wörishofen**, wo Pfarrer Sebastian Kneipp seine ganzheitlichen Heilverfahren entwickelte. Zur Therme des Kurortes *(www.therme-bad-woerishofen.de)* gehört ein sehr angenehmer und gut ausgestatteter *Reisemobilpark*. So können wir nach einem erholsamen Wellnesstag in Südseeatmosphäre vor dem Wohnmobil entspannen. Hier ist auch ein idealer Ausgangspunkt für Wander- und Radtouren im Voralpenland. Da bleibt man gerne etwas länger. Wer lieber auf einem Campingplatz übernachten möchte, kommt nur ein paar Meter weiter auf dem Kur- & Vital Camping Bad Wörishofen unter. Auch hier gibt es Gesundheitsangebote und Wellnessanwendungen. Wir fahren nach Westen über Schöneschach, Altensteig und Dirlewang. Immer wieder eröffnen sich herrliche Ausblicke in die Landschaft der Voralpen und in der Ferne auf das Bergpanorama. Danach schlängelt sich die Bäderstraße durch Felder und Wiesen über Köngetried nach Eutenhausen und **Markt Rettenbach**, wo wir durch den Ort schlendern und einen Blick in die Kirche werfen. Danach nehmen wir die St 2013 und biegen am Feldkreuz links nach Hofs und Unterhaslach ab. Vor Hahnenbühl geht es rechts in Richtung Ottobeuren, wir passieren den Golfplatz und fahren bei der Kapelle St. Maria links auf die St 2011. Bevor wir abbiegen, bietet sich ein Abstecher nach **Ottobeuren** *(www.ottobeuren.de)* an, das von der mächtigen Benediktinerabtei mit der prächtigen, barocken Basilika geprägt ist. Sehenswert ist auch das in einem modernen Bau untergebrachte Museum für zeitgenössische Kunst. Am Ortsrand liegt der *Campingplatz Ottobeuren* mit Wohnmobilstellplatz. Zurück am Abzweigepunkt fahren wir ein paar Kilometer, nehmen die Straße nach rechts über den Weiler Hessen und gelangen durch Hügellandschaft über Karlins und Wolfertschwenden nach **Bad Grönenbach**.

**SEHENSWERT**

In der mächtigen Barockanlage der 764 gegründeten **Benediktinerabtei Ottobeuren** sind Kloster und Residenz miteinander verbunden. Die frei davorstehende Klosterkirche gilt als eines der Hauptwerke des europäischen Barocks *(www.abtei-ottobeuren.de)*.

## ETAPPE 2
# VON BAD GRÖNENBACH NACH BAD WURZACH

⟷ 32 Km ⏱ 40 Min., ½ Tag

Auf einer steilen Bergnase liegt in Bad Grönenbach weithin sichtbar das Hohe Schloss. Es wurde um einen Nagelfluhfelsen herumgebaut. Im Bereich des Marktplatzes und in der angrenzenden Sonnenstraße stehen liebevoll restaurierte Fachwerkhäuser. Sehenswert ist auch die gotische Stiftskirche. In der »grünen Perle des Allgäus«, wie der kleine Kurort liebevoll genannt wird, treffen wir ebenfalls auf den »Wasserdoktor« Kneipp. Er hat hier Latein studiert und gleichzeitig ein umfassendes Wissen über die Heilkraft der Pflanzen gesammelt. In der Rothensteiner Straße gibt es einige Standplätze für Wohnmobile auf einem Parkplatz, der hauptsächlich von Anwohnern genutzt wird. Jetzt verlassen wir das Allgäu und folgen der Straße nach Westen durch Wald und Feld und ein Stück entlang der Iller bis **Illerbeuren**. Hier bietet das Schwäbische Bauernhofmuseum *(www.bauernhofmuseum.de)* einen Blick in das bäuerliche Leben vergangener Zeiten. Im ältesten Freilichtmuseum Süddeutschlands wird Geschichte in über 30 historischen Gebäuden lebendig. Nach Überqueren des Flusses passieren wir die Landesgrenze zwischen Bayern und Baden-Württemberg und erreichen Aichstetten. Weiter geht es über Langensteig und Seibranz. Immer wieder wechseln sanfte Hügel, Wälder und Moorflächen mit Ried ab. Ein paar Kilometer weiter ist das Moorheilbad ② **Bad Wurzach** erreicht.

**WISSENSWERT**

Das **Wurzacher Ried** ist das größte intakte Hochmoor Mitteleuropas und verfügt über einen großen Pflanzenreichtum. Ab Mitte des 18. Jh. bis in die 1960er-Jahre wurde hier Torf gestochen. Später gewann man im Moor Heilschlamm für medizinische Zwecke.

Dörfliche Idylle: am Marktplatz von Bad Grönenbach

Sonnenuntergang über dem Riedsee im Wurzacher Ried

ETAPPE 3

## VON BAD WURZACH NACH BAD WALDSEE

⟷ 13 km ⏱ 15 Min., ½ Tag

Wir erkunden bei einem Stadtbummel durch Bad Wurzach die schönen Geschäfte und trinken gemütlich einen Kaffee mit Blick auf die Wurzacher Ach. Die Konditorei Hager stellt die köstlichen Trisinet-Schnitten nach dem originalen Rezept der Dominikanerinnen von 1609 her. Auch die Bad Wurzacher Moorkugeln in verschiedenen Geschmackssorten sind köstlich und jede Sünde wert. Frisch gestärkt entdecken wir einen Teil des Moors, indem wir dem Torflehrpfad »Auf den Spuren der Torfstecher« folgen. Start ist am Oberschwäbischen Torfmuseum. An der Therme feelMOOR *(www.feelmoor.de)* am Ortsrand liegt der ruhige *Wohnmobilstellplatz* mitten im Grünen. Für zwei Übernachtungen und den Besuch der Therme inklusive Sauna oder Wellnessangeboten gibt es einen Sondertarif. Die berühmten, wohltuenden Moorbäder im Holzzuber sind allerdings nur wochentags möglich. Nach rund 15 Minuten Fahrt auf der L 300 ist schon unser nächstes Ziel, ③ **Bad Waldsee**, erreicht, wo Wohnmobile und Caravans der Marke Hymer gebaut werden *(www.hymer-waldsee.de)*. Ein Blick in die Produktion ist bei einer der öffentlichen Werksbesichtigungen möglich. Im Erwin Hymer Museum dreht sich in einem spektakulären, modernen Gebäude alles um Camping und mobiles Reisen. Liebevoll restaurierte Fahrzeuge, Traumziele und Reiseerlebnisse stehen im Mittelpunkt. Mit vielen Emotionen wird die Entstehung von Wohnwagen und Wohnmobilen präsentiert. Der Besuch ist ein Muss, wenn man als Camper in Bad Waldsee vorbeikommt. An der Waldsee-Therme befindet sich der Wohnmobilstellplatz.

ETAPPE 4

## VON BAD WALDSEE NACH BAD SCHUSSENRIED

⟷ 19 km ⏱ 25 Min., ½ Tag

Über eine leicht hügelige Strecke zwischen Ried, Feld und Wald erreichen wir nach rund 15 Minuten den benachbarten Kneippkurort **Aulendorf** *(www.aulendorf.de)*. Den Mittelpunkt bildet das prächtige Schloss der Grafenfamilie zu Königsegg-Aulendorf. Die repräsentativen Räume können im Schlossmuseum besichtigt werden. Hier fertigt die Premiummarke Carthago Luxus-Wohnmobile. Am Firmenhauptsitz Carthago City finden sich in modernen Gebäuden auch Verkaufsausstellung, Service-Center, Ersatzteilzentrum für Servicepartner und Unternehmenszentrale. Eine Besichtigung ist möglich. Übernachten kann man auf dem firmeneigenen *Stellplatz*. Bei gutem Wetter reicht der Blick bis zu den Alpen. Zum Thema unserer Tour passend gibt es in Aulendorf die Schwaben-Therme, der man ebenfalls einen Besuch abstatten kann. Der etwas schiefe *Parkplatz P3* an der Schwaben-Therme bietet uns ein Übernachtungsquartier. Über Otterswang fahren wir weiter ins Klosterstädtchen ④ **Bad Schussenried** mit dem prächtigen, barocken Kloster. Der barocke Bibliothekssaal ist reich verziert mit Stuck, Marmor und Gold und gilt als einer der schönsten in Süddeutschland. Doch wir steuern zunächst ein

**SEHENSWERT**
Einen Blick in die einstige Lebenswelt der Bewohner Oberschwabens bietet das **Oberschwäbische Museumsdorf Kürnbach** am Rand von Bad Schussenried (Juni–Okt.). Zu sehen sind 30 original eingerichtete Gebäude aus 600 Jahren, darunter viele Werkstätten *(www.museumsdorf-kuernbach.de)*.

anderes Ziel an: Mittendrin steht die Schussenrieder Erlebnisbrauerei, zu der eine gemütliche Gaststätte mit schattigem Biergarten und Deutschlands erstes Bierkrugmuseum gehören *(www.schussenrieder.de)*.

## ETAPPE 5
## VON BAD SCHUSSENRIED NACH ÜBERLINGEN

⟷ 63 Km ⏱ 65 Min., 1 Tag

Durch die herrliche Riedlandschaft geht die Fahrt weiter nach ⑤ **Bad Buchau** am Federsee. Auf einem Parkplatz am Kurpark gibt es *Wohnmobilstandplätze*. Vorbei an weiten Weide- und Ackerflächen geht es über Braunenweiler ins nicht weit entfernte **Bad Saulgau** *(www.bad-saulgau.de)*. Die schmucke, mittelalterliche Altstadt mit restaurierten Fachwerkhäusern und engen Gassen und die attraktive Fußgängerzone laden zum Bummeln ein. In der Kreuzkapelle ist ein romanisches Großkreuz zu bewundern. Camper kommen hier am Rand der Stadt auf dem gut ausgestatteten *Stellplatz an der Sonnenhof-Therme* unter, einem Thermalbad mit schwefelhaltigem Heilwasser. Bei der Weiterfahrt kommen wir am **Kloster Sießen** *(www.klostersiessen.de)* mit prächtiger Barockkirche vorbei. Die hier von 1931 bis zu ihrem Tod lebende Franziskanerin Schwester Maria Innocentia Hummel schuf die Vorlagen für die berühmten Hummel-Figuren. Im Hummelsaal sind auch unbekannte Werke der Ordensfrau zu sehen. Nach dem Besuch kehren wir im Café im Klosterhof ein und folgen dann der Bäderstraße auf der L 280 weiter in Richtung Südwesten nach Ostrach und Denkingen. Über Hattenheim und Altheim erreichen wir schließlich den Bodensee und unser Ziel, das Kneippheilbad ⑥ **Überlingen**. Der *Reisemobilhafen* befindet sich am Ortsrand oberhalb des Helios Spitals. Die Nutzung von Bus und Bahn im bodo-Verkehrsverbund ist im Übernachtungspreis inbegriffen. Wer nicht übernachten will, wählt den Parkplatz Seubertweg oder Hitzlerstraße.

**NATUR ERLEBEN**

Das **Federseemoor** rings um den Federsee ist das größte Moor in Südwestdeutschland mit einer faszinierenden Vielfalt an Pflanzen- und mehr als 265 Vogelarten. Über Naturerlebnispfade, Stege und Aussichtstürme kann man den Naturraum des Europareservats entdecken.

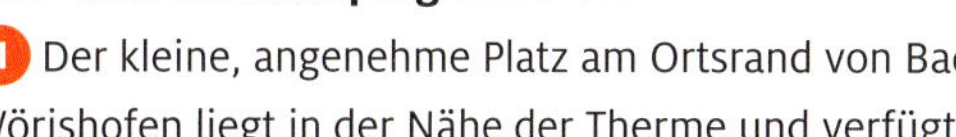

### EMPFOHLENE PLÄTZE

**Kur- und Vitalcamping** ★★½

❶ Der kleine, angenehme Platz am Ortsrand von Bad Wörishofen liegt in der Nähe der Therme und verfügt über eigene Kur- und Wellnessangebote.
▸ Walter-Schulz-Str. 4, 86825 Bad Wörishofen, Tel. 08247/9973735, GPS: 48.024299, 10.598
■ www.pincamp.de/sb3300

**Park-Camping Iller** ★★★★

❷ Der schön gelegene Campingplatz wird durch den kleinen Bachlauf der Aitrach in zwei Bereiche geteilt und punktet mit einem beheizten Schwimmbad und vielen Angeboten für Kinder.
▸ Illerstr. 57, 88319 Aitrach, Tel. 07565/5419, GPS: 47.949333, 10.0874
■ www.pincamp.de/wb7400

**Wohnmobilstellplatz an der Waldsee-Therme**

❸ Der großzügige und gut ausgestattete Stellplatz liegt nicht weit entfernt von der Stadt und der Therme.
▸ Unterurbacher Weg, 88339 Bad Waldsee, www.bad-waldsee.de, GPS: 47.914145, 9.760637

### WEITERE GENANNTE PLÄTZE

**Reisemobilpark Therme Bad Wörishofen**,
Thermenallee 1, 86825 Bad Wörishofen
**Camping Ottobeuren**,
Hawangerstr. 20, 87724 Ottobeuren
**Stellplatz an der feelMoor Therme**,
Karl-Wilhelm-Heck-Str. 8, 88410 Bad Wurzach
**Stellplatz an der Carthago City**,
Carthago-Ring 1, 88326 Aulendorf
**Stellplatz Schwaben-Therme**,
Ebisweiler Str. 5, 88326 Aulendorf
**Wohnmobilstellplatz am Kurpark in Bad Buchau**,
Am Kurpark, 88422 Bad Buchau
**Wohnmobilstellplatz an der Sonnenhof-Therme**,
Am Schönen Moos 1, 88348 Bad Saulgau
**Reisemobilhafen Überlingen**,
Kurt Hahn Straße, 88662 Überlingen

**Noch mehr tolle Plätze auf pincamp.de**

## ENTLANG DER ROUTE

### 1 Bad Wörishofen

Der Kurort ist eng mit Pfarrer Sebastian Kneipp verbunden. Denn hier entwickelte der 1821 bei Ottobeuren Geborene vor mehr als 100 Jahren sein Konzept zur ganzheitlichen Gesundheitsförderung. Ab 1855 wirkte Kneipp als Beichtvater im Dominikanerinnenkloster von Bad Wörishofen, wo auch heute sein Vermächtnis bewahrt wird. 1881 wurde er Pfarrer der Dorfkirche St. Justina. Immer mehr Hilfesuchende wandten sich an ihn, und das Bauerndorf wandelte sich zum Kurort. Über 40 Jahre war Sebastian Kneipp in Bad Wörishofen als »Wasserdoktor« tätig und machte die Stadt dadurch europaweit bekannt. Überall in der Kurstadt trifft man auf seine Spuren. Das Sebastian-Kneipp-Museum im Kloster der Dominikanerinnen informiert über sein Werk und sein Leben. Angenehm sind das historische Kurviertel mit typischer Bäderarchitektur und der große Kurpark – eine grüne Oase. 13 künstlerisch gestaltete Brunnen sind beim Stadtbummel zu entdecken. *www.bad-woerishofen.de*

### 2 Bad Wurzach

Mehrere barocke Gebäude prägen das Moorheilbad im Württembergischen Allgäu. Ein Höhepunkt ist der Besuch des ehemaligen Klosters Maria Rosengarten mit der prächtigen Rokokokapelle, die auch als schönste Hauskapelle der Welt bezeichnet wird. Üppige Prachtentfaltung zeigt das Barocktreppenhaus mit dem Götterhimmel im Wurzacher Schloss. Auch die Wallfahrtskirche auf dem Gottesberg im Südosten der Stadt ist ein barocker Schatz. Sie wurde 1709 vom Allgäuer Baumeister Johann Georg Fischer zu Ehren der hier aufbewahrten Heilig-Blut-Reliquie errichtet. Sehenswert ist ebenfalls die klassizistische Pfarrkirche St. Verena. Mehr über das Naturschutzgebiet Wurzacher Ried und die spannende Welt der Moore erfährt man in der Erlebnisausstellung »Moor extrem«. *www.bad-wurzach.de*

### 3 Bad Waldsee

Nur 40 km oberhalb vom Bodensee kurt man hier mit Moor, Thermalwasser und Kneipp'schen Elementen. In der zwischen Schloss- und Stadtsee gelegenen ehemaligen Ackerbürgerstadt sind schöne, historische Gebäude und prächtige Fachwerkhäuser erhalten. Das Heilig-Geist-Spital aus dem 14. Jh. war Krankenhaus, Altersheim und Waisenhaus. Das Rathaus auf der Hauptstraße steht neben anderen prächtigen Bauten und ist eines der schönsten in Oberschwaben. Gegenüber befindet sich das mächtige Kornhaus mit gotischem Staffelgiebel. Auch die barock gestaltete Stiftskirche mit den prägnanten Doppeltürmen ist sehenswert. Das prächtige, weiße Barockschloss war einst ein befestigtes Wasserschloss. *www.bad-waldsee.de*

### 4 Bad Schussenried

Im Ortsbild sind Gebäude verschiedener Jahrhunderte und ein Stadttor erhalten. 600 Jahre bestimmten die Chorherren des Prämonstratenserorden das Leben der Stadt. Im 18. Jh. begannen sie mit dem Bau eines prächtigen, neuen Barockklosters. Aus Geldmangel wurde es allerding nur in Teilen fertiggestellt. Trotzdem gilt es als eine der Hauptse-

**Bad Waldsee aus der Vogelperspektive: Die Stiftskirche St. Peter, entstanden ab 1479 und später barockisiert, dominiert das Stadtbild.**

henswürdigkeiten an der Oberschwäbischen Barockstraße. Höhepunkt ist der beeindruckende Bibliothekssaal im Stil des Rokokos. Auch die spätromanische Klosterkirche St. Markus ist sehenswert. Das Innere wurde im Barockstil gestaltet. Das reich verzierte Chorgestühl stammt ebenfalls aus dem 18. Jh. Interessant ist auch der Geologische Lehrpfad, der an Zeugnissen des Rückzugs des Gletschers zur letzten Eiszeit vorbeiführt. *www.bad-schussenried.de*

## 5 Bad Buchau

Im Kern der sympathischen Kurstadt stehen mehrere historische Gebäude und stattliche Bürgerhäuser. Teile des Rathauses und des Badhauses stammen aus dem 15. Jh. Der Umbau des 770 gegründeten Stifts Bad Buchau in das Schloss Thurn und Taxis erfolgte nach der Säkularisierung. Heute ist hier die Schlossklinik untergebracht. Die gotische Stiftskirche wurde in opulenter Pracht klassizistisch umgebaut. Dabei prägt die unberührte Natur des Federseemoors den Ort. Im feuchten Moorboden haben sich seit 15 000 Jahren Siedlungsspuren und Alltagsgegenstände der Menschen erhalten. Im Federseemuseum ist eine der zum UNESCO-Weltkulturerbe gehörenden Pfahlbausiedlungen originalgetreu rekonstruiert. Ideale Ergänzung ist der archäologische Moorlehrpfad zu Originalfundplätzen. Ein Erlebnis sind auch der Rundgang auf dem knapp 1000 m langen Wackelwald-Pfad, bei dem man überraschende Naturphänomene des Moors kennenlernt, und ein Spaziergang auf dem Federseesteg. *www.bad-buchau.de*

## 6 Überlingen

Im Heilbad mit Thermalquelle wird die Kneipp-Therapie großgeschrieben. Die alte Stadt blickt auf eine wechselhafte Geschichte zurück. Die Lage an wichtigen Verkehrswegen führte zu frühem Reichtum. In der historischen Altstadt steht das Münster St. Nikolaus neben reichen Patrizierhäusern. Der spätgotische Ratssaal im Rathaus ist eine besondere Kostbarkeit. Das Überlinger Greth direkt am Seeufer diente früher als Lagerhalle und Umsatzplatz für Getreide. Vor dem Bau der Seepromenade im 19. Jh. stand das mächtige Gebäude direkt am Wasser. In dieser Zeit wurde auch die Stadtmauer abgerissen. Neben Palmen säumen Cafés und Restaurants die längste Uferpromenade am Bodensee. Fast 5 km ist diese lang. Dazu kommen historische Parks und wunderschöne, gepflegte Gärten. Überall finden sich grüne Oasen, und auch im ehemaligen Stadtgraben wurden Spazierwege angelegt. *www.ueberlingen-bodensee.de*

Unterwegs auf der Deutschen Alpenstraße durchquert man typisch bayerische Landschaften mit sattgrünen Wiesen und tiefblauen Seen, überspannt vom weiß-blauen Himmel.

28

# DEUTSCHE ALPENSTRASSE: FAHRVERGNÜGEN UND HERRLICHE AUSBLICKE

*Wir folgen der Deutschen Alpenstraße, der ältesten Ferienstraße in unserem Land, auf einem Teilstück zwischen spektakulärem Alpenpanorama und bayerischer Gemütlichkeit. Auf der Strecke liegen beliebte Reiseziele und Naturschönheiten. Hauptattraktion ist die Straße, die sich kurvenreich durch vielfältige Landschaft windet und mit immer neuen Aussichten beeindruckt.*

Sonthofen
Sylvensteinspeicher
214 km
ca. 4 Std., 3–4 Tage

GPX-Download

ETAPPE 1

## VON SONTHOFEN NACH NESSELWANG

⟷ 36 km ⏱ 45 Min., ½ Tag

Voller Eindrücke geht es von ① **Sonthofen** los auf Wohnmobiltour entlang der Deutschen Alpenstraße. Die Starzlachklamm, durch die wir gerade gewandert sind, war ein Erlebnis. Auf der B 308 erreichen wir ② **Bad Hindelang**. Beim Blick in die moderne Kirche Unsere Liebe Frau im Ostrachtal im Ortsteil Oberhof überraschen die hochwertige Ausstattung und historischen Kunstschätze. Hunger? Die Schnitzelalm am Ortsausgang ist eine urige Almhütte mit leckeren Schnitzeln und aufmerksamem Service *(www.schnitzelalm.de)*. Wer noch Platz im Magen hat, sollte zum Nachtisch unbedingt die »Nonnenfürzle« probieren. Direkt hinter Bad Hindelang führt die kurvenreichste Straße Deutschlands 300 Höhenmeter hinauf. Über 106 Kurven und Serpentinen erreichen wir mit fantastischer Aussicht den **Oberjochpass** auf 1178 m. Beim Fahren ist große Aufmerksamkeit nötig. Immer wieder müssen wir auf Motorradfahrer und Fahrradfahrer achten. Der Aussichtspunkt Kanzel mit Parkplatz an der Straße bietet auch Campern die Möglichkeit, anzuhalten. Der traumhafte Ausblick reicht über Bad Hindelang und seine Bergwelt. Zahlreiche Alpengipfel sind zu erkennen. Dann haben wir **Oberjoch** erreicht. Die B 310 führt weiter durch ein malerisches Hochtal, die Straße windet sich sanft durch Wiesen und Waldstücke hinunter. Keine 3 km weiter passieren wir **Wertach** und sind schon am **Grüntensee**. Am Südende liegt idyllisch der *Campingplatz Grüntensee* und daneben ein *Wohnmobilstellplatz*. Danach wechseln wir auf die B 309 und erreichen in einem kleinen Talkessel ③ **Nesselwang**.

**EINKAUFEN**
Im Markt Wertach kann man seinen Kühlschrank in der **Schönegger Käse-Alm** mit Köstlichkeiten füllen: frischem Joghurt, Bauernbrot und Käsespezialitäten aus Bergbauern-Heumilch. *www.schoenegger.com*

Ein Stück Brauchtum: Almabtrieb in Nesselwang

ETAPPE 2

## VON NESSELWANG NACH FÜSSEN

⟷ 19 km ⏱ 20 Min., ½ Tag

Die Parkplatzsuche in Nesselwang ist kein Problem. Einen großen Parkplatz gibt es an der Albspitzbahn und am Ortsrand einen angenehmen *Wohnmobilstellplatz*. Mit Sessellift oder Gondel geht es den Berg hinauf. Oben reicht der Blick bis zur Zugspitze. Sehr empfehlenswert ist die Wanderung von der Talstation zum Nesselwanger Wasserfall. Auf der Weiterfahrt nach **Pfronten** erhaschen wir immer wieder Blicke auf den Falkenstein mit seiner Burgruine. Wir folgen der B 310 in Richtung Füssen. Rechts der Straße taucht am Fuß der Berge der **Weißensee** auf. Möglichkeiten, den Camper abzustellen, bieten zwei Parkplätze am Anfang des Sees. Nun ist es an der Zeit, aktiv zu werden und sich ein bisschen die Beine zu vertreten: Rund 6 km ist die Wanderung um den Weißensee, dabei geht es ganz eng am Ufer entlang durch Wiesen und Wald mit herrlichem Ausblick. Und zum Abschluss erfrischt ein Sprung ins glasklare Wasser, bevor unsere Fahrt weitergeht. Wir haben die Lieblingsregion des bayerischen Märchenkönigs erreicht. Nach nur ein paar Minuten Fahrt sind wir in ④ **Füssen** angelangt und stellen das Wohnmobil auf dem Parkplatz am Eisstadion ab.

**ABENTEUER**
Der **AlpspitzKICK** in Nesselwang ist die längste Zipline Deutschlands *(www.alpspitzkick.de)*. Am Drahtseil geht es 1,2 km talwärts. Achtung, eingecheckt wird an der Mittelstation. Vor der Fahrt mit der Alpspitzbahn »Ride & Fly« buchen.

## ETAPPE 3
## VON FÜSSEN BIS OBERAMMERGAU

⟷ 47 km ⏱ 45 Min., 1 Tag

Nach dem Bummel durch die Füssener Innenstadt lockt uns eine Rundfahrt über den **Forggensee** *(www.forggensee-schifffahrt.de)*. Wer hier ist, sollte auch unbedingt den Schlösserwinkel besuchen. Highlights sind die Schlösser König Ludwigs II., Hohenschwangau *(www.hohenschwangau.de)* und Neuschwanstein *(www.neuschwanstein.de)*. Den besten Blick auf Neuschwanstein gibt es übrigens von der Marienbrücke, die man bei einer Wanderung durch die Pöllatschlucht erreicht. Wer sich nicht trennen will: Am Hopfensee und Bannwaldsee liegen Campingplätze direkt am Ufer. Nach kurzer Fahrt erreichen wir auf der B 17 **Halblech** im Naturschutzgebiet Ammergebirge. Wir fahren weiter durch herrliche, von mächtigen Gletschern geformte Landschaft. Der Blick fällt dabei immer wieder auf schimmernde Seen und die Alpen. Bei **Steingaden** wechseln wir auf die B 23 und durchfahren Wildsteig. Kurz darauf erblicken wir die Echelsbacher Brücke eine Bogenbrücke über die Ammerschlucht. Auf der B 23 passieren wir **Bad Bayersoien** und erreichen **Unterammergau**. Hier verlockt ein Schild in Richtung Schleifmühlklamm zu einer weiteren Schluchtwanderung. Und schon haben wir voller Eindrücke ⑤ **Oberammergau** erreicht.

**ABSTECHER**
Die Wallfahrtskirche zum Gegeißelten Heiland auf der Wies, kurz **Wieskirche**, in der Gemeinde Steingaden gilt als schönste Rokokokirche in Deutschland und gehört zum UNESCO-Weltkulturerbe *(www.wieskirche.de)*.

**EINKEHREN**
Das **Fischerhäusl Kiosk** am See ist ein uriges, kleines Restaurant direkt am See mit Biergarten. *Seeweg 104, 82435 Bad Bayersoien*

Pilgerziel und Weltkulturerbe: die Wieskirche in Steingaden

## ETAPPE 4
## VON OBERAMMERGAU NACH GARMISCH-PARTENKIRCHEN

⟷ 20 km ⏱ 25 Min., ½ Tag

In Oberammergau finden wir neben dem Passionstheater einen Parkplatz für unser Wohnmobil und tauchen damit gleich in die Besonderheiten des Ortes ein. Denn im Zehn-Jahres-Rhythmus finden hier die berühmten Passionsspiele statt. Aber auch Kunsthandwerk spielt eine wichtige Rolle. Das Oberammergau Museum zeigt eine reiche Sammlung der schönsten Stücke der Herrgottschnitzer vom 17. Jh. bis heute. Beim Bummel durch den Ort entdecken wir prächtige Lüftlmalerei, die hier seit dem 18. Jh. Tradition ist und in Oberammergau sogar ihren Ursprung haben soll. Nur zwei Kurven weiter erreichen wir die Benediktinerabtei **Ettal**. Die prachtvolle Anlage aus dem 18. Jh. liegt fotogen von Berggipfeln umgeben in einem grünen Tal. Die Basilika im Zentrum ist ein barockes Schmuckstück *(www.kloster-ettal.de)*. Vorbei an Oberau biegen wir auf die B 2 ab und erreichen ⑥ **Garmisch-Partenkirchen**.

**ABSTECHER**
Durch ein wunderschönes Tal erreicht man von Ettal aus **Schloss Linderhof,** das kleinste der drei Königsschlösser, das in einer großen Parkanlage liegt *(www.schlosslinderhof.de)*.

ETAPPE 5

## VON GARMISCH-PARTENKIRCHEN ZUM SYLVENSTEINSPEICHER

⟷ 92 km ⏱ 1 Std. 40 Min., 1 Tag

Der zweigeteilte Ort Garmisch-Partenkirchen am mächtigen Wettersteinmassiv mit Alp- und Zugspitze liegt in einem weiten Talkessel. Ein großer Parkplatz für Wohnmobile befindet sich am Eisstadion. Für den Bummel durch die idyllischen Straßen und Gassen lassen wir uns viel Zeit und bewundern ehrfurchtsvoll die riesige Sprungschanze. Eine Wanderung von Garmisch-Partenkirchen aus führt zu einem besonderen Naturschauspiel: Die **Partnachklamm** ist eine der eindrucksvollsten Schluchten der Alpen *(www.partnachklamm.de)*. Zurück im Wohnmobil nehmen wir die B 2 und wechseln bei Krün auf die B 11. Kurz nach Wallgau erreichen wir den türkis schimmernden **Walchensee**. Direkt am See besichtigen wir das Filmkulissendorf Flake, in dem »Wickie und die starken Männer« gedreht wurde. Das Wohnmobil zu parken ist nicht einfach. So nutzen wir am Ende des Sees das Café am See für eine Einkehr mit Seeblick. In Kurven und Spitzkehren bringt uns die Kesselbergstraße auf 858 m Passhöhe mit Panoramablick. Ebenso kurvig geht es wieder hinunter zum **Kochelsee**. Die Landschaft ist magisch. So verwundert es nicht, dass der bekannte Künstler des Blauen Reiters, Franz Marc, rund um **Kochel am See** einen Großteil seiner Werke schuf. Ein wahrer Kunstgenuss ist das Franz Marc Museum *(www.franz-marc-museum.de)*. Nur 7 km sind es von hier bis ⑦ **Benediktbeuern** mit dem prachtvollen barocken Kloster und der Benediktusreliquie. Bei Bichl wechseln wir auf die B 472, passieren Bad Heilbrunn und erreichen ⑧ **Bad Tölz.** Der *Wohnmobilstellplatz* liegt direkt an der Isar. In der hübschen Kurstadt genießen wir einen entpannten Spaziergang durch eine der schönsten Altstädte Bayerns. Wir wählen dann die B 13 nach Süden zum spektakulären Abschluss unserer Tour. Dabei folgen wir dem Verlauf der Isar, die hier noch wild und ursprünglich ist, und erreichen schließlich unser Ziel, den **Sylvensteinspeicher**. Die Fahrt am Stausee entlang gehört zu den Höhepunkten der Route. Über die eindrucksvolle Faller-Klamm-Brücke führt ein Abstecher über den See in das unberührte und wildromantische Isartal – Fahrvergnügen pur. Direkt hinter der Brücke und inmitten beeindruckender Bergkulisse können wir auf dem *Wohnmobilstellplatz* übernachten.

**AUSSICHTSPUNKT**

Vom **Herzogstand** nordwestlich des Walchensees hat man einen grandiosen Blick auf das umliegende Seengebiet. Hinauf geht es mit der Herzogstandbahn *(www.herzogstandbahn.de)* oder zu Fuss (Auf- und Abstieg ca. 4 Std.).

### EMPFOHLENE PLÄTZE

**Camping Hopfensee** ★★★★★

1 Der beliebte Campingplatz mit Alpenpanorama liegt direkt am See und ist sehr gut ausgestattet.
▸ Fischerbichl 17, 87629 Hopfen am See, Tel. 083 62/917710, GPS: 47.601966, 10.683149
■ www.pincamp.de/sb4550

**Alpen-Caravanpark Tennsee** ★★★★½

2 Der komfortable und schön gelegene Campingplatz befindet sich am Fuße des Naturparks Karwendel.
▸ Am Tennsee 1, 82494 Krün, Tel. 088 25/170, GPS: 47.490366, 11.255033
■ www.pincamp.de/sb5500

**Wohnmobilstellplatz Wiesengrund, Bad Hindelang**

3 Idyllisch und gut ausgestattet liegt der Wohnmobilstellplatz direkt am Ort neben einem Hotel.
▸ Ostrachstraße 23, 87541 Bad Hindelang, www.wohnmobil-stellplatz-hindelang.de, GPS: 47.499761, 10.372221

### WEITERE GENANNTE PLÄTZE

**Camping Grüntensee**, Grüntenseeestr. 41, 87497 Wertach
**Wohnmobilstellplatz am Buron**, Grüntenseeestr. 44, 87497 Wertach
**Wohnmobilstellplatz Nesselwang**, An der Riese 21, 87484 Nesselwang
**Wohnmobilstellplatz an der Isarpromenade**, Königsdorferstraße, 83646 Bad Tölz
**Wohnmobilstellplatz Sylvensteinspeicher**, B307, 83661 Lenggries

**Noch mehr tolle Plätze auf pincamp.de**

## ENTLANG DER ROUTE

### 1 Sonthofen

Die südlichste Stadt Deutschlands ist von herrlicher Natur umgeben und vor allem wegen der nahegelegenen Starzlachklamm bekannt, einer wilden Schlucht, die der Bergbach Starzlach in den Felsen gegraben hat. Zwischen Mai und Oktober kann diese gut gesichert auf engen Wegen, Holztreppen und Brücken über Schluchten und Wasserfälle besucht werden. Neben Wanderern finden vor allem Radfahrer rund um Sonthofen attraktive Möglichkeiten und ein riesiges Radwegenetz. *www.sonthofen.de*

### 2 Bad Hindelang

Die Lage an einer alten Handelsstraße hat den Kurort am Fuß des Oberjochs geprägt. Eindrucksvolle Berggipfel ziehen hier die Blicke auf sich. Bereits im 16. Jh. wurde der alte Saumpfad für den Salzhandel zur Straße ausgebaut. Im ehemaligen Schloss des Fürstbischofs Sigismund Franz, Landesfürst von Tirol, ist das Rathaus untergebracht. Besonders sehenswert ist der Trausaal in der ehemaligen Schlosskapelle. Heute suchen Besucher in Bad Hindelang hauptsächlich Erholung oder kommen zum Wandern und Radfahren. Genau 20 Zweitausender bieten dafür reichlich Möglichkeiten, der Hochvogel mit 2593 m ist unter ihnen der höchste. *www.badhindelang.de*

### 3 Nesselwang

Der traditionsreiche Wintersportort liegt an der Schnittstelle zwischen den Voralpen und dem Allgäuer Bergland. Dabei ist der nördlichste alpine Ort im Allgäu mit den Hausbergen Alpspitz und Edelsberg zu jeder Jahreszeit attraktiv. Besonders eng ist Nesselwang mit dem Skisport verbunden. Mehr über die 100-jährige Skigeschichte und die zahlreichen Medaillengewinner, die der Ort hervorgebracht hat, erfährt man im Skimuseum. Im Trendsportzentrum Allgäu wird der Biathlon-Nachwuchs ausgebildet, und auch Touristen können ihre Fähigkeiten ausprobieren. Ein besonderes Erlebnis ist der Viehscheid-Tag, wenn das Vieh geschmückt und unter lautem Glockengeläut von der Alp zurückkehrt. *www.nesselwang.de*

### 4 Füssen

Vor einer herrlichen Bergkulisse liegt das sympathische Städtchen an der Mündung des Lech in den Forggensee und nicht weit von der österreichischen Grenze. Füssen ist eine Römergründung an der Via Claudia Augusta, einer wichtigen Handelsstraße nach Italien. In der Umgebung locken Alpsee, Hopfensee, Bannwaldsee, Forggensee, Weißensee und Alatsee. Es gibt also neben einem Bummel durch die gepflegten Gassen unterhalb des spätgotischen Hohen Schlosses jede Menge zu tun und zu sehen. Die bayerischen Könige kamen besonders gerne im Sommer ins benachbarte Hohenschwangau. Ludwig II. ließ hier in den Jahren

zwischen 1869 und 1886 Schloss Neuschwanstein auf dem markanten Pöllatfelsen nach seinen Vorstellungen als echtes Märchenschloss erbauen. Darüber hinaus sind Schloss Hohenschwangau und das Museum der bayerischen Könige einen Blick wert. *www.fuessen.de*

### 5 Oberammergau

Seit fast 400 Jahren gibt es in Oberammergau die Tradition der Passionsspiele. Die Bewohner des Ortes schworen 1633, das Leiden und Sterben Christi alle zehn Jahre aufzuführen, wenn sie von der damals in Europa tobenden Pest nach bereits 80 Toten verschont würden. Das Versprechen haben sie bis heute gehalten. Dabei ist das ganze Dorf beteiligt. Besucher kommen aus der ganzen Welt. Daneben ist Oberammergau ein beliebter Urlaubsort. Im Ortskern fallen zahlreiche mit Lüftlmalerei verzierte Häuser auf, die mit Motiven geschmückt sind, die unter anderem von der Geschichte der Zugspitz-Region berichten. *www.oberammergau.de*

### 6 Garmisch-Partenkirchen

Ursprung des Ortes war eine römische Reisestation am Handelsweg Via Claudia. Auch im Mittelalter befand sich hier ein wichtiger Handelsplatz auf dem Weg nach Italien. Besonders sehenswert und typisch sind die Frühlingsstraße im Ortsteil Garmisch und die Ludwigstraße in Partenkirchen. Zu historischen Gassen und bunten Fassaden kommt eine herrliche Natur mit hohen, schneebedeckten Gipfeln und grünen Almwiesen. Die Zugspitze, Deutschlands höchster Berg, liegt im Südwesten. Wahrzeichen ist die große Olympiaschanze, auf der alljährlich das Neujahrsskispringen der Vierschanzentournee stattfindet. In der eindrucksvollen Partnachklamm wandern Besucher in Tunneln oder Galerien zwischen engstehenden Felswänden oberhalb des tosenden Wassers. *www.gapa.de*

### 7 Benediktbeuern

Das Klosterdorf zwischen Benediktenwand und Loisach-Kochelsee-Moor ist mit großen historischen Persönlichkeiten verbunden. Nach der Überlieferung gründete Karl Martell das Kloster um das Jahr 725. Auch weltliche Untertanen siedelten sich an. Rund 14 Jahre später weihte der hl. Bonifatius die Kirche. Karl der Große vermittelte dem Kloster um 800 die Armreliquie des hl. Benedikt. Die heutige große, barocke Klosteranlage entstand im 17. Jh. Besonderes Schmuckstück ist die Basilika im Stil des Hochbarock

**Ländlich-beschaulich: Garmisch-Partenkirchen mit Blick auf St. Martin**

mit prächtigen Deckenfresken von Georg Asam. Mit der Säkularisation im Jahr 1803 kam ein gewaltiger Einschnitt. Das Klosterleben setzte erst wieder 1930 mit der Übernahme durch die Salesianer Don Boscos ein. Heute gibt es hier eine Universität, eine Jugendherberge, einen Klosterladen und ein Café. *www.benediktbeuern.de*

### 8 Bad Tölz

Mit bunt bemalten Fassaden und kleinen Gassen erwartet Besucher in Bad Tölz eine der schönsten Altstädte in Bayern. Besonders malerisch ist die Marktstraße zwischen Mühlfeld und Isarbrücke mit um 1900 mit Lüftlmalerei verzierten Fassaden. Im Zentrum steht das neoklassizistische Rathaus im ehemaligen Bürgerbräu. Mit der Entdeckung der Jodquelle startete um 1845 der Kurbetrieb. Einen schönen Blick auf die Stadt hat man vom Kalvarienberg, der von der Kreuzkirche aus dem 18. Jh. bekrönt ist. Daneben steht die Leonhardikapelle. Sie ist das Ziel der Leonhardifahrt, zu der sich im November festlich geschmückte Pferde und Kutschen zum Segen versammeln. *www.bad-toelz.de*

Vor grandioser Alpenkulisse breitet sich die bayerische Landeshauptstadt München mit dem mächtigen Liebfrauendom als Blickfang aus.

29

# KAISERLICHE KULTURROUTE: DIE SISI-STRASSE VON MÜNCHEN BIS BAD ISCHL

*Tausende Kilometer könnte man auf den Spuren von Kaiserin Sisi reisen. Hätte es einst schon Wohnmobile gegeben, wäre die reiselustige Adelige wohl noch viel weiter herumgekommen. Doch auch mit der Eisenbahn entdeckte sie mehr als mancher heute. Wir reisen ein Stück auf der Europäischen Sisi-Straße, bisweilen auch abseits und auf kleineren Nebenstrecken.*

München
Bad Ischl
213 km
ca. 4 Std.,
2–3 Tage

GPX-Download

## ETAPPE 1
## VON MÜNCHEN NACH WASSERBURG AM INN

⟷ 72 km ⏱ 90 Min., 1 Tag

Was gibt es Schöneres, als diese Tour in ① **München** am Herzog-Max-Palais an der Luwigsstraße 13 zu starten? Genau hier wurde die spätere österreichische Kaiserin Sisi am 24. Dezember 1837 als Elisabeth von Wittelsbach, Prinzessin in Bayern, geboren. Das heutige Gebäude ist zwar nur der Nachfolgebau des 1937 abgerissenen, ursprünglichen Adelspalais von Leo von Klenze, aber eben doch ein geschichtsträchtiger Ort. Die ersten eineinhalb Kilometer würden gleich wieder zum Anhalten verführen. Denn durch meist dichten Verkehr führt die Strecke vorbei am Haus der Kunst – und dahinter der legendären Eisbachwelle des Englischen Gartens. Hier den Surfern zuzusehen macht immer wieder Spaß. Es geht entlang der Prinzregentenstraße hinauf zum Friedensengel. Wohnmobile mit schwächerer Motorisierung schnaufen hier schon einmal kurz durch. Konsequenterweise liegt an der gleichnamigen Straße auch das opulente Prinzregententheater, das man ebenfalls mindestens einmal im Leben gesehen haben sollte. Natürlich wäre es jetzt möglich, München schnell über die A 94 zu verlassen und später wieder auf die Route in Richtung Wasserburg am Inn zurückzukehren. Doch wir wollen diesmal Autobahnen meiden und entfernen uns daher nur gemächlich aus der bayerischen Landeshauptstadt. Spätestens nach dem Verlassen des Vororts **Neubiberg** kann man wieder etwas mehr Gas geben, außerdem wird es nun ländlicher. Statt Häuserzeilen und Discountern säumen Felder und Wiesen die Straße. Hinter Putzbrunn führt die Strecke nun in Richtung größerer Waldgebiete und zum Zwischenziel ② **Glonn**, wo man am Kastensee im angeschlossenen Café mit Biergarten einkehren kann. Parkplätze sind auch für große Mobile vorhanden. Ein wenig Vorsicht ist wegen überhängender Äste notwendig. Weiter geht es auf der Staatsstraße 2079 über Ramerberg in Richtung Inn. Kurz vor dem Ort besteht die Möglichkeit, rechts abzubiegen und näher an den Fluss zu kommen oder – etwas kürzer – auf kleineren Straßen geradeaus weiterzufahren und auch hier auf den Inn zu treffen. Entlang der B 15 führt die Strecke nun nach ③ **Wasserburg am Inn**. Kurz vor dem Ziel zweigt die B 304 in Richtung Innenstadt ab. In Wasserburg stehen uns gleich zwei Wohnmobilstellplätze zur Verfügung: am *Parkplatz Unter der Rampe* und außerhalb der Altstadt der *Stellplatz* beim Bade-, Sport- und Freizeitzentrum Badria.

**BLICKFANG**
Der unübersehbare **Friedensengel** ist eine 6 m hohe, goldene Figur auf einer 23 m hoch aufragenden Säule in den Münchner Maximiliansanlagen. Sie wurde nach dem Modell einer in Pompeji gefundenen Statue der griechischen Siegesgöttin Nike gefertigt.

**SEHENSWERT**
**Schloss Zinneberg** am östlichen Ortsrand von Glonn mit Orangerie, Gartenpavillon und opulentem Hauptgebäude ist eine Einrichtung der Jugendhilfe, steht aber für Besuche offen *(www.schloss-zinneberg.de)*.

## ETAPPE 2
## VON WASSERBURG AM INN NACH TRAUNSTEIN

⟷ 47 km ⏱ 45 Min., ½ Tag

Wasserburg selbst hat zwar keinen direkten Bezug zu Sisi, ist aber schon aufgrund seiner spektakulären Halbinsel einen Besuch wert. Zurück aus der Stadt, geht es in Richtung B 304, dann nach rechts über den Inn. Vorbei an kleinen Gehöften, Feldern und Wiesen führt die

Wasserburgs schmucke Altstadt wird vom Inn umschlossen.

Strecke, die kurz vor Seeon in die TS31 abzweigt, zügig in Richtung Chiemsee. Es lohnt sich auch, die Bundesstraße immer wieder mal zu verlassen, um durch die kleinen Ortschaften an der Strecke zu fahren. Gerade die teils noch immer erhaltenen Dorfstrukturen lassen sich gut beobachten, und es lockt die eine oder andere alteingesessene Wirtschaft in die gemütliche Stube oder den Biergarten. Dem Chiemseee selbst kommt man auf der Fahrt nach Traunstein nicht sehr nahe, es sei denn, man zweigt kurz nach Seeon in Richtung Seebruck ab und setzt den Weg von dort aus über **Chieming** in Richtung ④ **Traunstein** fort.

**ÜBERNACHTEN**
Wer direkt am Chiemsee nächtigen möchte, hat bei **Chieming** die Wahl zwischen *Camping Seehäusl* und *Chiemsee Strandcamping*.

### ETAPPE 3
## VON TRAUNSTEIN NACH SALZBURG

⟷ 43 km ⏱ 45 Min., ½ Tag

Ein royales Familiengeheimnis steckt dahinter, ausgerechnet Traunstein als Stopp zu wählen. So trafen sich Sisi und ihre Schwester Marie im Oktober 1862 überraschend für drei Nächte in Traunstein. Wie erst später bekannt wurde, war Marie im achten Monat schwanger, ihr Gemahl aber zeugungsunfähig. Es wäre ein Skandal sondergleichen gewesen, wenn die Königin ein uneheliches Kind zur Welt gebracht hätte. So fand man die Lösung, das Kind zu Pflegeeltern zu geben, Marie aber wollte um nichts in der Welt wieder zu ihrem Mann zurückkehren. Nun sollte Sisi ihre Schwester dazu bewegen, was nach einigen Umwegen schließlich auch gelang. Auch wir nehmen heute Umwege und wählen die landschaftlich schönere Strecke über die St 2105 nach Norden anstelle der direkten und schnelleren über Teisendorf. Daher lenken wir das Wohnmobil in Richtung ⑤ **Waging am See**. Ganz gemütlich geht es hier voran, vorbei an Landgasthöfen mit so einladenden Namen wie Alpenblick, bis zu unserem Zwischenziel. Waging ist bei Campern vor allem bekannt für seinen großen Campingplatz *Strandcamping Waging*, vor dem sich auch ein Wohnmobilstellplatz befindet. Der Ort selbst lag schon im Mittelalter an einer Salzstraße und war daher relativ wohlhabend. Heute profitiert er von seiner Lage nahe dem See und der spektakulären Aussicht auf die Alpenkette. Der Grund, warum Waging am See, anders als der Name vermuten lassen würde, ein gutes Stück weg vom Seeufer liegt, reicht über 100 Jahre zurück. Nach der Tieferlegung der Götzinger Achen am Ausfluss des Sees sank der Wasserspiegel 1867 um gut zwei Meter – was blieb, ist der Ortsname. Es ist nun nicht mehr weit bis ⑥ **Salzburg**, einer Stadt, in der die Namensgeberin dieser Route, Kaiserin Sisi, vor allem aufgrund politischer Verpflichtungen ihres Mannes, Kaiser Franz-Joseph I., weilte. Wer will, kann heute an einer Führung teilnehmen. Eine Fremdenführerin folgt im Sisi-Kleid mit ihren Gästen den Spuren der Kaiserin durch die Mozartstadt. Da Stellplätze für Wohnmobile im direkten Stadtgebiet nicht vorhanden sind, bleibt nichts anderes übrig, als einen der stadtnahen Camping- und Stellplätze zu nehmen und mit den öffentlichen Verkehrsmitteln ins Zentrum zu fahren.

### ETAPPE 4
## VON SALZBURG NACH BAD ISCHL

⟷ 51 km ⏱ 50 Min., ½ Tag

So chaotisch die Verkehrführung in Salzburg manchmal wirken mag, so schnell ist man auch wieder draußen aus der Stadt und kann sich über das Grün der Natur freuen, wenn man nach Durchfahren des Ortsteils Obergnigl die Bergwelt Österreichs erreicht. Kurz danach taucht schon der **Fuschlsee** auf und damit ein Kuriosum.

**Barocke Prachtentfaltung: Schloss Mirabell in Salzburg**

Das ehemalige Jagdschloss Fuschl birgt heute ein Hotel.

**SEHENSWERT**
Gerade einmal 1591 Einwohner und doch das Zentrum der Welt: Zumindest für **Red Bull** gilt das, denn das Hauptquartier des Energy-Drink-Herstellers befindet sich in Fuschl am See. Es ist erlaubt, durch den Garten des sehenswerten Geländes zu spazieren.

Schließlich war Kaiserin Elisabeth selbst nie in dem einstigen Jagdschloss, das aber für die Dreharbeiten der Sisi-Filmtrilogie nicht nur genutzt, sondern gleich zu einem Luxushotel umgebaut wurde. Es sollte im Film Schloss Possenhofen darstellen, das zu diesem Zeitpunkt arg ramponiert war. Noch heute versteht das Schloss Fuschl Resort und Spa, den Hype um die ab 1955 gedrehten Romy-Schneider-Filme zu nutzen: u. a. mit einem Sisi-Zimmer und einer Dauerausstellung im Hotelturm. Ein Stellplatz für Wohnmobile steht übrigens nicht zur Verfügung, schließlich sollen die gepflegten Zimmer zu Preisen ab 300 € vermietet werden. Die Bundesstraße 158 passiert nun auf der ganzen Länge den ⑦ **Wolfgangsee** und nähert sich damit dem Endpunkt der Tour, ⑧ **Bad Ischl**, wo die spätere Kaiserin erstmals ihren Mann sah und wo sich das Paar letztmals vor seiner Ermordung traf. Hier können Sisi-Fans nun endgültig eintauchen in den Kosmos der schönen Wittelsbacherin – und die männliche Begleitung kann am Ende aufatmen, es sei denn, die Gattin besteht darauf, nun auch noch in Richtung Wien weiterzufahren.

## EMPFOHLENE PLÄTZE

**Alpencamp Siegsdorf** ★★★☆☆

❶ Der kleine Campingplatz mit traditioneller Wirtschaft und vielen Dauercampern ist sehr beliebt. Achtung: Die Auffahrt hat bis zu sieben Prozent Steigung.
▸ Aigen 4, 83313 Siegsdorf, Tel. 086 62/2576, GPS: 47.833155, 12.654375
■ www.pincamp.de/sb_229194

**Camping Nord Sam** ★★★☆☆

❷ Der charmante Platz besitzt einen eigenen Pool und ist gut gelegen, um Salzburg zu besichtigen.
▸ Samstraße 22-A, 5023 Salzburg, Tel. +43/662/66 04 94, GPS: 47.8273, 13.062416
■ www.pincamp.de/sa3700

**Komfortcamping Berau** ★★★★☆

❸ Von diesem modernen Platz am Wolfgangsee mit Sauna lässt sich Bad Ischl gut entdecken.
▸ Schwarzenbach 16, 5360 St. Wolfgang im Salzkammergut (nahe Bad Ischl), Tel. +43/6138/25 43, GPS: 47.730466, 13.478166
■ www.pincamp.de/oö0550

## WEITERE GENANNTE PLÄTZE

**Wohnmobilstellplatz Parkplatz Unter der Rampe**, Schopperstattweg, 83512 Wasserburg am Inn
**Wohnmobilstellplatz am Badezentrum Badria**, Alkorstr. 14, 83512 Wasserburg am Inn
**Camping Seehäusl**, Beim Seehäusl 1, 83339 Chieming
**Chiemsee Strandcamping**, Am Chiemsee 1, 83339 Chieming
**Strandcamping Waging**, Am See 1, 83329 Waging a. See

Noch mehr tolle Plätze auf pincamp.de

## ENTLANG DER ROUTE

### 1 München

Biergärten, das Hofbräuhaus und der selbstbewusste FC Bayern: Für Touristen wird in München jedes Klischee wahr, das Bayern eben so zu bieten hat. Vor allem, wenn vom Olympiaberg aus bei Föhn auch noch die Alpenkette zum Greifen nah scheint. Aber München ist noch viel schöner, vielseitiger, spannender, schriller, traditioneller und manchmal auch widersprüchlicher als in der Vorstellung der Besucher. Doch dafür muss man etwas tiefer eintauchen in die Seele der bayerischen Landeshauptstadt, muss abends genauso durch die winzigen Eckkneipen streifen wie durch die traditionellen Wirtshäuser. Oder das kultige Geschehen rund um eine mit großer Wahrscheinlichkeit mittelmäßige Partie der Fußballer des TSV 1860 im Grünwalder Stadion in sich aufsaugen und die Grillpartys auf den Kiesbänken der Isar mitfeiern. Es gäbe noch tausend Tipps, die besser ungeschrieben bleiben – bis vielleicht auf einen: Das Hofbräuhaus ist irgendwie auch heute noch cool. Das gilt aber vor allem für den imposanten, historischen Festsaal aus dem Jahr 1598 im obersten Stock, wo es weit zivilisierter zugeht als unten in der weit bekannteren, rustikalen Schwemme. *www.muenchen.de*

### 2 Glonn

Die Gemeinde Glonn mit ihren vier Landschaftsschutzgebieten liegt im gleichnamigen Tal, das einst vom Schmelzwasser des Inngletschers geschaffen wurde. Bewaldete Hügel umgeben den Erholungsort, in dem an heißen Sommertagen das Strandbad des Kastensees ein Tipp für einen Badestopp ist. Interessant ist Glonn vor allem hinsichtlich seiner jüngeren Geschichte: Nach dem Zweiten Weltkrieg änderte sich die Bevölkerungsstruktur des Ortes massiv. Heimatvertriebene, Ausgebombte und evakuierte Menschen stellten am Ende mehr als ein Drittel der Einwohnerschaft. *www.marktgemeinde-glonn.de*

### 3 Wasserburg am Inn

Wasserburg am Inn besticht vor allem durch seine landschaftlich reizvolle Lage, die viele Touristen in die oberbayerische Stadt im Landkreis Rosenheim lockt. So wird die Halbinsel der Altstadt komplett vom Inn umflossen. Etliche in mediterranen Farben gestrichene Gebäude aus dem Mittelalter sind mit ihren Erkern und Zinnen bis jetzt erhalten geblieben. Laubengänge, kleine Plätze und enge Gassen geben der Stadt, die einst einer der bedeutendsten Handelsplätze Bayerns für Salz war, einen romantischen Charakter. Spektakulär ist aber auch das gegenüberliegende, bis zu 70 m hohe Steilufer. Kein Wunder, dass viele Wohnmobilfahrer begeistert von der Stadt hier eine spontane Übernachtung einplanen. *www.wasserburg.de*

### 4 Traunstein

Salz ist das Elixier, von dem Traunstein auch heute noch zehrt. Die Salinen wurden zwar längst aufgegeben, doch die Touristen kommen nun, um viele Gebäude, die mit der einstigen Salzstraße zusammenhängen, zu sehen: den Salinenpark beispielsweise, die Salinenkapelle, die Ausstellung über die erste Pipeline der Welt und die Salinenhäuser. Die Rolle als »Wächter der Salzstraße« – Traunstein lag direkt an der Handelsroute zwischen Reichenhall nach München und kontrollierte deshalb den kompletten Warenverkehr

über die Traun – verhalf der Stadt schon früh zu Reichtum. Zeitweise wurde das in Bad Reichenhall gewonnene Salz ausschließlich in Traunstein gelagert und verkauft, ehe sich die Fuhrwerke auf den Weg nach Wasserburg und München machten. Heute ist Traunstein ein lebensfrohes Städtchen mit vielen alten Villen und Jugendstilhäusern und einer lebendigen Altstadt mit Bars, Kneipen, Restaurants und Geschäften. Wer um die Osterzeit in Traunstein ist, sollte am Ostermontag den sogenannten Georgiritt nicht verpassen. Die Pferdewallfahrt mit ihren 400 aufwendig geschmückten Pferden ist eine der größten und schönsten in ganz Oberbayern. *www.traunstein.de*

## 5 Waging am See

Wie alle Orte in unmittelbarer Nähe der Salzstraße profitierte auch Waging am See vom Handel mit dem »weißen Gold«. Wahrscheinlich hätte es ohne diesen Hintergrund die touristische Entwicklung Wagings gar nicht erst gegeben. Denn die Touristen kommen heute nicht nur wegen des nahen Sees hierher, sondern auch aufgrund des charmanten Ortsbilds. Die renovierten Bürgerhäuser des Marktes strahlen einerseits Würde aus, andererseits herrscht in ihnen und um sie herum geschäftiges Treiben. Wer also bummeln oder gemütlich zum Essen gehen will, ist hier goldrichtig. Im Gegensatz zu früher, als gar keine Zeit war, dem Müßiggang zu frönen, kommen die Besucher heute wegen der Natur nach Waging – um zu wandern, bei klarem Wetter die Alpensicht zu genießen, im Skatepark zu üben, auf dem knapp 6,5 km langen See zu segeln, zu rudern oder in ihm zu angeln. Vor allem in Süddeutschland ist Waging am See auch dafür bekannt, dass Starkoch Alfons Schuhbeck hier im Strandkurhaus seine ersten Erfahrungen am Herd sammelte. *www.waging.de*

## 6 Salzburg

Mozart, Nockerln und die Festspiele: Wer an Salzburg denkt, hat sofort ein paar Namen, Gerichte, Bilder oder Musik im Kopf – wunderbar, andere Städte könnten blass vor Neid werden. Schließlich kann nicht jede Alleinstellungsmerkmale wie das Geburtshaus eines Komponisten vorzeigen, von den opulenten Nockerln mal ganz zu schweigen. Selbstredend hat die österreichische Stadt an der Grenze zu Deutschland noch viel mehr zu bieten. Eine wunderbare Fußgängerzone beispielsweise mit Bauten aus dem Barock und dem Mittelalter, die Festung Hohensalzburg, das Schloss und die Gärten Mirabell oder Hellbrunn mit seinen Wasserspielen. Es lohnt sich, mehr Zeit für einen längeren Aufenthalt zu planen. *www.salzburg.info*

**Der hl. Nepomuk wacht über die Traunbrücke in Bad Ischl.**

## 7 Wolfgangsee

Wer wissen will, wie Tourismus professionell funktioniert, muss an den Wolfgangsee fahren. So stellen die drei Orte des Sees rund 8500 Gästebetten zur Verfügung und erzielen damit 900 000 jährliche Übernachtungen. Kein Wunder, dass die meisten Einheimischen vom Tourismus leben. Natürlich hat vor allem die Operette »Im Weißen Rößl« von Ralph Benatzky aus dem Jahr 1930 den See in aller Welt bekannt gemacht – und später der Film mit Peter Alexander. Noch heute pilgern Operettenfans in die Hotellegende Weißes Rößl. *wolfgangsee.salzkammergut.at*

## 8 Bad Ischl

In Bad Ischl kann es beim spontanen Pärchen-Urlaub für Unverheiratete eventuell gefährlich werden. Gehen die Verliebten vollkommen in der Romantik rund um die Welt von Sisis Sommerfrische auf, könnten sie hier auch heiraten – selbstverständlich im speziellen Sisi-Arrangement, denn die Original-Orte, an denen sich das Kaiserpaar einst aufhielt, wie die Trinkhalle, der Verlobungssaal und die Kaiservilla, sind für diesen Anlass zu mieten. Lediglich ein Sisi-Brautkleid wäre noch selbst mitzubringen. Den meisten Besuchern genügt aber die Sisi-Führung durch den österreichischen Kurort, die viele weitgehend unbekannte Details verrät. *badischl.salzkammergut.at*

Kurvenfahrten vor Alpenkulisse erwartet die Wohnmobilisten auf der Ferienstraße durch die Schweiz.

30

# ÜBER BERG UND TAL: GRAND TOUR OF SWITZERLAND

*Einmalige Bergpanoramen, tiefblaue Seen, geschichtsträchtige Städte und malerische Dörfer: In der Schweiz reihen sich die Sehenswürdigkeiten in hoher Taktung aneinander. Um diese für Besucher noch besser erfahrbar zu machen, haben findige Tourismusexperten 2015 die Grand Tour of Switzerland entwickelt. Als kleinen Appetithappen servieren wir den Abschnitt von Zürich nach Appenzell.*

Zürich
Appenzell
175 km
ca. 4,5 Std., 3 Tage

GPX-Download

## ETAPPE 1
## VON ZÜRICH NACH WINTERTHUR

⟷ 32 km ⏱ 60 Min, ½ Tag

① **Zürich** wehrt sich nicht dagegen, als Metropole bezeichnet zu werden: all die Kulturstätten, die unvergleichliche Lage und die spürbare Bedeutung als internationaler Finanzstandort! Davon muss man sich erst mal losreißen. Doch das ist nun einmal die Grundvoraussetzung für einen Roadtrip – und deshalb nehmen wir vorbei an den Vororten Oerlikon und Dietlikon Kurs auf Nordosten. Nach rund 20 km über die gut ausgebaute R1 biegen wir bei Kemptthal in Richtung **Kyburg** ab. Plötzlich befinden wir uns in ländlichen Gefilden, und es schallt von den saftig grünen Wiesen bereits der Klang erster Kuhglocken herüber. Bald erreichen wir das 400-Seelendorf Kyburg, das zur Gemeinde Illnau-Effretikon gehört und Standort eines prächtig erhaltenen Schlosses ist – **Schloss Kyburg** (schlosskyburg.ch) –, nach offizieller Deutung ein Kulturgut von nationaler Bedeutung mit Ursprüngen, die auf das 11. Jh. zurückgehen. Zur zeitgemäß aufgearbeiteten Sammlung gehören Einblicke in Baugeschichte und Lebensweise früherer Herrscher, die unter anderem mithilfe von Ritterrüstungen illustriert wird. Nach einem ausführlichen Zwischenstopp hilft uns die **Kyburgerbrugg**, eine jener mit Holzdach ausgestatteten Brücken, die es in dieser Form nur in der Alpenrepublik gibt, bei der Überquerung des Flusses Töss. Nur ein paar Minuten später erreichen wir mit ② **Winterthur** abermals eine veritable Großstadt.

**ACHTUNG**
**Wohnmobilstellplätze** sind in der Schweiz nicht so weit verbreitet wie in Deutschland, und es ist an manchen Orten schwierig, fündig zu werden.

Aufs Wasser: mit dem Limmatschiff durch die Zürcher Altstadt

## ETAPPE 2
## VON WINTERTHUR NACH SCHAFFHAUSEN

⟷ 32 km ⏱ 45 Min., ½ Tag

Wenn wir uns nach dem Stadtbesuch ins etwa 20 km entfernte Marthalen (R15/Marthaler Str.) aufmachen, nehmen wir die Erkenntnis mit, dass sich Winterthur von einem Industrie- zu einem Kulturstandort gewandelt hat. Wir bewegen uns durch hügeliges Land, das in zunehmendem Maße mit Rebstöcken bepflanzt ist. Das Anbaugebiet trägt den Namen Zürcher Weinland, wo der Blauburgunder die dominierende Rebsorte ist. **Marthalen** selbst erweist sich als reizender Ort mit gepflegten Fachwerkhäusern. In eines dieser Gebäude mit ihren charakteristischen, rötlichen Gebälken lockt die Stube Marthalen *(www.stube-marthalen.ch)* mit schweizerischen Traditionsgerichten zu vertretbaren Preisen. Wir befinden uns nun in unmittelbarer Nähe zum Rhein, der hier recht umständlich durch das Land mäandert, wobei er das Dorf Rheinau fast gänzlich umschließt und so von deutschem Territorium trennt. Kurz darauf gönnt sich Mitteleuropas mächtigster Strom mit dem **Rheinfall** beim nunmehr erreichten ③ **Schaffhausen** seine wohl bekannteste Extravaganz. Ein einfacher *Wohnmobilstellplatz* befindet sich auf der anderen Flussseite in Neuhausen (Rheinfall P4).

**ABSTECHER**
Auf dem Weg nach Marthalen lohnt ein Abstecher zum **Naturzentrum Thurauen** (10 km westl., *www.naturzentrum-thurauen.ch*). Am Rhein gelegen, ist es das Tor zum größten Auengebiet des Schweizer Mittellandes mit einer vielseitigen Flora und Fauna.

## ETAPPE 3
## VON SCHAFFHAUSEN NACH SALENSTEIN

⟷ 36 km ⏱ 45 Min, ½ Tag

Nach einem denkbar kurzen Abstecher in den Kanton Schaffhausen setzen wir den Weg über die R14 fort, wobei wir im weitesten Sinne dem Flusslauf folgen. Wir wechseln dann auf die R13 in Richtung **Diessenhofen**. Hier entdecken wir abermals eine überdachte und von außen mit Blumenkästen verzierte Holzbrücke, die alle Blicke auf sich zieht. Sie ermöglicht – neben schönen Fotos – die Überfahrt nach Deutschland (allerdings nur bis 3,5 t). Wir befinden uns nun im Kanton Thurgau, wo wir den Rhein auch weiterhin begleiten. Bald erreichen wir über eine – diesmal nüchtern-moderne – Brücke das Dorf ④ **Stein am Rhein**. Wenn wir nun unseren Weg fortsetzen, bemerken wir, wie der Rhein direkt hinter Stein breiter wird, um bald darauf in den Bodensee zu münden. Nun sind es nur noch wenige Kilometer bis nach ⑤ **Salenstein**. Die verbleibende Strecke aber weiß dank reizender Dörfer mit traditioneller Bebauung wie Steckborn und spektakulärer Ausblicke auf den zum See werdenden Fluss besonders zu gefallen.

**ABSTECHER**
**Kartause Ittingen**, von Stein am Rhein 12 km nach Süden *(www.kartause.ch)*, blickt auf 850 Jahre Geschichte zurück. Das ehemalige Kartäuserkloster beherbergt heute ein Museum mit üppigen Gärten, dessen Produkte im hauseigenen Gartenrestaurant zum Einsatz kommen.

Die Stadt Schaffhausen wird von der Festung Munot überragt.

## ETAPPE 4
## VON SALENSTEIN NACH ARBON

⟷ 36 km ⏱ 50 Min., ½ Tag

Wer sein Reiseerlebnis vor der Weiterfahrt in Richtung Osten noch auf dem Mobiltelefon oder der Speicherkarte der Kamera verewigen möchte, hat dazu an einem eigens am Napoleonmuseum Arenenberg aufgestellten – und mit den Schriftzug Grand Tour of Switzerland unmissverständlich ausgewiesenen – Bilderrahmen Gelegenheit. Nun nehmen wir Kurs auf die Altstadt von **Konstanz**, die sich ihrerseits exklavenartig auf der »Schweizer Seite« des Rheins eingerichtet hat. Konstanz begeistert mit seiner intakten Altstadt und einem grandiosen Flussufer, das zugleich den Übergang von Untersee zu Obersee markiert. Wenn sich dazu an klaren Sommerabenden noch das Alpenglühen in der Ferne einstellt, ist der Zauber perfekt. Ein *Wohnmobilstellplatz* befindet sich auf dem zentrumsnahen Parkplatz am Döbeleplatz. Weiter geht die Fahrt – entweder sogleich oder am nächsten Morgen –, und schon nach wenigen Minuten erreichen wir mit **Altnau** ein weiteres kleines Dorf. Es liegt am sonnenverwöhnten Südufer des Bodensees, wo es sich einen Namen als Wanderrevier gemacht hat. Weiter geht es in Richtung **Romanshorn**, das als zusätzliche Qualität einen (Jacht-)Hafen in die Waagschale wirft. Als nächste Zwischenstation erreichen wir ⑥ **Arbon**, das sich ebenso wie Romanshorn auf einer Art Kap befindet, das in den See hineinragt.

**SEHENSWERT**
In der Schweiz gehören Edelkarossen zuweilen zum Straßenbild. Sonst aber sind die in der **Autobau Erlebniswelt** *(www.autobau.ch)* in Romanshorn ausgestellten Sportwagen von Aston Martin, Ferrari und Konsorten nur selten live und in Farbe zu bewundern.

## ETAPPE 5
## VON ARBON NACH ST. GALLEN

⟷ 23 km ⏱ 35 Min., ½ Tag

Nach der gefühlt zweistelligen Anzahl malerischer Uferstädtchen macht die Grand Tour of Switzerland hinter Arbon einen 90-Gradbogen und kehrt damit dem Bodensee den Rücken zu. Wenige Kilometer hinter dem Ortsausgang bietet sich zwecks Auffüllung des Proviants auf der St. Galler Straße das **Museum MoMö** zum Besuch an

**EINKEHREN**
Lust auf ein gutes und dabei bezahlbares Mittagsmenü? In diesem Fall könnte der **Römerhof** die Lösung sein, wo kreative Gerichte auf den Teller kommen.
*Freiheitsgasse 3, 9320 Arbon, Tel. +41/71/447 30 30, www.roemerhof-arbon.ch*

*(www.moehl.ch)*. Dabei handelt es sich bei genauerem Hinsehen um eine familiengeführte Mosterei, die neben Säften auch allerlei Hochprozentiges im Angebot hat – und den Herstellungsprozess in einem Erlebniszentrum dokumentiert. Wo die dafür erforderlichen Rohstoffe herkommen, illustriert der folgende Streckenabschnitt, der auf herrlich verschlungenen Pfaden durch Obsthaine führt. Wir gewinnen nun an Höhe, bis wir etwa auf halbem Weg das nächste Ziel auf einer Hügelkuppe, **Schloss Dottenwill** *(www.dottenwil.ch)*, erblicken, das neben einem kleinen Museum und einem Weinberg auch ein eigenes Restaurant mit schöner Terrasse besitzt. Wenig später nähern wir uns ⑦ **St. Gallen**, wo wir den *Wohnmobilstellplatz am Paul-Grüninger-Stadion* ansteuern können.

## ETAPPE 6
## VON ST. GALLEN NACH APPENZELL

⟷ 16 km ⏱ 25 Min., ½ Tag

Die letzte Etappe von der Hauptstadt des gleichnamigen Kantons nach Appenzell ist kurz. Schon nach wenigen Kilometern überqueren wir die Grenze in den Nachbarkanton Appenzell Ausserrhoden, wo sich die sanft hügelige und für Schweizer Verhältnisse dünn besiedelte Landschaft fortsetzt. Man ahnt bereits, dass wir uns nun im Käseland befinden. Bald macht abermals ein Ort namens **Stein** seine Aufwartung, wo besagte Handwerkskunst den weltweit geschätzten Appenzeller hervorgebracht hat. Bis zum Ort ⑧ **Appenzell**, der dem Molkereiprodukt mit dem streng geheimen Rezept seinen Namen verliehen hat, sind es nur noch wenige Minuten. Gut zu wissen also, dass es sich bei dem hier beschriebenen Abschnitt um ein winziges Teilstück der Grand Tour of Switzerland handelt und noch gut 1300 km darauf warten, entdeckt zu werden.

**EINKAUFEN**
Die **Appenzeller Schaukäserei** *(www.schaukaeserei.ch)* führt in die Welt des Käses, wobei das Rezept geheim bleibt. Zum Anwesen gehören eine Degustationsstube, ein Restaurant (Käsefondue!) und ein Shop.

Kathedrale in St. Gallen: den Heiligen Gallus und Otmar geweiht

### EMPFOHLENE PLÄTZE

**Camping Schaffhausen Rheinwiese** ★★★½

① Der 3 km außerhalb von Schaffhausen gelegene Platz zählt zu den beliebtesten Anlagen der Schweiz.
▶ Hauptstr. 96-C, 8246 Langwiesen (bei Schaffhausen), Tel. +41/52/659 33 00, GPS: 47.687083, 8.65585
■ www.pincamp.de/os1900

**Camping Fischerhaus** ★★★½

② Der Platz liegt reizvoll direkt am Bodensee, ist nachts sehr ruhig, und die Fähren über den See legen im nahen Kreuzlingen an und ab.
▶ Promenadestr. 52, 8280 Kreuzlingen, Tel. +41/71/688 49 03, GPS: 47.646866, 9.196883
■ www.pincamp.de/os1600

### WEITERE GENANNTE PLÄTZE

**Wohnmobilstellplatz P4 am Rheinfall**, Nohlstrasse, 8212 Neuhausen am Rheinfall
**Wohnmobilstellplatz Döbele**, Döbeleplatz, 78462 Konstanz
**Wohnmobilstellplatz am Paul-Grüninger-Stadion**, Grütlistr. 27, 9000 St. Gallen

**Noch mehr tolle Plätze auf pincamp.de**

# ENTLANG DER ROUTE

## 1 Zürich

Durch die Altstadt von Zürich mit prächtig erhaltener Bausubstanz bahnt sich mit der Limmat ein hübscher Fluss seinen Weg in einen ebenso weitläufigen wie malerischen See, hinter dem wiederum bei guter Sicht die nicht selten schneebedeckten Gipfel der Alpen zu erkennen sind. Eine Stadt (420 000 Einwohner, Metropolregion 1,8 Mio.), die ein solches Portfolio besitzt, bedarf kaum zusätzlicher Argumente. Und doch ruht sich der internationale Finanzstandort nicht auf seinen natürlichen Vorzügen und den Errungenschaften der Vergangenheit aus – jüngstes Beispiel: Zürich West, das sich in den zurückliegenden Jahren vom Industrieviertel zum Trendquartier gewandelt hat. Wo einst Fabriken dominierten und Arbeiter ihre Tage zubrachten, sind nun Kreative eingezogen – und in den Bögen des Eisenbahnviadukts befinden sich heute Designboutiquen und eine Markthalle. Herzstück des Viertels ist das Löwenbräu-Areal *(www.lowenbraukunst.ch)*, wo zahlreiche Avantgarde-Galerien ansässig sind. Zurück am See ist der Pavillon von Le Corbusier *(www.pavillon-le-corbusier.ch)* ein Muss für Architekturfans. Es ist das letzte verwirklichte Projekt des großen Baumeisters – ein spannender Auftakt zu einer Neuentdeckung der Alpenrepublik. *www.zuerich.com*

## 2 Winterthur

Die sechstgrößte Stadt der Schweiz (120 000 Einwohner) war lange eine Hochburg des Maschinenbaus. Mittlerweile jedoch hat sich das 1264 mit Stadtrechten ausgestattete Winterthur weitgehend vom Industriezeitalter verabschiedet. Besuchern gegenüber präsentiert man sich gerne als Kulturhochburg mit einer vitalen Altstadt, deren hervorstechendes Merkmal eine der größten zusammenhängenden Fußgängerzonen Europas ist. Wer sich generell zu den Granden der Klassischen Moderne hingezogen fühlt, sollte sich das Kunst Museum Winterthur *(www.kmw.ch)* vormerken, das in einem neoklassizistischen Tempel Werke von Monet über van Gogh bis hin zu Kandinsky und Picasso beherbergt. Deutlich weniger abstrakt geht es im Swiss Science Center *(www.technorama.ch)* zu. Das interaktive Wissenschaftsmuseum stellt sich an 500 interaktiven Stationen ganz in den Dienst der Erkenntnisse und Fakten. *www.winterthur.com*

## 3 Schaffhausen

Dank seiner verlässlichen Behandlung im Erdkundeunterricht genießt der Rheinfall von Schaffhausen (36 000 Einwohner) auch in Deutschland erhebliche Bekanntheit. Auf einer Breite von 150 m stürzt sich das Wasser verteilt auf mehrere Stufen 23 m in die Tiefe, was nicht im Ansatz rekordverdächtig, aber dennoch ein beeindruckendes Schauspiel ist. Der Rheinfall-Rundweg, der am Schloss Laufen

seinen Anfang nimmt, ermöglicht die Begutachtung aus allen Perspektiven. Besonders beeindruckend ist eine Aussichtsplattform, die einen direkten Blick auf den einsamen Felsen erlaubt, der seit Tausenden von Jahren den Kräften der Natur trotzt. Nur wenige Kilometer flussabwärts warten in sanfteren Gewässern die Ausflugsschiffe auf Passagiere. Flussaufwärts breitet sich die sehenswerte Altstadt von Schaffhausen aus, die von der ringförmigen Festung Munot überragt wird. Das Konzept für die zwischen 1564 und 1589 erbaute Anlage geht auf niemand Geringeren als Albrecht Dürer zurück. Bis heute klingelt dort allabendlich um 21 Uhr eine Glocke, die früher das Signal zum Schließen der Stadttore war. *www.stadt-schaffhausen.ch*

## 4 Stein am Rhein

Das Städtchen (3500 Einwohner) befindet sich in einer Art Schweizer Exklave auf der »deutschen Seite« des Rheins, wo es als Touristenmagnet fungiert. Das intakte Stadtbild zeichnet sich durch mittelalterliche Häuser mit kunstvollen Fassadenmalereien aus – ideal für einen schwelgerischen Bummel vorbei an eigentümergeführten Geschäften, den es stilecht mit einem »Schümli« (so nennen die Schweizer einen Kaffee mit formvollendeter Crema) in einem der vielen Cafés abzurunden gilt. Sehenswert ist außerdem die Burg Hohenklingen, die sich seit 1225 hoch über der Stadt auf einem Berg erhebt. Weniger kräftezehrend ist der Besuch des Naherholungsgebietes Werd, einer Gruppe dreier kleiner Rhein-Inseln, von denen eine über eine Brücke ans Festland angeschlossen ist. *www.steinamrhein.ch*

## 5 Salenstein

Salenstein (1500 Einwohner) ist ein verschlafenes Dorf am Bodensee. Dessen ungeachtet hat es sich einen Platz in den Geschichtsbüchern erobern können. Das liegt vornehmlich an der holländischen Königin Hortense, die ihres Zeichens Stieftochter von Napoleon Bonaparte war. Als der Kaiser 1817 fiel, erwarb Hortense das Schlossgut Arenenberg, das in beneidenswerter Lage aus einiger Höhe auf den Bodensee blickt. In würdevoll eingerichteten Salons zog Hortense ihren Sohn Louis groß, der einige Jahre später als Napoleon III. zum letzten Kaiser der Grande Nation aufstieg. Alldies ist im nunmehr dort eingerichteten Museum *(www.napoleonmuseum.tg.ch)* ausführlich dokumentiert. Nach der Besichtigung lockt ein Spaziergang am See oder in den Weinbergen. *www.salenstein.ch*

## 6 Arbon

Ein drei Kilometer langer Uferweg? Ja, der lädt in Arbon (4000 Einwohner) nicht nur zum Wandern und Radeln ein, nein, er gibt auch den Blick frei auf die Bodenseeschiffe, die hier zu Ausflugsfahrten aufbrechen. Sehenswert sind auch die historische Altstadt und das Museum in Schloss Arbon *(www.museum-arbon.ch)*, das einen Blick auf 5500 Jahre Siedlungsgeschichte wirft. Den mittlerweile zum UNESCO-Welterbe zählenden Pfahlbautensiedlungen kommt dabei eine prominente Rolle zu. *www.thurgau-bodensee.ch* (hier auch Informationen zu Bootstouren)

## 7 St. Gallen

Die geschichtsträchtige Universitätsstadt mit viel Kultur (75 000 Einwohner) befindet sich im Vierländereck zwischen Österreich, Deutschland, Liechtenstein und der Schweiz. Mit dieser Visitenkarte wirbt St. Gallen für sich, dessen unumstrittenes Wahrzeichen die barocke Kathedrale ist. In der dazugehörigen Bibliothek befindet sich ein beispiellos schöner Rokokosaal. Anlass genug für die UNESCO, den sogenannten Stiftsbezirk schon 1983 in seiner Gesamtheit zum Weltkulturerbe zu erklären. Kleiner Tipp: Auch die aufwendig gestalteten Bürgerhäuser in dem Viertel wissen zu gefallen. Das Kunstmuseum der Stadt *(www.kunstmuseumsg.ch)* ist überregional auch wegen seiner kühnen Wechselausstellungen ein Begriff. *www.st.gallen-bodensee.ch*

## 8 Appenzell

Grüne Hügellandschaften, die sich vor einer mächtigen Bergkulisse ausbreiten: In dieser landschaftlich überaus reizvollen Umgebung hat sich Appenzell (7000 Einwohner) zu einem Bilderbuchstädtchen gemausert. Das autofreie Zentrum bietet sich für einen entspannten Einkaufsbummel an, wobei der Blick nicht selten an den bemalten Fassaden der ehrwürdigen Häuser hängen bleibt. Wer die Region lieber schmecken möchte, kann sich am Appenzeller Alpenbitter *(www.appenzeller.com)* laben – oder das süffige Brauquöll Appenzell *(www.appenzellerbier.ch)* verkosten. Niemand jedoch darf das Land verlassen, ohne per Seilbahn wenigstens einen veritablen Berggipfel erreicht zu haben. Gelegenheit dazu bietet das nahe Wasserauen (7 km), wo eine Seilbahn hinauf zur Ebenalp *(www.ebenalp.ch)* führt. Das Gasthaus Aescher, das sich spektakulär an den Berg schmiegt, bildet in Kombination mit dem Panoramablick einen würdevollen Abschluss der Reise. *www.appenzell.ch*

# REGISTER

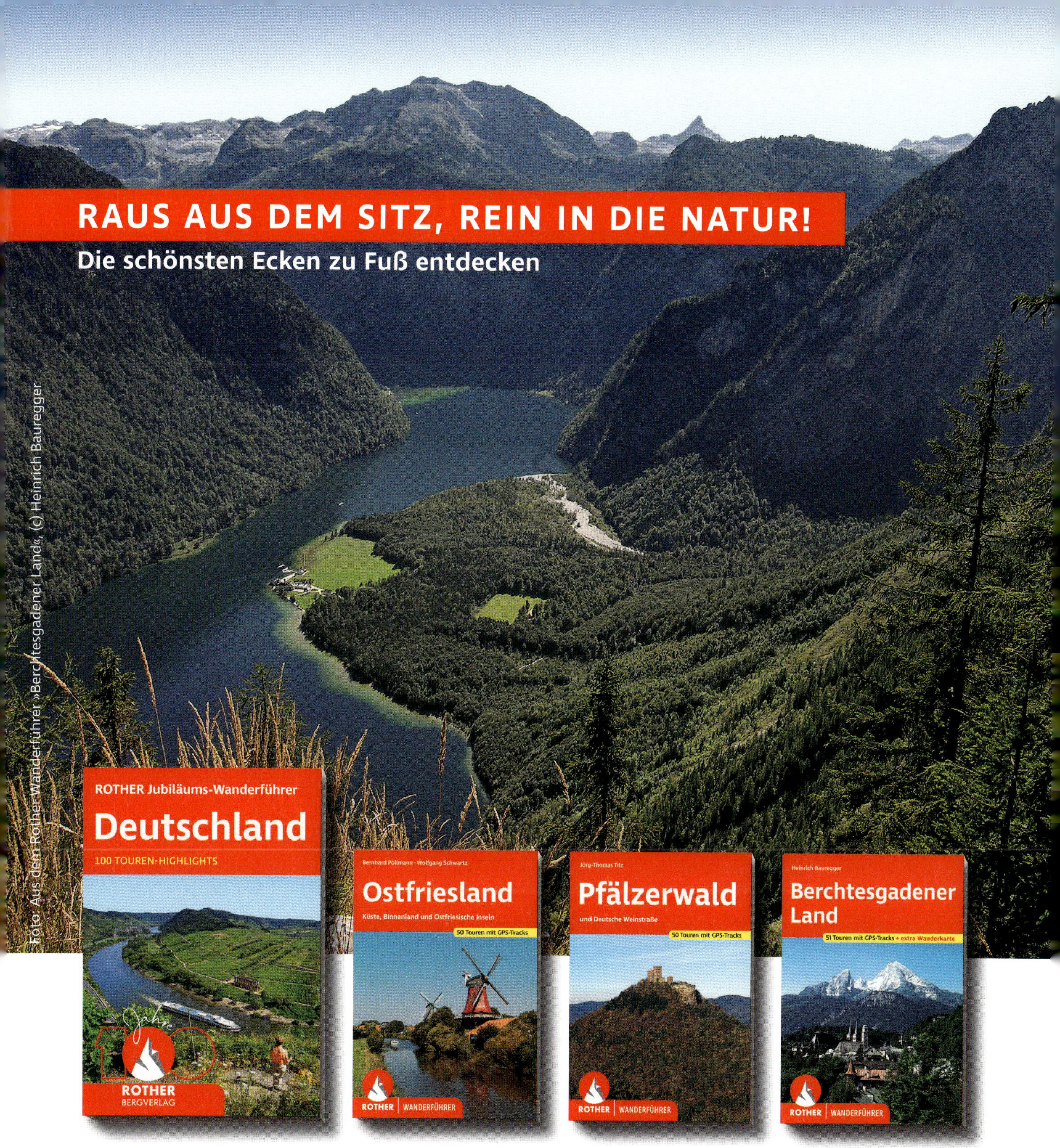
RAUS AUS DEM SITZ, REIN IN DIE NATUR!
Die schönsten Ecken zu Fuß entdecken
Foto: Aus dem Rother Wanderführer »Berchtesgadener Land«, (c) Heinrich Bauregger
ROTHER Jubiläums-Wanderführer
Deutschland
100 TOUREN-HIGHLIGHTS
ROTHER
BERGVERLAG
Bernhard Pollmann · Wolfgang Schwartz
Ostfriesland
Küste, Binnenland und Ostfriesische Inseln
50 Touren mit GPS-Tracks
ROTHER WANDERFÜHRER
Jörg-Thomas Titz
Pfälzerwald
und Deutsche Weinstraße
50 Touren mit GPS-Tracks
ROTHER WANDERFÜHRER
Heinrich Bauregger
Berchtesgadener Land
51 Touren mit GPS-Tracks + extra Wanderkarte
ROTHER WANDERFÜHRER

# BILDNACHWEIS

**Titelbild:** Faller-Klamm-Brücke am Sylvensteinspeicher, **Getty Images:** Holger Seeboth/EyeEm
**Rücktitel:** Deutsche Alleenstraße, **mauritius images:** Dennis Schmelz

**Vorsatz:** Camper unterwegs im Erzgebirge, **mauritius images:** Dennis Schmelz
**Nachsatz:** Sonnenuntergang am Kap Arkona, **Getty Images:** Westend61

**Alamy Stock Photo:** Zoonar GmbH 10 – **AWL Images:** Hans Georg Eiben 113; Karol Kozlowski 3; Christian Mueringer 117; Karol Kozlowski 86; Sabine Lubenow 13 – **Camping De Wildhoeve:** 53 – **Camping Silberbach:** 93 – **Campingpark-Rhein-Mosel-Koblenz:** 106 – **Campingplatz Grossbuechlberg:** 135 – **dpa Picture Alliance:** Klaus-Dietmar Gabbert 34 – **Ferienparadies Schwarzwälder Hof:** 147 – **Getty Images:** iStockphoto 101 – **Huber Images:** 25, 38, 70, 112, 115, 116, 118, 120, 126, 138, 140, 149, 156; Hans-Peter Szyszka 82; Reinhard Schmid 80, 81; Sabine Lubenow 8 – **imageBROKER:** Frank Sommariva 2, 26 – **imago images:** Arnulf Hettrich 4, 150; imagebroker 39; penofoto 16; Westend61 104 – **iStockphoto:** 132, 169, 180 – **laif:** Hans-Bernhard Huber 5, 96, 168, 170; Martin Kirchner 60 – **lookphotos:** Holger Leue 68 – **mauritius images:** Image Source 4/5, 144; imageBROKER/Carolin Thiersch 6; Joachim Jockschat 65; McPHOTO 44; Michael Pedrotti/Alamy/Alamy Stock Photos 152; Natalie Thill 2/3, 63; Volker Preusser 9, 121 – **picture alliance:** imageBROKER 128; ZB/euroluftbild.de 47; Zoonar 125 – **seasons.agency:** 45, 56, 141 – **Shutterstock:** 11, 50, 51, 55, 62, 91, 98, 127, 129, 133, 137, 145, 155, 159, 173 – **stock.adobe.com:** 14, 19, 20, 21, 22, 29, 31, 32, 33, 37, 40, 46, 52, 58, 59, 64, 69, 74, 76, 83, 85, 87, 90, 92, 95, 99, 100, 105, 110, 111, 119, 122, 131, 134, 139, 143, 146, 151, 157, 158, 161, 162, 163, 164, 167, 174, 175, 176, 177, 179, 181, 182, 183

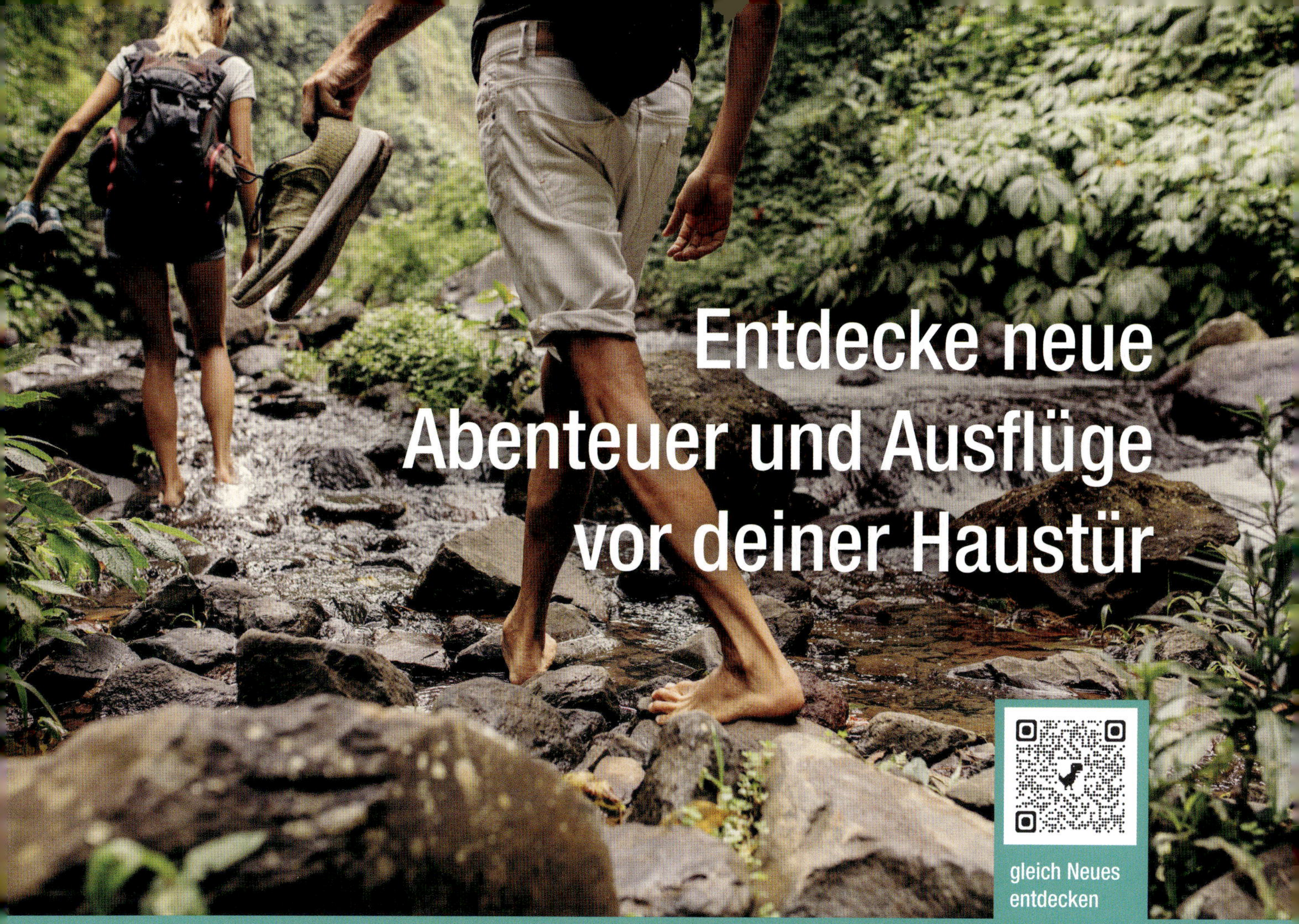

# IMPRESSUM


Postfach 86 03 66, 81630 München

Markenlizenz der ADAC Camping GmbH, München

ISBN 978-3-98645-014-4

1. Auflage 2022



Autorinnen und Autoren: Andrea Dietrich (Touren 6–9, 11, 18), Katja Hein (Touren 2–5, 14, 17, 19–28), Ralf Johnen (Touren 10, 16, 30), Gerhard von Kapff (Touren 1, 12, 13, 15, 29)
Redaktion und Projektmanagement: Benjamin Happel
Lektorat: Beate Martin
Satz: Ewald Tange, tangemedia, München
Bildredaktion: Dr. Nafsika Mylona, Katharina Krause
Schlusskorrektur: Chris Tomas
Kartografie: Ewald Tange, tangemedia, München
Umschlaggestaltung: Independent Medien Design, Horst Moser, München; Birgit Kohlhaas
Layout: Independent Medien Design, Horst Moser, München; Ewald Tange, tangemedia, München
Herstellung: Mendy Willerich
Druck: Firmengruppe APPL, aprinta druck, Wemding
Bindung: Conzella, Pfarrkirchen

Ein Unternehmen der
GANSKE VERLAGSGRUPPE

**Wichtiger Hinweis**
Die Daten und Fakten für dieses Werk wurden mit äußerster Sorgfalt recherchiert und geprüft. Wir weisen jedoch darauf hin, dass diese Angaben häufig Veränderungen unterworfen sind und inhaltliche Fehler oder Auslassungen nicht völlig auszuschließen sind, zumal zum Zeitpunkt der Drucklegung die Auswirkungen von Covid-19 auf das Hotel- und Gastgewerbe vor Ort nicht vollständig abzusehen waren. Für eventuelle Fehler oder Auslassungen können Gräfe und Unzer, die ADAC Camping GmbH sowie deren Mitarbeiter und die Autoren keinerlei Verpflichtung und Haftung übernehmen.

**Ansprechpartner für den Anzeigenverkauf:**
KV Kommunalverlag GmbH & Co. KG,
MediaCenter München, Tel. 089/928 09 60

**Bei Interesse an maßgeschneiderten B2B-Produkten:**
roswitha.riedel@graefe-und-unzer.de

**Leserservice**
GRÄFE UND UNZER Verlag
Grillparzerstraße 12, 81675 München
www.graefe-und-unzer.de

**Umwelthinweis**
Nachhaltigkeit ist uns sehr wichtig. Der Rohstoff Papier ist in der Buchproduktion hierfür von entscheidender Bedeutung. Daher ist dieses Buch auf PEFC-zertifiziertem Papier gedruckt. PEFC garantiert, dass ökologische, soziale und ökonomische Aspekte in der Verarbeitungskette unabhängig überwacht werden und lückenlos nachvollziehbar sind.